Machado de Assis e arredores

machado de assis e arredores

REVISTO E AMPLIADO

HOMERO VIZEU ARAÚJO

ENSAIOS

2ª edição

coragem

Porto Alegre
2025

www.editoracoragem.com.br
contato@editoracoragem.com.br
(51) 98014.2709

Projeto editorial
Thomás Daniel Vieira.

Revisão e Preparação de texto
Ana Laura Vedana.

Capa
Cintia Belloc.

Porto Alegre, Rio Grande do Sul.
Inverno de 2025.

Dados Internacionais de Catalogação na Publicação (CIP)

A663m Araújo, Homero Vizeu
Machado de Assis e arredores: revisto e ampliado; ensaios / Homero Vizeu Araújo; prefácio Luís Augusto Fischer. – 2.ed. – Porto Alegre: Coragem, 2025.
392 p. : il.

ISBN: 978-65-85243-46-9.

1. Ensaios – Literatura brasileira. 2. Literatura brasileira – História e crítica. 3. Literatura comparada. 4. Assis, Machado de, 1839-1908. 5. Literatura – Crítica e interpretação. 6. Ensaios. I. Fischer, Luís Augusto. II. Título.

CDU: 869.0(81)-4

Bibliotecária responsável: Jacira Gil Bernardes – CRB 10/463

Publicado com o apoio de:

CAPES

UFRGS
PPGLET
PROGRAMA DE
PÓS-GRADUAÇÃO EM LETRAS

Sumário

PREFÁCIO

Consistência metológica, criatividade interpretativa

por Luís Augusto Fischer

Machado de Assis conta com uma galeria notável de leitores sulinos. Pode-se começar a descrevê-la com Alcides Maya, jornalista e escritor (1878-1944) de primeiro plano no Rio Grande do Sul nas primeiras décadas do século 20, primeiro gaúcho eleito para a Academia Brasileira de Letras – e sua nomeada nacional nasceu em parte de sua ficção, misto de empenho localista com visada naturalista largamente ressentida e linguagem parnasiana, mas em outra parte justamente por um estudo sobre a figura central da Academia: em 1912 veio à luz *Machado de Assis – Algumas notas sobre o humour*, em mais de um sentido o primeiro estudo monográfico sobre o grande escritor carioca, o que não é pouca coisa, em se tratando de quem se trata e considerando o recorte notavelmente específico operado por Maya, que à diferença da generalidade do comentário sobre a obra machadiana tal como praticada por Sílvio Romero (*Machado de Assis*, 1897) em seu maledicente estudo, e da abordagem biográfica levada a efeito por Alfredo Pujol (*Machado de Assis*, 1917).

Abordagem ousada, grande ganho crítico, pensamento enfim moderno, no contexto, praticado na crítica literária.

O segundo dessa família certamente será Augusto Meyer (1902-1970). Poeta e crítico que se converteu em administrador cultural, Meyer veio a ser uma referência forte em todo o país por vários motivos, especialmente por seu clássico *Machado de Assis*, publicado pela primeira vez em 1935 e revisto em 1958, livro responsável por uma notável ampliação do horizonte crítico em torno do autor das *Memórias póstumas de Brás Cubas*, eis que alinhou o escritor brasileiro a autores europeus de primeiro nível, em particular F. Dostoiévski, para nem falar de suas instigantes embora incompletas observações sobre procedimentos narrativos empregados por Machado. Mais uma vez, leitor moderno, inventivo, capaz de iluminar o debate. Ou deveríamos antepor a Meyer a figura lamentavelmente pouco lida, mas de enorme valor crítico, de Vianna Moog (1906-1988)? Em 1934, quando amargava uma experiência pessoal complicada (fora transferido punitivamente por Getúlio para os confins da Amazônia, onde precisou viver um par de anos, bem longe de sua Porto Alegre de eleição e de sua São Leopoldo natal), Moog lançou outro ensaio de visada cosmopolita sobre nosso autor: *Heróis da decadência – Reflexões sobre o humour*. Ali, Machado é colocado em linha com ninguém menos do que Petrônio e Cervantes, compondo os três, na visão do crítico, uma linhagem de humoristas, no sentido mais elevado do termo.

Poderíamos mencionar outros analistas nascidos igualmente na primeira década do século 20, como Guilhermino César, mineiro de origem mas habitante de Porto Alegre na maior parte de sua vida. Não tendo escrito um livro inteiro sobre Machado, Guilhermino porém frequentou muito sua obra, em vários artigos. Da mesma geração foi Alfredo Jacques, autor de livro-solo polêmico no tema. Com muito maior qualidade figuram nessa época e tema ensaios de Moysés Vellinho, refinado crítico que em 1939 proferiu conferência que fez história na cidade, "Um brasileiro contra a paisagem", que viria a constar no livro *Machado de Assis: histórias mal contadas e outros assuntos* (publicado em 1960). Mesmo Erico Verissimo, fundamentalmente um romancista, não se furtou a alguns palpites significativos sobre Machado de Assis em sua *Breve história da literatura brasileira*, escrita quando de sua primeira temporada norte-americana, em 1944.

Mas de fato a sucessão de Maya, Meyer e Moog acontece na figura de Raymundo Faoro (1925-2003), também parte do Quixote, colega de turma do também machadiano Wilson Chagas na faculdade de Direito, leitor agudo e criativo da obra de Machado de Assis, tomada por Faoro como uma espécie de guia geral para a leitura sociológica do Brasil, em particular do Rio de Janeiro da segunda metade do século 19. Sua obra mais notável, *Os donos do poder – Formação do patronato político brasileiro*, teve uma primeira edição em 1958, em um volume, e voltou às prateleiras em segunda edição no ano de 1974, agora em dois alentados volumes. Essa mudança, de aspecto arbitrário em relação ao nosso tema aqui, tem tudo a ver com Machado de Assis: porque foi justamente entre as duas datas que Faoro esboçou uma leitura completa, minuciosa, empirista, da obra machadiana, que o ajudou decisivamente a reinterpretar o país e que rendeu um clássico, *Machado de Assis – A pirâmide e o trapézio*, de 1973. (Por uma curiosa coincidência, Faoro seguiu os passos de Maya, Meyer e Moog, entrando também ele para a Academia Brasileira de Letras.)

Depois dessas figuras maiúsculas, cuja obra ainda hoje rende reflexões de relevo, se configurou a primeira geração universitária de Letras com formação e carreira de fato especializadas, gente que ingressou na universidade nas décadas de 1950 e 1960. Muitos escreverão trabalhos sobre Machado de Assis no sul; entre eles, caberá apontar Donaldo Schüler, Regina Zilberman, Juracy Assmann Saraiva e Flávio Loureiro Chaves, este um machadiano notório, o mais constante e produtivo da geração no metiê, pelos ensaios que escreveu mas também pelos muitos cursos que ministrou e pelas muitas dissertações e teses que orientou sobre o autor. Alunos dele, gente da segunda geração profissional das Letras, foram Patrícia Flores da Cunha, Eunice Piazza Gai, Ildo Carbonera, todos com livro publicado no tema. A modéstia não pode me impedir de requerer matrícula entre os machadianos, nessa mesma geração, com meu estudo comparativo entre Machado e Jorge Luis Borges. Entre os nomes mais recentes de relevo, é obrigatória a menção a Lúcia Serrano Pereira, psicanalista que tem renovado o debate sobre Machado de Assis com seu trabalho crítico de grande inteligência e sensibilidade, unindo leitura interna eficaz com o instrumental freudiano e lacaniano.

Tudo isso serve como parâmetro inicial da apresentação do livro que o leitor tem agora nas mãos. Homero Vizeu Araújo pertence à mesma geração que eu, esta que ingressou na universidade nos anos 1970 e 80, que cursou programas já bem estruturados de mestrado e doutorado. É machadiano de carteirinha, embora nem seu mestrado nem seu doutorado tenham versado sobre o grande escritor. Talvez porque, como verdadeiro machadiano, sabia que era preciso esperar pela maturidade para arriscar-se nesse mar alto, em que tantos naufragam e muitos querem apenas surfar uma pequena onda de prestígio.

(Essa história do *verdadeiro* machadiano é uma piada interna, inventada por um machadiano verdadeiro, também gaúcho, amigo que o Homero e eu compartilhamos, um sujeito que ainda não tinha aparecido neste recorrido mas precisa aparecer: Aníbal Damasceno Ferreira. Autor de alguns textos muito criativos sobre certas figuras de escritores — entre os quais figura uma paródia a "Teoria do medalhão" chamada, hummm, "Teoria do machadista" —, Aníbal criou e espalhou a seguinte piada: dois machadianos se encontram e passam horas a desfiar impressões sobre Machado de Assis. Repassam detalhes de enredos, giros de linguagem, marcas de personagens, incluindo os mais obscuros dos dados, coisas de especialista fino. Depois da conversa, se afastam, com uma despedida formal. Em seguida, um deles encontra um terceiro e, apontando para o outro machadiano com quem estivera a medir intimidade no tema, declara: "Tá vendo aquele ali? Não entende nada do Machado de Assis". Segundo o Aníbal, este maledicente é o verdadeiro machadiano, que seria então, na sua versão, um vaidoso, um ciumento de seu machadismo. Segundo ele, o verdadeiro machadiano é necessária e fatalmente um ciumento.)

Mas ainda é preciso uma outra evocação, para entender o lugar que o presente livro ocupa no debate brasileiro. A linhagem de machadianos gaúchos foi lembrada e sumariada não para sugerir que o Homero tem algo de localista em sua abordagem, aliás longe disso; a rigor, dos citados acima, o trabalho que neste livro se encontra dialoga talvez especificamente com um só, Raymundo Faoro, independentemente de pelo menos outros dois estarem no horizonte, Augusto Meyer e Flávio Loureiro Chaves. Afinal, uma linhagem traçada pela geografia é, como um acidente da natureza, uma fatalidade, não uma escolha. Agora, é o caso de lembrar a filiação voluntária de Homero (e minha também) à tradição de interpretação que tem no Brasil seus mais altos expoentes em Antonio Candido e Roberto Schwarz, os dois fartamente referidos ao longo dos estudos que aqui se encontram. Filiação voluntária: desde sua graduação, Homero Araújo demonstra não apenas simpatia ideológica como pertinácia metodológica para com essa tradição, que é a mesma de pelo menos dois grandes críticos do mundo ocidental, Erich Auerbach e Theodor Adorno, estes mais do que Georg Lukács e Walter Benjamin. Claro que só aqui já se esboça uma linhagem que a rigor mereceria matizamento, porque sabemos que uns e outros guardam distinções importantes — um Auerbach que enfatiza muito mais os aspectos culturais difusos da linguagem literária, um Adorno que privilegia o nexo entre forma e processo social, etc.

Não é hora de teoria, nem eu seria a pessoa mais indicada para mergulhar nela. Aliás, para ser justo, preciso dizer que, na longa e proveitosa amizade e convivência profissional que temos mantido há mais de 30 anos, é o Homero quem mais se ocupa dos aspectos conceituais e teóricos, enquanto eu tendo muito mais ao narrativo, ao anedótico e ao varejo da empiria. Assim tem sido, para meu proveito, sempre que tenho sido brindado com a leitura dele em trabalhos meus, ocasiões em que o Homero me puxa a orelha para manter maior rigor conceitual aqui e ali, ou me indica uma dimensão mais abstrata num passo em que eu estava mergulhado na concretude de um texto. (Que eu me beneficio dessa amizade, atesta-o o ensaio sobre meu *Machado e Borges*, uma reflexão generosa sobre meu trabalho que está recolhida neste livro.)

De todo modo, vale esse registro de filiação mental dos trabalhos aqui reunidos à tradição de Candido e Schwarz no Brasil, Auerbach e Adorno no Ocidente, filiação que implica uma série de compromissos, que o leitor vai comprovar estarem atendidos aqui. Dois deles vale mencionar: um, schwarziano e adorniano, a quase obsessão em entender a estrutura da narrativa, a arquitetura do romance, os detalhes quase sempre deixados na sombra pelo fluxo da narração mas que dão sentido a tudo; outro, candidiano e auerbachiano, o horizonte social em que se movimenta a linguagem, os temas, os personagens. Dessa mescla, que sou suspeito para declarar magnífica, se faz o método que anima os ensaios reunidos nesta publicação.

Como nota biográfica relevante — eu acabei de dizer que tendo ao episódico, ao anedótico, e é verdade —, registro que Homero e eu participamos de um grupo de professores, de várias universidades brasileiras, reunido justamente por nossa compartilhada afinidade com Candido e Schwarz, entre outros menos evidentes. Chamamo-nos Grupo Formação, anotando em nossa designação um dos conceitos-chave de Candido, motivo de muita controvérsia e muita inteligência. Há mais de vinte anos nos reunimos a cada tanto com colegas cariocas, paulistas, paranaenses, goianos, potiguares, etc., e isso não é pouca coisa em matéria de aprimoramento de um ponto de vista.

E eis-nos aqui com esse material, ensaios sobre e em torno de Machado de Assis. Todos eles guardam uma primeira marca de convergência, para além do tema: o empenho em desenvolver, desdobrar, aprimorar um ponto de vista, esse aí acima referido. Não se trata de turrice, e pelo contrário: é sinal de consistência intelectual, que merece ser saudada, mormente em nosso campo, o das Letras, em nosso país, em que é mais comum o sujeito trocar de teórico e de referência crítica a cada estação, a cada par de anos, para supostamente ficar "em dia" com as novidades do mercado acadêmico, numa sucessão em que as idéias têm prestígio mas não precisam ter valor de verdade, ou de busca por alguma verdade, nem são medidas cientificamente, isto é, não são submetidas ao teste da realidade, nem sofrem a necessária interpelação dos fatos. Homero Araújo mantém assim uma coerência rigorosamente admirável.

Machado de Assis estar no centro de um livro de ensaios, por outro lado, é coisa que guarda algumas significações a merecer apreciação. Não se trata de um conjunto de estudos sobre o autor carioca, em si e na totalidade: aqui há uma longa (e enormemente criativa) reflexão sobre o clássico estadunidense e ocidental *Moby Dick*, assim como dois ensaios que soltam chispas de inteligência em várias direções a partir do relato naturalista da virada do século 19 e do inventivo jornal *O Pasquim*. Isso sem contar o passeio drummondiano que está no centro de um dos ensaios, a atestar outra fidelidade homeriana.

Quer dizer: Machado de Assis é o centro gravitacional desse livro mas não o assunto exclusivo. E essa condição, longe de significar capricho, precisa ser lida como uma interpretação, por si só: tomar o autor de *Dom Casmurro* nessa condição referencial, sabendo que Candido o tem na condição de ponto de chegada do longo processo de formação da literatura brasileira e que Schwarz o colocou no posto de um dos grandes inventores da forma moderna do romance ocidental, implica toda uma visada sobre o processo cultural brasileiro. E assim de fato acontece, aqui.

Dá pra acrescentar outra camada nesse assunto: lembrando Borges, no originalíssimo ensaio "Kafka y sus precursores", todo grande autor reordena a tradição – sua obra nos faz ver uma série de eventos, dados, características, que sem ela não se poderia ver. O argumento de Borges tem aspecto de prestidigitação: ele diz que uma vez havia intentado escrever um ensaio sobre os precursores de Kafka, autor que ele conhecera em alemão e em parte traduzira ao espanhol, mas que havia desistido, por se dar conta de que todo grande autor não provém de precursores, mas ao contrário ele os cria. Os cria porque, tendo atingido um ponto altíssimo com sua obra, o grande autor realiza tendências apenas apontadas antes dele. Ora, Machado de Assis é alguém exatamente deste porte – um dos grandes da literatura mundial, nascido e nutrido pela realidade brasileira, autor de uma obra que, repetindo, reorganiza a tradição, dando a ver coisas até ali invisíveis.

Onde entra o livro de Homero Araújo nessa equação borgiana? A constelação que ele ajuntou em torno de Machado só é visível porque a obra de Machado assim o permite. Não é que de outro modo seriam inacessíveis autores como Euclides da Cunha, Oswald de Andrade e outros não façam sentido; é que, lidos na constelação em cujo centro está Machado, eles ganham outras cores, tão ou mais interessantes que as anteriores.

Em aparente contradição com a tarefa de apresentar este livro, proponho ao leitor que nem falemos dos ensaios específica e estritamente dedicados a Machado, embora valha a nota: para além da qualidade de todos eles, do manejo produtivo do instrumental metodológico à frequentação viva e animadora do texto machadiano que se encontra em cada um dos cinco ensaios, aquele texto sobre *Esaú e Jacó* traz notável novidade na fortuna crítica, tanto quanto eu posso avaliar, ao demonstrar que o narrador ali armado, que é e não é o conselheiro Aires, toma a providência relativamente perversa de impedir a individuação dos dois gêmeos, em procedimento que tem total consistência com a enigmática figura de Flora, flor de ambivalência e de indecisão. Falemos, então, dos mais criativos trabalhos, daqueles que, a juízo deste leitor aqui, são os que fazem deste livro uma notável novidade no cenário crítico brasileiro.

"Modernos e enfurecidos" realmente joga luz inédita sobre todo um grupo de escritores e intelectuais da primeira geração republicana. Ao pensar neles tendo como ponto de referência, como régua de mensuração, as conquistas levadas a efeito por Machado de Assis, conquistas que se afiguraram ou como inigualáveis, ou como desprezíveis por muitas inteligências de sua época, o ensaio detecta familiaridades até agora inéditas entre os quatro (Aluísio Azevedo, Raul Pompéia, Euclides da Cunha e Lima Barreto), um grupo que talvez possa ser acrescido de outros, como Alcides Maya e Sílvio Romero, creio eu. Em todos eles, nos ensina Homero, vamos encontrar não genericamente os "paladinos malogrados" que o já clássico estudo de Nicolau Sevcenko identificou em Lima e Euclides, mas escritores que desenham coletividades em textos panfletários, a partir de um ponto de observação que combina crítica e ressentimento, sendo todos eles, em alguma medida, suicidas. Não são poucas as intuições analíticas, convenhamos. Da mesma estirpe iluminadora é o texto sobre *O Pasquim*, sobre Ivan Lessa, sobre o que Homero acertou em chamar de "Tropicalismo cínico", aquele humor anarquizado do texto lessiano — Homero foi desencavar uma novela seriada que ele publicou naquele semanário, em que Machado de Assis é sacaneado de um modo altamente eloqüente — que realmente nos faz olhar para o movimento de Caetano e Gil como tendo sido algo bem comportado, muitíssimo construtivo e empenhado, em comparação com o nihilismo metalingüístico e carnavalesco do grande Ivan Lessa. Um insight crítico que ainda vai render muita análise, eu espero.

Mas a pedra-de-toque do conjunto de ensaios aqui agrupado, aquele que num filme norte-americano poderia ser descrito com o clichê "o ponto da separação entre os meninos e os homens", me parece ser aquele passeio inesperado pelas águas nada óbvias da comparação entre as *Memórias póstumas de Brás Cubas* e *Moby Dick*.

(Aqui cabe mais uma evocação, mais um desvio narrativo: o grande romance do capitão Ahab e sua demenciada procura pela baleia entrou nas cogitações recentes do Homero por obra e graça de nosso já mencionado trabalho conjunto, neste caso enriquecido sobremaneira pela presença de Ian Alexander. Australiano de origem, empirista da melhor cepa anglo-saxã e com vocação para as grandes equações históricas, sem prejuízo da leitura miúda da tradição narrativa ocidental, o Ian começou uns tempos atrás a fazer parte de nosso grupo local de estudos — por anos mantivemos, o Homero e eu, com o acréscimo do Guto Leite e Karina Lucena, um seminário de leitura, no Pós-Graduação em Letras da UFRGS, invariavelmente repassando a tradição Candido-Schwarz e os nossos prediletos Lukács, Adorno e outros, sempre acrescentando algum interesse novo no mesmo campo, como é o caso de Franco Moretti. Em certo momento, creio que no já remoto 2008, estávamos relendo *Mimesis*, de Auerbach, quando o Ian sugeriu abordar, entre outros romances de língua inglesa, justamente *Moby Dick*, o primeiro grande romance do Novo Mundo, dizia ele, que Auerbach tinha deixado de lado por haver naturalizado a visada eurocêntrica que de fato está na alma de seu trabalho. Um mais um, dois: Homero tomou a si o encargo de voltar ao velho livro de Melville, mas agora à luz de anos de estrada candidiana e no âmbito da reflexão auerbachiana, esta sendo dedicada, em *Mimesis*, a pensar sobre os modos de representação da realidade na literatura ocidental.)

Salvo melhor juízo, ninguém antes de nosso Homero havia sacado as várias analogias estruturais entre os dois grandes romances do Novo Mundo, da América, com seus dois narradores em primeira pessoa, graciosos a ponto de promover piruetas verbais, um deles morto e o outro sobrevivente de naufrágio, ambos representando, como o ensaio trata de mostrar, esforços desiguais mas convergentes na direção de reinventar a forma romance em sua transferência de objeto e de ambiente, desde a Europa até a América. O leitor vai ver como ilumina a cena o alinhamento promovido pelo ensaio, que, dito em um sentido, incorpora o clássico de Melville ao patrimônio formativo, vendo as coisas pelo lado candidiano, e que, dito em outro, estende as reflexões schwarzianas maduras para as paragens estadunidenses (sublinho que as maduras, porque as verdes já tinham tomado a ficção do "grande irmão" do norte como assunto, como se lê naquele ensaio sobre *A letra escarlate*, que foi editado em *A sereia e o desconfiado*). Isso sem contar o requinte de acrescentar Baudelaire, Castro Alves e Manoel Antônio de Almeida ao conjunto. Quem pode querer mais de um ensaio, como este que se mostra capaz de colocar em movimento uma comparação nada óbvia segundo uma chave histórica e sociologicamente informada? Com a complexa equação que trama, Homero inscreve seu trabalho no repertório dos grandes ensaios sobre Machado de Assis, neste caso em perspectiva comparatista sólida, relevante, inventiva.

Nesse ensaio, que imodestamente (mas fraternamente) tomo como primo-irmão de meu ensaio envolvendo Poe, Machado e Borges, creio que temos um embrião de uma possível história formativa da literatura novomundista, sonho que o Homero, o Ian Alexander e eu acalentamos. Nesse ensaio e nos outros que perfazem este belo livro, escrito com leveza e algum humor pícaro mas com grande rigor conceitual, o leitor vai encontrar motivo suficiente para retomar leituras, para pensar o país e o Ocidente, para refletir mais informadamente sobre como é ser herdeiro de Machado (e de Melville, dos realistas, de Drummond, do *Pasquim*) neste tempo que nos cabe viver.

MACHADO E CONTEMPORÂNEOS

A propósito de Quincas Borba, ou a trajetória de um rematado imbecil do súbito enriquecimento até a irremediável insânia e extinção, passando pela paulatina dilapidação do patrimônio e contínua humilhação sentimental

Vês! Ninguém assistiu ao formidável
Enterro de tua última quimera.
Somente a Ingratidão — esta pantera —
Foi tua companheira inseparável!

Acostuma-te à lama que te espera!
O Homem, que, nesta terra miserável,
Mora, entre feras, sente inevitável
Necessidade de também ser fera.

Augusto dos Anjos

Caberia dar ênfase a um dado na abertura do romance *Quincas Borba*, de Machado de Assis. Rubião, o ingênuo provindo de Barbacena, contempla a baía de Guanabara a partir de sua mansão na praia de Botafogo. O detalhe é que Rubião goza a condição de capitalista depois de ter recebido o legado de Quincas Borba, personagem egresso do romance anterior de Machado de Assis, que se encerra com a afirmação enfática de ausência de legado a ser deixado por Brás Cubas. Depois de fazer o levantamento de negativas no encerramento de suas *Memórias póstumas de Brás Cubas*, vem a célebre frase:

> E imaginará mal; porque, ao chegar a este outro lado do mistério, achei-me com um pequeno saldo, que é a derradeira negativa deste capítulo de negativas: Não tive filhos, não transmiti a nenhuma criatura o legado da nossa miséria (Machado de Assis, 2008, p. 758).

Se Brás Cubas não transmite seu legado, que é metafórico, Quincas Borba trata de fazê-lo, e o beneficiário é o professor de meninos Rubião, que dessa forma é guindado à condição de capitalista. Quem já leu o romance sabe que a riqueza vai ser também a condenação de Rubião, que será explorado e enganado por uns e outros até endoidar e retornar à pobreza. Nesse sentido o legado, do qual deriva a desgraça de Rubião, torna-se assunto crucial do romance, como notou Antonio Candido em seu clássico *Esquema de Machado de Assis*:

> No romance *Quincas Borba*, um modesto professor primário, Rubião, herda do filósofo Quincas Borba uma fortuna, com a condição de cuidar de seu cachorro, ao qual dera o próprio nome. Mas com o dinheiro, que é uma espécie de ouro maldito, como na lenda dos Nibelungen, Rubião herda igualmente a loucura do amigo. A sua fortuna se dissolve em ostentação e no sustento de parasitas; mas serve sobretudo como capital para as especulações comerciais de um arrivista hábil, Cristiano Palha, por cuja mulher, "a bela Sofia", Rubião se apaixona. O amor e a loucura surgem aqui romanticamente, de mãos dadas; mas o *tertius gaudens* é a ambição econômica, baixo-contínuo do romance, de que Rubião se torna um instrumento. No fim, pobre e louco, ele morre abandonado; mas em compensação, como queria a filosofia do Humanitismo, Palha e Sofia estão ricos e considerados dentro da mais perfeita normalidade social (Candido, 1995, p. 35).

Na síntese de Candido, fica evidente que herança maldita, conjunto do enredo (casal Palha, especulação, etc.) e

Humanitismo estão costuradíssimos, embora razoavelmente desnivelados na sua diversidade de, respectivamente, assunto literário quase clichê, caracterização psicossocial e sátira filosófica. Enfim, Rubião só tem acesso ao legado e, em certo sentido, à continuidade de Joaquim Borba dos Santos mediante o compromisso de velar pelo cachorro de Quincas Borba, que tem o mesmo nome de seu dono amalucado. E o filósofo é explícito: o cão é uma espécie de garantia de sua continuidade.

> Uma das extravagâncias do dono foi dar-lhe o seu próprio nome; mas, explicava-o por dois motivos, um doutrinário, outro particular.
>
> — Desde que Humanitas, segundo a minha doutrina, é o princípio da vida e reside em toda a parte, existe também no cão, e este pode assim receber um nome de gente, seja cristão ou muçulmano...
>
> — Bem, mas por que não lhe deu antes o nome de Bernardo, disse Rubião com o pensamento em um rival político da localidade.
>
> — Esse agora é o motivo particular. Se eu morrer antes, como presumo, sobreviverei no nome do meu bom cachorro. Ris-te, não?
>
> Rubião fez um gesto negativo.
>
> — Pois devias rir, meu querido. Porque a imortalidade é o meu lote ou o meu dote, ou como melhor nome haja. Viverei perpetuamente no meu grande livro. Os que, porém, não souberem ler, chamarão Quincas Borba ao cachorro, e... (Machado de Assis, 2008, p. 764).

No título do livro, o nome do filósofo demente e o nome do cachorro coincidem, e, no encerramento do romance, a indiferença entre cão e filósofo é assunto de meditação do narrador. O jogo de espelhos dá ênfase à duplicidade do título, mas a duplicidade é recorrente ao longo do romance. A narrativa, diga-se, encontra-se eivada de ambivalências e dubiedades que vão desde a caracterização do autoengano contínuo de personagens cruciais como Rubião e Sofia até a suspeita do adultério entre Sofia e o enfatuado Carlos Maria, à qual nós, leitores desavisados, somos levados para sermos quase ridicularizados pelo perverso narrador. As sequências e situações que exploram a duplicidade não cessam de se apresentar, o que define um procedimento que será reelaborado ao máximo em *Dom Casmurro*, de acordo com Roberto Schwarz: "O virtuosismo de Machado na invenção de assuntos e sequências que deem realce à dualidade do narrador chega ao inacreditável" (Schwarz, 1997, p. 36). Sem mencionar *Esaú e Jacó*, cuja duplicidade é enunciada já no título.

A piada patética é que o cão Quincas Borba, depois da morte do filósofo, está sempre levando pancada, o que não deixa de ser um comentário sobre a posteridade e a perpetuação da palavra e da filosofia do pensador Quincas Borba. De uma narrativa que se encerra com a ausência de legado de Brás Cubas, deriva o romance cujo tema material é, em parte, a dilapidação contínua de um legado; a dilapidação da herança deixada por Quincas Borba para Rubião.

Trata-se de um romance narrado em terceira pessoa, o que é uma raridade na segunda fase de Machado de Assis. Diga-se que os trejeitos do narrador machadiano permanecem aqui, com o narrador irônico e digressivo comentando os dados miúdos do cotidiano brasileiro com humor e distanciamento. Contudo, os trejeitos não estão a serviço de um narrador em primeira pessoa inventivo e patife, um tanto apalhaçado como Brás Cubas. Inventivo, patife e volúvel, na célebre tese de Roberto Schwarz (2000a), defendendo que Machado mimetiza e reelabora os procedimentos da elite brasileira, burguesa e escravista, pretensamente cidadã e objetivamente privilegiada, salvaguardando seus privilégios com argumentos supostamente avançados. Na voz de Brás Cubas teríamos revelação e autodesvendamento, os quais dependem da enorme sofisticação da cultura de elite para funcionar.

Já o narrador em terceira pessoa de *Quincas Borba* parece ter uma margem de manobra mais restrita e nos apresenta a trajetória de um despretensioso professor primário que, mediante golpe de sorte, vira capitalista, para, na condição de ricaço iludido, vir a ser sangrado por uma chusma de parasitas. Enquanto Brás Cubas é um cínico que inclusive já morreu quando começa seu relato, Rubião é um ingênuo, quase um pateta, que nada entende dos negócios em que anda metido.

Pior, Brás Cubas teoriza e faz piada com seus delírios compensatórios ou suas ilusões de supremacia, enquanto as digressões do narrador de *Quincas Borba*, também denunciando e ironizando a imaginação compensatória e o autoengano do parvo Rubião, não permitem a autoironia, incidindo na caracterização satírica irremediável não só de Rubião, mas principalmente dos interesseiros que o circundam. Isto é, Machado de Assis, autor que se confunde com o narrador, monta uma condenação satírica implacável do circuito chique do Rio de Janeiro oitocentista, apresentado como uma corja de parasitas. E o resultado estético se ressente desse procedimento, que pode ganhar um caráter um tanto mecânico e óbvio ao longo dos capítulos. Uma hipótese é que o típico narrador humorístico e irônico em primeira pessoa de Machado rende como autoacusatório; logo, o único romance humorístico em terceira pessoa teria perdido essa dimensão, que dá gume às reflexões de Brás Cubas, Bento Santiago e Conselheiro Aires.

Por outro lado, estes narradores, que são também protagonistas machadianos típicos, encarnam respeitáveis representantes da elite brasileira, e Rubião não é um burguês escravocrata de nascença, mas um homem livre, isto é, um despossuído que se agrega à casa de Quincas Borba para prestar serviços de enfermeiro, sempre sonhando com algum tipo de retribuição na herança. Ora, enquanto a elite pode aderir aos procedimentos de autoengano para na sequência denunciá-los cinicamente ou manipulá-los para seus fins, um tipo como Rubião, homem livre na ordem escravocrata, deixa-se levar pelos delírios compensatórios até virar, literalmente, um Napoleão de hospício. Tudo isso sob o olhar entre melancólico e sarcástico do narrador machadiano que se compraz em dissecar as marchas e contramarchas da consciência (e inconsciência) de um pobre diabo, de um ex-agregado que não tem mais a quem se agregar, sem ter também as condições mínimas para agregar o próximo. Uma figura destinada, nesse sentido, ao limbo das almas nem servis nem servidas, o que paradoxalmente seria uma definição de cidadania em uma sociedade em que tal categoria fizesse sentido, um lugar sem dúvida longe do Império escravista tropical, do Brasil brasileiro que vai dar samba no século XX.

Estaríamos diante do romance de um homem pobre enriquecido em uma sociedade em que a riqueza se articula a uma mascarada de domínio público, mas de uso privado, do qual Rubião está excluído. Um jogo cujas regras ele sequer intui, e menos ainda domina. Uma espécie de José Dias que não tem a quem adular, quase uma impossibilidade ontológica no Brasil oitocentista, configurando uma existência que evolui com alguma graça e muita desgraça para o manicômio e a morte.

Mero acaso que o único romance de Machado maduro que tem por protagonista um homem livre tenha esse andamento? Acho que não. E John Gledson, na introdução de *Machado de Assis: ficção e história,* arrisca uma interessante caracterização do procedimento narrativo de *Quincas Borba*:

> Na superfície, a trama tem muito pouco a ver com grandes questões históricas, mas existe aqui uma intensa ironia, porque Machado simplesmente — e, em certo sentido, de maneira *realista* — decidiu adotar o ponto de vista de personagens como Palha, para quem as questões radicais têm pouca importância, e apresentar as questões reais através do veículo distorcido da loucura de Rubião (Gledson, 1986, p. 22).

No mundo tropical escravocrata, a perspectiva que renderia a narrativa longa e orgânica é a de cima, da elite, daí o acerto de tom de Machado ao explorar em grande escala tal perspectiva. Já o exame impiedoso do sacrifício de Rubião no altar das vaidades da metrópole negreira carioca é quase uma demonstração da ausência de um ponto de vista alternativo ou, então, de uma visão de mundo capaz de se contrapor ao cinismo escravista disseminado. Assim, o ponto de vista de personagens como Palha ou Camacho, com a distância da terceira pessoa, resultaria em um relato menos realizado que o dos narradores protagonistas Cubas, Bentinho e Aires.

Se analisarmos o caráter documental de *Quincas Borba*, há um razoável volume de informações sobre trabalho intelectual e mais ou menos especializado. Rubião, digamos, é homem livre na ordem escravocrata, erguido à condição de proprietário, isto é, de senhor de escravos, embora ele venha a se livrar de seus cativos na primeira oportunidade que tem, o que está dito no trem rumo ao Rio durante o primeiro encontro com o casal Palha.

Já Palha encerra o romance sonhando um título nobiliárquico para Sofia, mas trabalha duro durante todo o relato. Quando trata de devolver a Rubião o que lhe cabe da sociedade que fundaram, Palha já tem em vista tornar-se banqueiro. Mas antes disso o burguês matreiro que explorou o capital mais ou menos ocioso de Rubião já demonstrara sua capacidade de trabalho e dedicação no cais do porto, ao que tudo indica em uma empresa de exportação e importação. Vale lembrar que o tráfico escravista, na segunda metade do século XIX, deixara de ser a grande atividade lucrativa da sociedade brasileira.

Palha, nesse sentido, é o anti-Brás Cubas, protagonista do romance anterior que jamais é apresentado tocando um negócio e parece só administrar seus bens e rendas. Está certo, Palha é um burguês arrivista, representado em sua ascensão, enquanto Cubas nasceu em berço de ouro escravocrata.

Outro anti-Cubas é Camacho, advogado formado em Recife, jornalista e político por vocação. Este é um parasita agressivo, que dilapida os bens de Rubião para sustentar *Atalaia*, seu jornal político de oposição (e de conciliação), redigido com um amontoado de lugares-comuns, clichês que Machado trata de documentar com disposição satírica razoavelmente minuciosa. Mas esse parasita trabalha honestamente como advogado; e nos seus lazeres, que constituem sua razão de viver, trata de encaminhar a política cabível. O narrador de Machado deixa claro que Camacho mantém sua advocacia de forma honrada para garantir sustento e alguma ostentação, mas sua banca de advogado também permite a intervenção na esfera política. Com o patrocínio de Rubião, Camacho não ganha maior relevância política, embora provavelmente seu jornal tenha maior repercussão.

O importante é que tanto Camacho quanto Palha são exemplos de operosidade e dedicação burguesa no polo oposto aos procedimentos de Brás Cubas, ocioso descarado e quase canalha. Assim sendo, Machado está desvendando o lado burguês da capital carioca. Palha, burguês ambicioso que trata de derivar para as finanças e sonhar com título nobiliárquico; Camacho, advogado medíocre ou mediano com paixão pelo debate político (críticas à Guerra do Paraguai e à Lei dos Ingênuos/Ventre Livre).

E no pega pra capar generalizado, Rubião é o ingênuo que não conhece as regras do jogo, nem do jogo da sedução perpetrado por Sofia (sedução e ostentação burguesa, fique claro), nem do jogo capitalista da preservação e ampliação do patrimônio, com suas despesas e receitas. Ele que era um dependente, um homem livre pobre, candidato a cunhado, depois enfermeiro agregado de Quincas Borba, agora caiu dentro de uma feroz arena de disputas, em que a sobrevivência do mais forte ou mais adaptado é lei geral. Isto é, Rubião torna-se vítima da lei que enunciava sem conhecer seu significado; Darwin versão Spencer, mediante síntese biruta de Quincas Borba: ao vencedor, as batatas.

Ao vencido que é Rubião, alguma compaixão ou ódio, tal como na fábula enunciada pelo filósofo pancada Quincas Borba no capítulo 6, em que se refere também *Dom Quixote*, livro brandido por Quincas Borba.

> — Ao vencido, ódio ou compaixão; ao vencedor, as batatas.
>
> — Mas a opinião do exterminado?
>
> — Não há exterminado. Desaparece o fenômeno; a substância é a mesma. Nunca viste ferver a água? Hás de lembrar-te que as bolhas fazem-se e desfazem-se de contínuo; e tudo fica na mesma água. Os indivíduos são essas bolhas transitórias.
>
> — Bem; a opinião da bolha...
>
> — Bolha não tem opinião. Aparentemente, há nada mais contristador que uma dessas terríveis pestes que devastam um ponto do globo? E todavia, esse

> suposto mal é um benefício, não só porque elimina os organismos fracos, incapazes de resistência, como porque dá lugar à observação, à descoberta da droga curativa. A higiene é filha de podridões seculares; devemo-la a milhões de corrompidos e infectos. Nada se perde, tudo é ganho. Repito, as bolhas ficam na água. Vês este livro? É Dom Quixote. Se eu destruir o meu exemplar, não elimino a obra que continua eterna nos exemplares subsistentes e nas edições posteriores. Eterna e bela, belamente eterna, como este mundo divino e supradivino (Machado de Assis, 2008, p. 766–767).

A referência ao Quixote antecipa a trajetória e demência de Rubião, que, armado de ideias românticas, investe contra a bela Sofia, que o engambela e trata de explorar, retirando daí algum prazer erótico. Talvez toda a fantasia sobre adultério entre Sofia e Carlos Maria, que está no miolo do livro, venha a constituir um artefato literário/moinho de vento montado para expor a ilusão e a tolice de Rubião e do leitor. No caso de Rubião, é praticamente aí que é deflagrado o processo de alienação que culminará em um Napoleão de hospício. Rubião e leitor são levados pelas evidências de mistério folhetinesco e acabam com cara de bobos, para prazer (perverso?) do narrador.

Além do mais, são ideais românticos e altruístas que levam Rubião a distribuir dinheiro para Camacho e outros parasitas. E, no esforço de busca de uma supremacia qualquer, levam o personagem a se identificar com Luís Napoleão, quando se chega a certo estágio avançado da doença. Ou será que Rubião acredita no mito do patriarcalismo gentil, ficção de homem livre/agregado? Acreditaria na cordialidade desinteressada (versão bonachona da síndrome batizada por Sérgio Buarque)? Mas aqui o arbítrio e a veleidade são privilégios que não se permitem à manutenção do dinheiro e patrimônio, pelos quais cabe zelar ferozmente. Rubião trata de garantir a adesão afetiva e a admiração mediante desperdício desvairado, comportando-se como patriarca imprevidente. Um homem cordial tolo que saca dos bens privados para se candidatar ao bem público, quando a lição cordial patrimonialista reza o contrário: sacar dos bens públicos a favor do patrimônio privado.

Machado, ao estudar os métodos e meios da sociedade que se aburguesa (Palha, Camacho, mesmo o honrado Teófilo) expõe, por contraste, os trejeitos e impasses de Rubião que não domina a nova regra em ascensão e se deixa levar pela fantasia aristocrática/benevolente/paternalista que é a versão oficial e autoimagem do Império Brasileiro, oposta à prática mercantil-escravista que dava as ordens.

Sem ter a quem servir, e incapaz de ser servido, Rubião serve a Sofia, com adulações e presentes, e depois servirá sua quimera, a projeção ensandecida de sua personalidade em Napoleão III. O ex-agregado não sabe o que fazer de sua liberdade de proprietário endinheirado.

Já para Major Siqueira, figura do círculo inicial de Palha, a questão é outra. Na condição de militar aposentado, funcionário público um tanto desqualificado, ele em breve será descartado por Palha; logo Siqueira, que foi testemunha um tanto desastrada do encontro de Rubião e Sofia no jardim. O major também é um homem livre na ordem oligárquica, mas uma vez abandonado por Palha trata de exprimir seu ressentimento em relação ao antigo amigo. O major não perde a noção da realidade e por isso mesmo trata de enunciar seu ressentimento, que também não é muito amargo, embora bem marcado e definido, na relação com sua filha, Dona Tonica. Enquanto isso, em Rubião e, noutro caso clássico da literatura brasileira, Policarpo Quaresma, o que desponta é a mania, ou, no limite, a loucura.

Até que ponto se mantém a volubilidade do narrador que era tão saliente em *Memórias póstumas*? Naquele livro a volubilidade dependia do arbítrio e dos vaivéns da consciência de Brás Cubas. Aqui em *Quincas Borba* esse processo está bloqueado pelo narrador em terceira pessoa que se propõe a acompanhar a ruína mental e material de Rubião. Sendo assim, os trejeitos e a ironia do narrador de Machado expõem e reexpõem a teoria da exploração compulsória, da competição compulsiva ditada pelo filósofo Quincas Borba. Oscilando, diga-se, entre a anotação detalhada do ambiente brasileiro e o comentário cosmopolita/filosófico. É argumentável que tal procedimento do narrador rende algo da volubilidade aquela de Cubas.

O cotidiano mesquinho/diminuído é iluminado pela comparação mitológica, isto é, pelo raciocínio generalizante que está em evidência já no lema e frase exemplar de Quincas. Ao vencedor, segundo Darwin e Spencer em versão tropicalista, cabem as batatas, como se a batalha árdua da civilização tivesse objetivo tão mesquinho e rebaixado. Vale lembrar que, na virada do século XIX para o XX, Machado não se encontra isolado no procedimento literário que mistura ambição filosófica e detalhe mesquinho nacional; penso que algo parecido se manifesta na poesia de Augusto dos Anjos, em que o raciocínio evolucionista é revertido para dar conta, com humor negro, do urubu que pousou na sorte do poeta.

No capítulo 43, Dona Tonica é a madurona filha de Siqueira, o aborrecido major. Dona Tonica percebeu a corte que Rubião fizera à bela Sofia e amarga a indiferença de Rubião e o ciúme da empreitada toda. Ela, Tonica, é solteirona à beira do desespero pela ausência de pretendentes. Tonica remói seu ressentimento:

> Não trazia ideias de paz nem de candura. Sem conhecer o amor, tinha notícia do adultério, e a pessoa de Sofia pareceu-lhe hedionda. Via nela agora um monstro, metade gente, metade cobra, e sentiu que a aborrecia, que era capaz de vingar-se exemplarmente, de dizer tudo ao marido (Machado de Assis, 2008, p. 794).

E o narrador prossegue escalpelando as autoilusões e a fúria de Dona Tonica, que, num primeiro momento, se dispõe a tudo dizer a Palha sobre o interlúdio de Rubião e Sofia. A "explosão de raiva interior" inclui a imaginação compensatória de uma cena em que Palha humilharia furiosamente Sofia, a pérfida.

Na sequência, a "alma cansou, e tornou a si", e temos a cena de D. Tonica contemplando a pobreza de seu quarto arrumadinho, com paredes tristes, etc. Mas o parágrafo de descrição realista se encerra com o tom bíblico, talvez do Cântico dos Cânticos: "E tudo ali parecia feito para receber um novo amado" (Machado de Assis, 2008, p. 795).

O parágrafo seguinte prossegue no âmbito bíblico acompanhado pela dúvida do narrador: "Onde li eu que uma tradição antiga fazia esperar a uma virgem de Israel, durante certa noite do ano, a concepção divina? Seja aonde for, comparemo-la à desta outra, que só difere daquela em não ter noite fixa…" (Machado de Assis, 2008, p. 795). E Machado persevera misturando a provocação à poesia. A provocação vai pelo argumento enviesado de que há equivalência entre as virgens de Israel e a pobre Tonica, as virgens bíblicas e a encruada virgem carioca filha do malicioso, pobre e ressentido major Siqueira. Machado usa até a repetição "todas, todas, todas" para enfatizar o desespero e o desamparo da pobre Tonica, virgem de Israel abandonada no Rio de Janeiro, cujo vento nunca lhe trouxe o varão esperado. Ou seja, a retórica bíblica e poética prossegue caracterizando a ressentida Tonica, que amarga uma solteirice carioca a contrastar com os dilemas bíblicos. A poesia faz contraponto irônico ao último parágrafo do capítulo, que retoma e resume a longa espera pelo noivo agravada pelo sucesso relativo das amigas que casaram.

> Agora, aquietada a imaginação e o ressentimento, mira e remira a alcova solitária; recorda as amigas do colégio e de família, as mais íntimas, casadas todas. A derradeira delas desposou aos trinta anos um oficial de marinha, e foi ainda o que reverdeceu as esperanças à amiga solteira, que não pedia tanto, posto que a farda de aspirante foi a primeira coisa que lhe seduziu os olhos, aos quinze anos... Onde iam eles? Mas lá passaram cinco anos, cumpriu os trinta e nove, e os quarenta não tardam. Quarentona, solteirona: Dona Tonica teve um calafrio. Olhou ainda, recordou tudo, ergueu-se de golpe, deu duas voltas e atirou-se à cama chorando... (Machado de Assis, 2008, p. 795).

O parágrafo-resumo é uma pequena obra-prima de síntese de Machado, que repele os detalhes realistas para incidir na passagem dos anos, com notícia breve sobre a primeira atração da Tonica, ainda adolescente, pela farda militar. A última frase do capítulo está enfaticamente longe da poesia bíblica e elevada para dar voz à poesia preconceituosa e popular: "Quarentona, solteirona: Dona Tonica teve um calafrio. Olhou ainda, recordou tudo, ergueu-se de golpe, deu duas voltas e atirou-se à cama chorando...". Assim o resumo sintético se encerra com a referência popular que é próxima do mundo mental de Dona Tonica, o que denuncia quão distante de consolo é a referência bíblica e erudita introduzida pelo narrador. Narrador bíblico erudito, mas

Dona Tonica chorando atirada na cama sentindo (ouvindo?) o refrão popular.

Ao comentar outro trecho de *Quincas Borba*, Roberto Schwarz fez a síntese do que tento demonstrar aqui.

> Em *Quincas Borba*, o leitor a todo momento encontra, lado a lado e bem distintos, o "local" e o "universal". A Machado não interessava a sua *síntese*, mas a sua *disparidade*, a qual lhe parecia característica. Seria, para usar as suas palavras, um dos "assuntos que lhe oferecia a sua região"? Nesta convivência irreconciliada, em que se pode ver cifra de uma situação histórica e cultural, os termos se ridicularizam reciprocamente. Aliás, a própria fixação enfática destes níveis, a ponto de se tornarem planos retóricos distintos, já é um recurso cômico, algo como um registro de alienação (Schwarz, 1987, p. 170).

O próximo capítulo de *Quincas Borba*, o 44, traz o comentário implacável e irônico do narrador que remói os sentimentos da pobre Tonica. Uma pobretona pela qual o narrador tem um interesse notável, o que fala a favor da complexidade dos personagens pobres de Machado. Pesando e repesando os vaivéns da consciência atormentada de Tonica, o narrador encerra o curto capítulo que é só um parágrafo. Machado compara agora a gentil Tonica com Calígula (!?), o que é quase um disparate, mas que retoma o dado erudito da Bíblia citada. Tonica, depois de comparada a virgens de Israel, ganha louros de Calígula. Uma intervenção do narrador que, no conjunto do relato, contrasta e ilumina a identificação do pobre Rubião com Napoleão III: dois ressentidos que são comparados a imperadores. Assim, versões e ilusões que se sucedem configuram um artifício recorrente ao longo da narrativa.

Como se não bastasse, depois da caracterização imperial de Dona Tonica vem o capítulo 45, com o prosseguimento do comentário do narrador, que abandona a comparação com Calígula e inicia o paralelo entre Tonica e Rubião, cuja alma ri. E a comparação de Rubião com Tonica sai enfática e filosofante, no limite da bobagem pensamentosa:

> Enquanto uma chora, outra ri, é a lei do mundo, meu rico senhor; é a perfeição universal. Tudo chorando seria monótono, tudo rindo cansativo; mas uma boa distribuição de lágrimas e polcas, soluços e sarabandas, acaba por trazer à alma do mundo a variedade necessária, e faz-se o equilíbrio da vida (Machado de Assis, 2008, p. 795).

No início dos anos 1970 do século XX, tal filosofia será cantada por Tim Maia em É primavera: um nasce para chorar, enquanto o outro ri. Como talvez notasse John Gledson, uma filosofia mediana e individualista que poderia fazer parte do arsenal burguês do ambicioso e pragmático Palha, sem mencionar que se trata de mais uma versão do lema de Quincas Borba: ao vencedor, as batatas.

Ou será só um momento menos inspirado do narrador irônico machadiano? Um trecho que incorpora o ceticismo bem-pensante encarnado por Anatole France. Afinal, em Brás Cubas, por exemplo, a ironia mais apalhaçada perdia o tom mórbido e melancólico mais óbvio, além de incluir certo esnobismo feroz que se afasta do senso comum. Aqui, entre Tonica e Rubião, o narrador parece se comprazer em expor o nervo das ilusões, ressentimento e compensações imaginárias dos iludidos sem que ocorra a autocrítica, já que o ponto de vista do narrador é superior e distanciado.

A tirada filosofante da alma que chora enquanto a outra ri vem na abertura da sequência que desaguará na memória da execução do preto por outro preto, na famosa cena do enforcamento público em *Quincas Borba*. Trata-se de uma passagem um tanto enigmática do romance, romance em que raramente aparecem escravos. Eles são quase ausentes, até mesmo como pano de fundo doméstico. E no enforcamento os dois negros comparecem no centro da cena, literalmente no centro das atenções, verdadeiras estrelas nesse espetáculo macabro da execução pública. Vale lembrar que é um espetáculo público gratuito, assim como a missa e as procissões religiosas, no Rio de Janeiro da juventude de Rubião.

Mas, muito antes da cena do patíbulo, logo depois da reflexão sobre as lágrimas de um e riso de outro, temos as dúvidas de Rubião sobre prosseguir na abordagem de Sofia, que bem-sucedida desaguaria em traição e adultério, ou ainda as dúvidas prosaicas sobre qual tílburi tomar para voltar para casa em Botafogo. Dessas duas dúvidas brota a memória da cena do enforcamento e a memória da antiga dúvida: seguir ou não a multidão que vai assistir ao enforcamento. E atrás do enforcamento só não vai quem já morreu. O fato é que as dúvidas de Rubião não o impedem de seguir o enforcamento e ter o piripaque/desmaio no meio da multidão, depois que o preto verdugo cavalga o preto condenado. De dúvida para dúvida, o encerramento é na casa de Rubião, com a dubiedade/duplo Quincas Borba cão ou filósofo. Ali Rubião especula sobre a possível metempsicose de Rubião filósofo em seu cão homônimo. Sendo assim, a ambiguidade que está no título do romance ecoa o feroz e paródico *"ao vencedor, as batatas"* novamente. Em chave dúbia e meditativa, teríamos o desenlace da cena da execução: ao vencedor a cavalgada, ao vencido ser cavalgado na forca. Essa seria uma possível versão da execução sob a lente do filósofo que teria reencarnado no cachorro.

Repassando a cena do ponto de vista estrutural — e tudo está muito costurado no conjunto — temos a escolha entre assistir à morte ou não, dilema do jovem Rubião, e a escolha do rico e maduro Rubião no presente que vacila entre avançar sobre Sofia ou não, embarcar em um tílburi ou outro. Oscilação e dubiedade que refratam a duplicidade que está no título, o filósofo Quincas Borba, reencarnado em cachorro (*perro del infierno*, segundo o gentil criado castelhano). Mas a transmigração das almas é crença adquirida por influência de uma preta de São João d'El Rei.

> Foi uma preta de São João d'El Rei que lhe meteu, em criança, essa ideia de transmigração. Dizia ela que a alma cheia de pecados ia para o corpo de um bruto; chegou a jurar que conhecera um escrivão que acabou como gambá...
>
> — Vossa Senhoria não se esqueça de dizer onde é a casa, disse-lhe repentinamente o cocheiro.
>
> — Pare (Machado de Assis, 2008, p. 799).

Em outras palavras, a crendice popular daquela preta da infância relativiza as pretensões à imortalidade que levaram o filósofo a batizar o cão. Voltamos à fórmula que oscila entre a pretensão filosofante e cosmopolita e o detalhe popular e realista, com o adensamento da complexidade literária ao se fazer referência ao duplo e a dubiedades várias no enredo intrigante e intrincado do romance.

Bento Santiago, narrador elegante e malicioso

Joaquim Maria Machado de Assis contava sessenta anos quando publicou, em 1899, *Dom Casmurro*, que é considerado por muitos sua obra-prima. O escritor era então uma unanimidade nacional, presidente da Academia Brasileira de Letras desde sua fundação em 1896, cronista renomado, ensaísta literário e autor de peças teatrais, poesia, contos e romances. *Dom Casmurro* é o terceiro de seus romances de maturidade, todos eles ambientados no Rio de Janeiro, a maior parte deles transcorrendo sua ação ao longo do II Reinado, o reinado de Pedro II, que só se encerra em 1889 com a proclamação da República.

No início do romance, somos informados pelo narrador Bento Santiago, um senhor maduro de mais cinquenta anos, que ele pretende relembrar os acontecimentos de sua vida. Ainda na abertura da narrativa Bento explica como ganhou o apelido de Dom Casmurro e como pretende, a partir de sua residência atual, no Engenho Novo, subúrbio algo distante de centro da cidade do Rio de Janeiro, repassar os acontecimentos que se deram enquanto residia na rua de Matacavalos e, depois, no bairro da Glória. Daí emergirá uma espécie de viagem sentimental pelo passado e pelas ruas do Rio de Janeiro.

Nosso melancólico e irônico cinquentão recorda sua infância e adolescência na rua de Matacavalos em uma casa onde surgiu a convivência e a atração pela menina Capitu, vizinha pobre da família do narrador. A viúva Dona Glória, mãe de Bentinho, mantém a família com rendas provenientes do aluguel de suas casas, de investimentos e do aluguel de escravos seus que prestam serviços na cidade do Rio de Janeiro. É na rua de Matacavalos que se desenvolve o namoro infanto-juvenil entre Bento e Capitu, a qual terá que demonstrar toda sua esperteza e sagacidade para conquistar a simpatia de Dona Glória e fazê-la renegar a antiga promessa de fazer de Bentinho um padre.

De fato, Bento parte para o seminário, onde conhecerá seu maior amigo, Escobar, e de lá sairá, depois de muita relutância de Dona Glória, para estudar Direito em São Paulo e, por fim, esposar sua amada Capitu. O casal então estabelece seu ninho no bairro da Glória, onde o jovem advogado e proprietário encontra-se finalmente casado com sua namorada de infância, que deixou de ser uma menina pobre para se tornar uma elegante dama da sociedade. É a casa da Glória que assiste à deflagração da crise conjugal, quando o ciumento Bentinho encontra sérios motivos para desconfiar que o menino Ezequiel, o filho tão desejado que finalmente chegara, é resultado do adultério entre Capitu e Escobar, velho amigo e também ex-seminarista.

Acossados pelo ciúme e desconfiança de Bentinho, Capitu e o menino Ezequiel rumarão para o exílio confortável na Suíça, enquanto o desconfiado pai de família mantém as aparências do casamento transoceânico, ao mesmo tempo que leva a vida sem maiores preocupações, ainda que remorda alguma amargura e tristeza pelo casamento pifado e pela família destruída.

Com a ironia melancólica de quem sobreviveu a todo mundo, no final do livro Bentinho anota: "E bem, qualquer que seja a solução, uma coisa fica, é a suma das sumas, ou o resto dos restos, a saber, que a minha primeira amiga e o meu maior amigo, tão extremosos ambos e tão queridos também, quis o destino que acabassem juntando-se e enganando-me... A terra lhes seja leve!" (Machado de Assis, 2008, p. 1072).

No âmbito socioeconômico, pouca coisa afeta o núcleo do romance. Por certo a ascensão econômica de Capitu está no centro da narrativa, mas ela é garantida pela solidez do patrimônio da família de Bentinho. O advogado bem-sucedido prossegue tão proprietário e bem colocado no final do romance quanto o jovem herdeiro do início. E vale notar que o limite doméstico domina a maior parte da narrativa, com a maioria dos personagens relevantes sendo apresentados nos primeiros capítulos, à exceção de Escobar e de Manduca, o menino leproso. Em torno do lar de Matacavalos, docemente dominado por Dona Glória, a viúva piedosa, devotada e escravocrata, gira uma parentela. Lá estão prima Justina, a viúva seca mas sem malícia; José Dias, o agregado servil e formal, repleto de superlativos que lhe garantam alguma dignidade; tio Cosme, advogado bonachão e também viúvo, "era a casa dos três viúvos", etc.

Um dos mistérios do texto é como Machado de Assis alcançou construir obra tão complexa a partir de um grupo de personagens tão restrito. Não que a complexidade tenha sido sempre evidente. Já se notou que as cenas singelas de namorico adolescente, os dilemas do jovem casal perante a autoridade materna e adversidade do mundo, entre outros apelos, seriam os responsáveis pela simpatia despertada pelo romance, que ganhou fama de ser o mais popular dentre os de Machado de Assis. Mas singeleza e dilemas estão enquadrados pelo narrador Bento Santiago, que de simples e linear não tem nada.

José Guilherme Merquior comenta que o estilo de *Dom Casmurro* dá continuidade aos procedimentos de *Memórias póstumas de Brás Cubas* (1880) e *Quincas Borba* (1891): capítulos curtos, marcados por apelos irônicos ao leitor e por digressões entre graves e gaiatas.

> Como nas *Memórias póstumas*, e, depois, em *Esaú e Jacó*, os próprios títulos dos minicapítulos possuem frequentemente um sentido irônico. O elixir humorístico feito de expressões sentenciosas, citações literárias, alusões mitológicas e linguagem figurada está agora no ponto: do ângulo da homogeneidade de tom, *Dom Casmurro* é a obra-prima da arte de Machado (Merquior, 1996, p. 243).

A complexidade e o perfil do narrador Bentinho são, ao que tudo indica, o nó da questão. Dependendo da adesão ou não ao ponto de vista do narrador, reavaliamos o romance: "Em lugar da evocação, do memorialismo emocionado e sincero que pareceria merecer todo o crédito do mundo, surgem o libelo disfarçado contra Capitu e a tortuosa autojustificação de Dom Casmurro, que, possuído pelo ciúme, exilara a família" (Schwarz, 1997, p. 10).

Schwarz nota que prevaleceu a leitura conformista, isto é, de adesão à condenação de Capitu, apesar de cruciais indícios em contrário que se apresentavam nos comentários irônicos e eventualmente provocativos, pelas digressões melancólicas ou brincalhonas que retardam a narrativa, etc. É ainda Schwarz que chama atenção para o fato de que são dois estrangeiros que tratariam de desconfiar dos procedimentos e argumentos de Bentinho.

Helen Caldwell publicou em 1960 *O Otelo brasileiro de Machado de Assis*, recentemente traduzido para o português.

A autora desconfiou das razões do ciumento Bentinho: para ela, tratava-se de fornecer o papel e a credibilidade de narrador a Otelo, a fim de melhor defender a tese absurda da culpa de Desdêmona/Capitu. Um aproveitamento insidioso da peça clássica de Shakespeare, a qual Bentinho chega a assistir no teatro já no final do romance, quando está roído de ciúmes e desconfiança.

O outro estrangeiro desconfiado é John Gledson, que, em *Machado de Assis: impostura e realismo*, retoma o argumento de Caldwell sobre o ponto de vista narrativo sedutor e viciado de *Dom Casmurro*. O estudioso inglês, que é especialista em Machado, busca estabelecer o perfil patriarcal e privilegiado do narrador. Entusiasmado com a leitura do inglês, Roberto Schwarz resume os achados cruciais de Gledson: "Em lugar do novo Otelo, que por ciúme destrói e difama a amada, surge um moço rico, de família decadente, filho de mamãe, para o qual a energia e liberdade de opinião de uma mocinha mais moderna, além de filha de um vizinho pobre, provam ser intoleráveis. Nesse sentido, os ciúmes condensam uma problemática social ampla, historicamente específica, e funcionam como convulsões da sociedade patriarcal em crise" (Schwarz, 1997, p. 11).

Aí está *Dom Casmurro* lido a contrapelo por críticos que resistem ao charme nem tão discreto de Bento Santiago, em procedimentos de leitura que demonstram a atualidade e a força do livro, um clássico sedutor e provocativo.

Ópera e drama a serviço da maledicência nas digressões de Dom Casmurro

O narrador Bento Santiago, no capítulo 8 de *Dom Casmurro*, interrompe a apresentação da parentela que com ele dividia a casa de Matacavalos e faz uma digressão famosa, uma entre tantas dos narradores machadianos. Depois de apresentar o agregado José Dias, Tio Cosme e Dona Glória, o relato se interrompe para que entre em cena o tenor aposentado Marcolini:

> Agora é que eu ia começar a minha ópera. "A vida é uma ópera", dizia-me um velho tenor italiano, que aqui viveu e morreu… E explicou-me um dia a definição, em tal maneira que me fez crer nela. Talvez valha a pena dá-la; é só um capítulo (Machado de Assis, 2008, p. 938).

A seguir, no capítulo 9, teremos uma breve caracterização de Marcolini, cuja ópera cósmica o narrador resumirá:

> Deus é o poeta. A música é de Satanás, jovem maestro de muito futuro, que aprendeu no conservatório do céu. Rival de Miguel, Rafael e Gabriel, não tolerava a precedência que eles tinham na distribuição dos prêmios. Pode ser também que a música em demasia doce e mística daqueles outros condiscípulos fosse aborrecível ao seu gênio eminentemente trágico (Machado de Assis, 2008, p. 939).

E por aí vai, com o mundo surgindo de uma parceria involuntária entre Deus e Satanás, em que o primeiro seria o responsável pelo libreto e o segundo pela música. A malícia beira o sacrilégio já que Deus praticamente joga fora o libreto por considerar a criação de tal obra indigna de sua eternidade, sendo Satanás o responsável pelo reaproveitamento da obra desprezada que virá a ser encenada em teatro adrede preparado, o planeta Terra. Com Deus indiferente e o Diabo interessado, temos a explicação para o desacerto reinante nesse vale de lágrimas. Se a fábula é blasfema, pelo menos não é de autoria do ex-seminarista Bento Santiago, que se limita a resumir os termos do velho tenor com pretensões filosóficas, embora Bento reconheça que aceita a teoria "de seu velho Marcolini". Depois do narrador elogiar com malícia o dramaturgo Shakespeare, cuja capacidade de reproduzir a letra da ópera o torna um plagiário de Deus e, eventualmente, do demo, a última palavra enfática é de Marcolini:

> — Esta peça, concluiu o velho tenor, durará enquanto durar o teatro, não se podendo calcular em que tempo será ele demolido por utilidade astronômica. O êxito é crescente. Poeta e músico recebem pontualmente os seus direitos autorais, que não são os mesmos, porque a regra da divisão é aquilo da Escritura: "Muitos são os chamados, poucos os escolhidos". Deus recebe em ouro, Satanás em papel (Machado de Assis, 2008, p. 940).

Cabe salientar que se trata da primeira digressão de maior escala num livro repleto de pequenas e grandes digressões. Uma digressão blasfema que já dá o tom da imaginação irônica e transgressora desse ex-seminarista que é Bento Santiago. Como notou John Gledson, em *Machado de Assis: impostura e realismo*, o episódio Marcolini, com sua fábula e teoria, é difícil e pode ser avaliado de vários ângulos, começar por sua posição estratégica de digressão da abertura do romance, anterior à entrada em cena de Capitu. O meu interesse principal é pelo encerramento do encerramento, no breve capítulo 10, "Aceito a Teoria", em que Bento — antes de proclamar o famoso "A mim é que ele me denunciou", que enuncia o resultado da maledicência e da perspicácia de José Dias — antecipa ao leitor sua versão da história a ser narrada.

> Eu, leitor amigo, aceito a teoria do meu velho Marcolini, não só pela verossimilhança, que é muita vez toda a verdade, mas porque a minha vida se casa bem à definição. Cantei um *duo* ternissimo, depois um *trio*, depois um *quatuor*... Mas não adiantemos; vamos à primeira tarde, em que eu vim a saber que já cantava, porque a denúncia de José Dias, meu caro leitor, foi dada principalmente a mim. A mim é que ele me denunciou (Machado de Assis, 2008, p. 941).

Bento, narrador malicioso, já adiantou, e deu o resumo malévolo de seu relacionamento com Capitu: do namoro, casamento, adultério com Escobar e resultante filho Ezequiel, ainda que Escobar e Ezequiel sejam aqui intercambiáveis na definição do *trio* e *quatuor*. Capitu, vale lembrar, só entrará em cena no capítulo 13. Isto é, a moça sequer foi apresentada ao leitor e já é insinuada adúltera graças à referência numérica e musical. Num livro em que se sucedem os jogos de espelho e as duplicidades, quando chegar a hora do encontro entre o *trio*, lá nos capítulos 71 a 73, o apelo teatral se tornará mais explícito no teor acusatório, ao invocar Otelo, Iago entre outros.

Estranhamente, Gledson divide em duas sua análise da sequência da ópera/parábola de Marcolini. A referência ao *duo*, *terno*, etc., vai no início do livro, no capítulo dedicado ao perfil manipulatório e digressivo de Bento, e a ópera propriamente dita vai analisada no penúltimo capítulo do livro, sob o título de "Ideologia e religião". A magistral análise de Gledson, que cruza proveitosamente *Dom Casmurro* com várias outras obras de Machado, perde aqui em esclarecimento de estrutura para ganhar mais didatismo, isto é, define-se o perfil do narrador no início do livro, enquanto o conteúdo ideológico vai no encerramento. Minha objeção aqui é em razão do efeito estrutural na forma literária, que ficou obscurecido. A digressão em torno de Marcolini, para além de definir o perfil do relativismo e pessimismo de Bento Santiago, serve para condenar Capitu antes mesmo que a garota dê o ar da graça. E a discussão, esboçada por Gledson, sobre se o quarto elemento é Sancha ou Ezequiel torna-se ociosa, uma vez que a premissa do adultério prenunciado fica garantida. Assim, o perfil sofisticado e malicioso de Bento ganha relevo aqui, e já ecoa digressões que vêm desde o primeiro capítulo, para estabelecer um ponto de vista que é muito enfático na condenação de sua futura ex-amada. Dado estrutural que para Gledson é, na melhor das hipóteses, secundário.

Note-se que o ganho de síntese do perfil ideológico de Bento empreendido pelo autor é memorável e difícil de superar.

> E assim voltamos ao elegante e despreocupado cinismo de Bento e Marcolini. Isto já não é humanitismo, com sua admissão fundamental de que tudo vai pelo melhor — que parece poder ser deixado, sem risco de erro, ao doido Quincas Borba, e a seus discípulos Brás Cubas e Rubião. É, antes, o pessimismo considerado um tanto contrariadamente por Brás Cubas em seu leito de morte. As personagens que, deliberadamente, expõem tais opiniões são sempre cínicas, sejam do tipo afável, sejam do tipo

> vilão — o juiz-de-fora de "Adão e Eva" ou Luís Batista, em *Ressurreição* —, e Bento não é nenhuma exceção. A espirituosidade e o humour das passagens disfarçam um pessimismo que, quando nada, está em desacordo com qualquer ideia de que Bento seja cristão: "Apesar do seminário, não acredita em Deus...". Conquanto a uma leitura superficial possa parecer que Deus e o diabo são apenas co-autores e que [...] a verdade última está em Deus, permanece o fato de que, embora o diabo não consiga organizar sua "igreja" ou escrever o libreto oficial, é ele que mantém a iniciativa criadora: "Tudo é música, meu amigo" (Gledson, 1991, p. 151).

Dois parágrafos adiante, Gledson enfatiza que Bento é um relativista, o que de novo nos afasta da condenação razoavelmente peremptória, ainda que maliciosa, que emana do suave *duo, terno, quatuor* que está no capítulo seguinte ao da ópera. A ênfase de Gledson, até mesmo porque ignorando a malícia do capítulo 10, "Aceito a teoria", torna mais complexo e pérfido o suposto do relativismo de Bento.

> Bento é um relativista, com um ponto de vista aparentemente bem inofensivo, sinistro apenas em sua aplicação. Contudo, para Machado, isso constitui uma dimensão importante de sua personalidade e é o que, acima de tudo, torna-o representante típico não só de sua classe, mas também de seu século — o XIX, em cujos últimos anos ele está escrevendo. Se nós, como leitores do século XX, nos inclinamos a não perceber quão fundamental é essa ideia a toda a concepção da personalidade de Bento por Machado, sem dúvida é em parte porque muitos de nós, como Bento, somos também relativistas habituais, sejam quais forem nossas crenças "oficiais" (Gledson, 1991, p. 153–154).

Um relativismo interessado e pérfido em que o tom sincero se alterna com ironia que simultaneamente seduz o leitor, insinua dúvidas e acusa Capitu.

Em momento crucial da adolescência, já no seminário, Bento é induzido involuntariamente ao ciúme por José Dias (Capitu e o peralta da vizinhança, etc.): o capítulo é o 62, "Uma ponta de Iago". E voltamos, portanto, às referências dramáticas denotando suspeita e ciúmes. É a primeira menção explícita ao drama *Otelo* no livro, e no miolo do capítulo a imaginação de Bento reconstrói o cotidiano tal como induzido por José Dias/Iago:

> Outra ideia, não — um sentimento cruel e desconhecido, o puro ciúme, leitor das minhas entranhas. Tal foi o que me mordeu, ao repetir comigo as palavras de José Dias: "Algum peralta da vizinhança". Em verdade, nunca pensara em tal desastre. Vivia tão nela, dela e para ela, que a intervenção de um peralta era como uma noção sem realidade: nunca me acudiu que havia peraltas na vizinhança, vária idade e feitio, grandes passeadores das tardes. Agora lembrava-me que alguns olhavam para Capitu, — tão senhor me sentia dela que era como se olhassem para mim, um simples dever de admiração e de inveja. Separados um do outro pelo espaço e pelo destino, o mal aparecia-me agora, não só possível, mas certo. E a alegria de Capitu confirmava a suspeita; se ela vivia alegre é que já namorava a outro, acompanhá-lo-ia com os olhos na rua, falar-lhe-ia à janela, às ave-marias, trocariam flores e... (Machado de Assis, 2008, p. 998).

Ora, quando ocorrer a segunda referência o peralta passará diante dos olhos de Bentinho e de Capitu, confirmando supostamente as suspeitas nutridas. Diante de Bentinho, o que não combina com a dissimulação que lhe é atribuída, Capitu contemplará um dos "grandes passeadores das tardes".

A olhadela está no capítulo 73, e vem antecedida pela digressão análoga àquela do velho Marcolini. Mais do que isso, é no capítulo 71 que Capitu vê pela primeira vez Escobar. Olhadelas que se sucedem, portanto, tendo a digressão shakespeariana de permeio. A digressão metafórica sobre teatro, longe da ópera mas em âmbito de ribalta, ocupa os capítulos 72, "Uma reforma dramática", e 73, "O contra-regra".

> — É o Escobar — disse eu, indo pôr-me embaixo da janela, a olhar para cima.
>
> Capítulo LXXII
> *Uma reforma dramática*
>
> Nem eu, nem tu, nem ela, nem qualquer outra pessoa desta história poderia responder mais, tão certo é que o destino, como todos os dramaturgos, não anuncia as peripécias nem os desfechos. Eles chegam a seu tempo, até que o pano cai, apagam-se as luzes e os espectadores vão dormir. Nesse gênero há porventura alguma coisa que reformar, e eu proporia, como ensaio, que as peças começassem pelo fim. Otelo mataria a si e a Desdêmona no primeiro ato, os três seguintes seriam dados à ação lenta e decrescente do ciúme, e o último ficaria só com as cenas iniciais da ameaça dos turcos, as explicações de Otelo e Desdêmona, e o bom conselho do fino Iago: "Mete dinheiro na bolsa". Desta maneira, o espectador, por um lado, acharia no teatro a charada habitual que os periódicos lhe dão, porque os últimos atos explicam o desfecho do primeiro, espécie de conceito, e, por outro lado, ia para a cama com uma boa impressão de ternura e de amor:
>
> Ela amou o que me afligira,
> Eu amei a piedade dela.

Capítulo LXXIII
O contrarregra

O destino não é só dramaturgo, é também o seu próprio contra-regra, isto é, designa a entrada dos personagens em cena, dá-lhes as cartas e outros objetos, e executa dentro os sinais correspondentes ao diálogo, uma trovoada, um carro, um tiro. Quando eu era moço, representou-se aí em não sei que teatro, um drama que acabava pelo juízo final. O principal personagem era Asaverus, que no último quadro concluía um monólogo por esta exclamação: "Ouço a trombeta do Arcanjo!" Não se ouviu trombeta nenhuma. Asaverus, envergonhado, repetiu a palavra, agora mais alto, para advertir o contra-regra, mas ainda nada. Então caminhou para o fundo, disfarçadamente trágico, mas efetivamente com o fim de falar ao bastidor, e dizer em voz surda: "O pistão! O pistão! O pistão!" O público ouviu esta palavra e desatou a rir, até que, quando a trombeta soou deveras, e Asaverus bradou pela terceira vez que era a do Arcanjo, um gaiato da plateia corrigiu cá debaixo: "Não, senhor, é o pistão do Arcanjo!"

Assim se explicam a minha estada debaixo da janela de Capitu e a passagem de um cavaleiro, um dândi, como então dizíamos. Montava um belo cavalo alazão, firme na sela, rédea na mão esquerda, a direita à cinta, botas de verniz, figura e postura esbeltas: a cara não me era desconhecida. Tinham passado outros, e ainda outros viriam atrás; todos iam às suas namoradas. Era uso do tempo namorar a cavalo. Relê Alencar: "Porque um estudante (dizia um dos seus personagens de teatro de 1858) não pode estar sem estas duas coisas, um cavalo e uma namorada". Relê Álvares de Azevedo. Uma das suas poesias é destinada a contar (1851) que residia em Catumbi, e, para ver a namorada no Catete, alugara um cavalo

> por três mil-reis. Três mil-reis! Tudo se perde na noite dos tempos.
>
> Ora, o dândi do cavalo baio não passou como os outros; era a trombeta do juízo final e soou a tempo; assim faz o Destino, que é o seu próprio contra-regra. O cavaleiro não se contentou de ir andando, mas voltou a cabeça para o nosso lado, o lado de Capitu, e olhou para Capitu, e Capitu para ele; o cavalo andava, a cabeça do homem deixava-se ir voltando para trás. Tal foi o segundo dente de ciúme que me mordeu. A rigor, era natural admirar as belas figuras, mas aquele sujeito costumava passar ali, às tardes; morava no antigo Campo da Aclamação, e depois... e depois... Vão lá raciocinar com um coração de brasa, como era o meu! Nem disse nada a Capitu; saí da rua à pressa, enfiei pelo meu corredor, e, quando dei por mim, estava na sala de visitas (Machado de Assis, 2008, p. 1008–9).

Em *Dom Casmurro*, prodigioso quebra-cabeça/charada "pautado socialmente" — segundo o comentário certeiro de Roberto Schwarz — a digressão dramática refere o ciúme de Otelo para dar conta da fatalidade da traição de Capitu, em que o tema do trio amoroso ecoa na trombeta do anjo, em chave cômica e gaiata, referência humorística de equívoco de encenação. E depois prossegue de maneira quase escarninha com José de Alencar e Álvares de Azevedo, de *Namoro a cavalo*. Isto é, o Álvares de Azevedo mais patife e cômico, que escarnece das moças namoradoras suburbanas, as Capitus da vida. Já com Otelo em pauta, temos aqui Bento Santiago retomando a maledicência enunciada no encerramento da fábula operística de Marcolini: *duo*, *trio*, *quatuor*...

Temos então uma digressão providencial que ecoa a ópera de Marcolini, que já era uma piada, apesar dos protestos do tenor sem voz. Agora a piada é dada já pela referência à cena mal encaminhada no teatro de juventude de Bento, embora Bento trate de assunto sério que é a acusação de adultério cometido por Capitu e Escobar, este Escobar que acabou de ser mencionado pela primeira vez a Capitu. Daí o caráter lapidar da maledicência, que denuncia o interesse de Capitu pelo namorador a cavalo logo depois da primeira visita de Escobar a Matacavalos. Visita idônea e inocente, mas seguida da olhadela indiscreta e dos capítulos maliciosos e premonitórios da traição, tudo sob a capa da piada sobre o Destino, Otelo, Iago, etc. Vale lembrar que, nos capítulos finais do livro, Bento de fato vai ao teatro e assiste a Otelo e sai convencido de que seus ciúmes são verdadeiros, num último momento de cena teatral em que se revela o caráter dúbio e o tamanho da traição de Capitu, etc. Para variar, Escobar e Capitu sequer se conhecem, mas a atração, sedução e traição já são insinuadas na sequência de episódios, mais do que isso, são matéria de reflexão humorística e erudita do narrador, que vai de Shakespeare a Álvares de Azevedo. Sobre Shakespeare, é eloquente que a versão, entre discutível e bárbara, que Bento alcança de *Otelo* no final do romance tenha chocado a professora Helen Caldwell, que escreveu seu *O Otelo brasileiro de Machado de Assis* em parte para avaliar o tamanho do disparate em *Dom Casmurro*, livro por ela considerado um obra-prima. O livro de Caldwell, publicado em inglês em 1960, é um marco na alteração do debate sobre *Dom Casmurro* e sobre a malícia acusatória do narrador.

Retomando, a ópera de Marcolini está nos capítulos 10 e 11, a reforma dramática está em 72 e 73, e o *Otelo* em cena assistido por Bento comparece no 135. As metáforas dramáticas dando conta da traição (*trio*, *quatuor*) são reincidentes e simétricas, marcando posições estratégicas no livro. Começo, meio e fim dão notícia da perfídia de Capitu e do afinco de Bento, que lhe atribui adultério desde o capítulo 10!

Os capítulos que trazem a proposta de reforma dramática desenvolvem o argumento da vantagem da reforma mediante o célebre e prestigiado *Otelo* de Shakespeare. Se a reforma dramática tem uma dimensão mais ou menos séria, a caracterização do destino enquanto dramaturgo e contrarregra é humorística e erudita, no limite do gaiato. Vale lembrar que se trata de denunciar veladamente a traição que unirá Escobar e Capitu contra Bento, o que dá um sabor dos mais estranhos para a sequência. Sendo a denúncia do desastre final que se abaterá sobre Bento, é tratada como piada, o que parece desqualificar e ironizar a própria denúncia feita pelo narrador. Autoironia? Pista que demonstra mais uma vez o quanto o narrador não é confiável? Veja-se que é uma cena de ciúmes em que Bento comenta que tinha um coração em brasa que o levava a pensar mal, etc. Mas o coração em brasa do adolescente é ironizado pelo narrador maduro, que arma a associação entre Otelo, contrarregra trapalhão e comentário antecipado sobre o adultério. A maledicência do madurão até certo ponto é relativizada pelo coração em brasa do adolescente.

A posição da maliciosa reforma dramática é crucial — assim como a ópera de Marcolini é inicial e interrompe a apresentação dos personagens, ou melhor, da parentela que vivia na casa sob as ordens de Dona Glória. A ópera permite a primeira digressão acusatória antes mesmo de Capitu entrar em cena. Já a digressão dramática e devastadora com referência direta a Otelo é capítulo imediatamente posterior à primeira visita de Escobar; mais, é imediatamente posterior à primeira cena em que o trio Bento, Capitu e Escobar estão juntos, embora Capitu apenas observe os dois amigos seminaristas atrás da veneziana de sua casa e só se apresente a Bento depois da partida de Escobar. O que já é um comentário sobre o caráter esquivo da menina? O problema é que o caráter esquivo não vai impedir que ela olhe deliberada e abertamente para o jovem cavaleiro que passará em breve e deflagrará a ciumeira em Bento. Para uma moça esquiva, o procedimento não deixa de surpreender; talvez Capitu seja muito mais direta e determinada do que Bento em geral aceita revelar.

A visita de Escobar não só reúne o trio da traição anunciada, mas traz mais uma característica da capacidade de autocontrole de Escobar. Ela já fora enunciada lá atrás, quando da apresentação de Escobar no ambiente do seminário, que é capaz de provocar alguma irritação ou má impressão por ser fugidio e escorregadio, além de reflexivo. Aqui no capítulo 71, "Visita de Escobar", revela-se que o jovem é capaz de dominar um tique nervoso com extraordinária rapidez.

> Realmente, era interessante de rosto, a boca fina e chocarreira, o nariz curvo e delgado. Tinha o sestro de sacudir o ombro direito, de quando em quando, e veio a perdê-lo, desde que um de nós lho notou um dia no seminário; primeiro exemplo que vi de que um homem pode corrigir-se muito bem dos defeitos miúdos (Machado de Assis, 2008, p. 1007).

A capacidade de autocontrole associada ao caráter reflexivo e escorregadio também conota capacidade de calcular e a uma memória excepcional. Daí a sugestão de uma figura escorregadia e calculista. Com a capacidade de autocontrole, fica a imagem de uma personalidade oposta a de Bento, que não se controla, o que ganha evidência nas patéticas crises de ciúme por Capitu. Nada desprezível é a notícia de que Escobar é controlado, o que no plano sexual pode ser uma enorme vantagem, enquanto Bento parece jamais capaz de satisfazer Capitu, talvez por conta de sua incontinência. Entre o amante controlado e dissimulado e o marido apaixonado mas descontrolado, Capitu talvez tenha tentado uma conciliação que se revelou desastrosa.

Seja como for, o contido Escobar e o estouvado Bento participam aqui da primeira cena em conjunto com Capitu, que os observa de camarote. O capítulo 71, "Visita de Escobar", é o da revelação de Escobar a Capitu.

A seguir temos a digressão que toma todo o curto capítulo 72 e a maior parte do 73, em que o contrarregra nos proporciona o arcanjo desastrado, assim como o garboso rapaz montado em seu cavalo. Na sequência dos fatos do passado, a apresentação de Escobar a Capitu é seguida, imediatamente, de uma cena de ciúme de Bento, pior, pelo olhar interessado de Capitu para o passeador das tardes. E aqui se antecipa perfidamente a famosa cena em que os olhos de ressaca repousam sobre o corpo morto de Escobar e denunciam Capitu, segundo o olhar de Bento. O olhar trai Capitu para o jovem Bento, pois logo depois que se enuncia o nome de Escobar, vem à cena o dândi a cavalo. A malícia presente na sequência das cenas é gritante e a metáfora da tal reforma dramática é enfática, com sua digressão citando Otelo.

Ao analisar estes capítulos, John Gledson registra o quanto as interrupções na narrativa são mais complexas e difíceis de analisar que em *Memórias póstumas de Brás Cubas*. A seguir, resume os termos da reforma dramática proposta por Bento, aí incluída a referência a Otelo, Desdêmona, etc., e empreende o resumo da digressão sobre o contrarregra, tratando de registrar o que a sequência tem de matreira.

> O destino seria não somente o dramaturgo, mas também seu próprio contra-regra, que fornece acessórios aos extras e se responsabiliza pelos efeitos especiais. Deve-se reparar nisso, pois toda a conexão

> aparentemente lógica: destino = dramaturgo = contra-regra, estabelece uma comparação que está longe de ser evidente em sua aplicação; parece que nos desgarramos do enredo do romance (Gledson, 1991, p. 28).

E depois de referir Asaverus, a trombeta do juízo final que não soa — um juízo final em falso, portanto? —, Gledson, com sabedoria de exegeta, aponta o que há de arbitrário na frase que supostamente faria ligação entre a digressão dramática e o andamento das coisas na rua de Matacavalos: "Assim se explicam a minha estada embaixo da janela de Capitu e a passagem de um cavaleiro, um dândi, como dizíamos" (Machado de Assis, 2008, p. 1009).

Gledson chama a atenção para o quanto é forçada a conclusão de Bento, que não passa de retórica enganosa, uma vez que o "se explicam" nada explica. Teremos que esperar pela passagem do dândi a cavalo e os comentários de Bento para chegarmos a alguma conclusão. Escobar está associado, na sequência retórica, ao dândi que troca olhares com Capitu, embora Escobar sequer tenha visto a menina no episódio do capítulo anterior. Afinal, Capitu está atrás da veneziana. O que Gledson não nota é que no paralelo com o célebre olhar de Capitu flagrado por Bento no velório, Escobar também não pode devolver o olhar; só Capitu olha, e nem por isso Bento tem menos ciúmes. Nessa cena que espelha aquela no futuro, temos de novo, escondido, o olhar de Capitu, que eventualmente já teria demonstrado algum interesse por Escobar. Escobar que, registra Gledson, está em paralelo com o dândi do cavalo, pelo menos da perspectiva de Bentinho: "É claro que mesmo a análise desse período complexo aceita excessivamente a argumentação de Bento, pois ele está buscando mostrar, sem provas, que as duas situações são paralelas e que o dândi podia muito bem ter sido Escobar" (Gledson, 1991, p. 29).

E uma das virtudes supremas da análise de Gledson é pôr sob contínua suspeita os argumentos e paralelos de Bento, daí o caráter de impostura do narrador machadiano. Deslocando um tanto o argumento de Gledson, é possível avaliar que a graça e malícia do episódio está justamente na aproximação indevida e arbitrária entre o suposto futuro rival e o dândi anônimo, que tem a virtude de denunciar a inconstância de Capitu, sempre sob a perspectiva maliciosa do narrador.

John Gledson se pergunta por que Bento conta a história da falsa trombeta/pistão, com toda sua carga de gaiatice teatral e popularesca, se a trombeta que Bento refere metaforicamente como a trombeta do juízo final teria soado deveras, a partir da iniciativa do Destino que acumula função de dramaturgo e contrarregra. Infelizmente, Gledson parece dedicar-se demais às pistas falsas que Machado arma e presta pouca atenção aos efeitos estéticos e estruturais. Além do mais, o capítulo *O contrarregra* é explícito em alegar que o Destino acumula as funções e ele mesmo faz soar trovões, tiros, etc., na condição de contrarregra. A digressão que se segue sobre a peça da juventude traz a lembrança de teatro popular que relativiza a pretensão do capítulo anterior em comentar *Otelo* ou mesmo corrigir Shakespeare mediante a tal reforma dramática. A proposta de tal reforma, que faria os dramas serem apresentados de trás para diante sem dúvida antecipa os ciúmes e a condenação da traiçoeira moçoila, mas implica certa seriedade intelectualizada que acumularia a tarefa de poupar o leitor/espectador das cenas de sangue ou tristeza no fim da obra. Tudo acabaria com o público "indo para a cama com uma boa impressão de ternura e amor", isto é, na pauta do narrador, com o idílio juvenil dos dois jovens Bento e Capitolina. Com direito à citação de versos proferidos por Otelo: "Ela amou o que me afligira, / Eu amei a piedade dela".

Ora, depois da elucubração irônica e supostamente construtiva, vem o apelo popularesco e equívoco em que o contrarregra dá vexame, provoca risos na plateia e por aí vai: "O público ouviu esta palavra e desatou a rir, até que, quando a trombeta soou deveras, e Asaverus bradou pela terceira vez que era a do Arcanjo, um gaiato da platéia corrigiu cá de baixo: "Não, senhor, é o pistão do Arcanjo!" (Machado de Assis, 2008, p. 1009). A passagem mistura o que seria o dado trágico do drama shakespeariano e a pretensão ao sério que está em cima do palco com a patifaria do contrarregra trapalhão, resultando no cômico. Sem isso, a associação entre o dândi dublê de Escobar que é anunciado enquanto trombeta do juízo final poderia parecer sério e patético, o que até pode ser, desde que se leve também em conta sua dimensão rebaixada. Ao anunciar o juízo final com sua trombeta, o dândi que troca olhares com Capitu está anunciando talvez o fim do mundo para Bento, o fim do mundo que seria a ruína de seu casamento. Só que o narrador nos alertou para o fato de que o anjo da peça se atrapalhou e soou na hora errada, além de ser um pistão denunciado pelo público. É quase uma provocação de Machado a seu público para que não acredite nessa trombeta, que pode ser falsa, soar na hora errada, etc. Por que ninguém dentre o público leitor manifestou-se abertamente até que Helen Caldwell, em seu *O Otelo brasileiro de Machado de Assis*, desse o grito de alarme contra Bentinho? Roberto Schwarz e John Gledson já avaliaram que se tratava de um suspeito consenso machista a que Caldwell, professora na Califórnia e tradutora de Machado, não tinha razão alguma para aderir. Em ensaio que ficou famoso, Roberto Schwarz avalia o conjunto dos procedimentos no romance.

> Examinados com o recuo devido, os compassos débeis mudam de figura para se mostrarem cruciais, como pistas ou também como sintomas: raciocínios truncados, precisões que se diriam supérfluas, interpretações descabidas. Fórmulas anódinas em excesso, procedimentos artísticos arbitrários, *tudo adquire relevo novo, dando um depoimento inesperado sobre o narrador*. No mesmo sentido, a singeleza amaneirada do tom, favorita das antologias de colégio, passou a funcionar como um ápice de duplicidade (Schwarz, 1997, p. 12).

Era o próprio Bento que se denunciava, com amargura, cinismo, ironia e erudição.

“Dona Benedita” encerra os Donos do poder, de Raymundo Faoro: intervenção estética e sarcástica em Papéis avulsos, de Machado de Assis

Que é demasiada metafísica para um só tenor, não há dúvida; mas a perda da voz explica tudo, e há filósofos que são, em resumo, tenores desempregados.

Machado de Assis, *Dom Casmurro*

A coletânea *Papéis avulsos* (1882) é contemporânea de *Memórias póstumas de Brás Cubas*, embora seja publicada dois anos depois do aparecimento dos capítulos do romance na imprensa (1880). É um conjunto de contos espantoso em sua criatividade formal e profundidade temática. Vale recordar que Raymundo Faoro encerra seu clássico *Os donos do poder* com o conto "Dona Benedita", extraído de *Papéis avulsos*: Faoro parafraseia sem dar o nome da personagem, o que talvez tenha desnorteado algum leitor menos atento. Em seu tratado sobre os desmandos das elites portuguesa e brasileira, Faoro encontrou na simpática e errática Dona Benedita uma fórmula retórica para o desfecho de sua argumentação.

A essa altura do debate, já ficou claro que o romance *Brás Cubas* e esse conjunto de contos alteram irremediavelmente a cena literária em língua portuguesa do século XIX: lidos hoje, romance e contos equivalem a uma intervenção estética e sarcástica na cultura em língua portuguesa do século XIX. Mesmo a perícia narrativa de Eça de Queirós suporta mal o contraste, e em particular os contos desse autor não alcançam o nível de textos como "O segredo do Bonzo", "O alienista" e "Dona Benedita", cujo caráter experimental é surpreendente.

Aqui pretendo desenvolver um argumento um tanto unilateral mas que julgo promissor, ao enfatizar o caráter teórico e/ou filosofante da maioria dos contos de *Papéis avulsos*, num circuito que vai de "O alienista" a "Verba testamentária", isto é, do primeiro ao último conto da coletânea. Sobre "O alienista" é fácil discernir a piada um tanto tétrica do conluio entre ciência e poder, que é ilustrada pela trajetória de Simão Bacamarte e sua disposição para intervir, do alto de sua sabedoria inconteste, no cotidiano da pacata Itaguaí. O cientista Simão vai testando suas hipóteses sobre normalidade e insanidade, daí decorrendo o encarceramento em massa dos itaguaienses. Para que a pesquisa sobre os limites da loucura se desenvolva a contento, vários habitantes serão recolhidos à Casa Verde, o manicômio submetido às ordens do Doutor Simão. Sob a capa de tentativa e erro, vai adiante um empreendimento em que as teorias se sucedem para permitir que as ideias bacamarteanas sejam aplicadas à realidade, sempre com apoio das autoridades políticas disponíveis, apesar dos protestos de um ou outro vereador.

As ideias novas, aliadas a método autoritário, fazem aqui vítimas concretas a evidenciar que a disposição teórica tem consequências práticas efetivas, embora expostas em quadro farsesco. Na abertura do conto, o âmbito elevado se manifesta no apelo feito por el-rei, que oferece poder e glória ao filho genial de Itaguaí para que permaneça em Portugal, ao que Bacamarte responde com frase pomposa e próxima da tolice:

> — A ciência, disse ele a Sua Majestade, é o meu emprego único; Itaguaí é o meu universo.
>
> Dito isto, meteu-se em Itaguaí, e entregou-se de corpo e alma ao estudo da ciência, alternando as curas com as leituras, e demonstrando os teoremas com cataplasmas (Machado de Assis, 2011, p. 38).

Bacamarte, com este nome belicoso e também satírico, recolhe-se ao lugarejo colonial e dedica-se à ciência supostamente avançada, mas a frase maliciosa rima curas e leituras para infligir às pretensões científicas o método de demonstrar teoremas com cataplasmas. O circuito irônico é abusivo e próximo da farsa, com esta frase lapidar abrindo a sequência de desqualificação dos métodos científicos da douta autoridade.

Depois disso, aos quarenta anos, vem o casamento com Dona Evarista, que garantiria a continuidade do nome Bacamarte, mas a intenção é frustrada pela ausência de filhos. Dona Evarista, por sinal, não teria colaborado o suficiente ao recusar uma dieta que lhe seria imposta pelo estudioso, sempre com autoridade proveniente de consulta a universidades italianas e alemãs. Embora admirasse o marido, Dona Evarista recusou-se a abandonar seu consumo da "bela carne de porco de Itaguaí", e com isso selou a sorte da dinastia dos Bacamartes. Então Bacamarte, talvez para curar suas mágoas de pai frustrado, mergulha no estudo da medicina e aqui encontrará a ideia fixa científica adequada, isto é, estudar o material que se encontra aninhado no recanto psíquico, "o exame da patologia cerebral". Nosso pesquisador de Itaguaí finalmente encontrou sua vocação de alienista, que, para estudar a patologia cerebral e tentar curar a loucura que a muitos aflige, vai se permitir aprisionar um número alarmante de concidadãos em seu manicômio. A novela se desenvolve em torno dessa obsessão curativa e especulativa que leva o misto de cientista e carcereiro ao embate com praticamente toda a comunidade, até o momento em que chega à conclusão que o normal é a mania e a insânia, ou o "perfeito desequilíbrio das faculdades mentais" daí resultando que o único anormal era ele, o sábio sem defeitos. Aqui a perfídia machadiana ao satirizar a obsessão pela teoria e pela sanha explicativa vai ao cúmulo, no capítulo final que justamente se intitula "Plus ultra!". Em busca da razão última, o alienista persiste:

> Agora, se imaginais que o alienista ficou radiante ao ver sair o último hóspede da Casa Verde, mostrais com isso que ainda não conheceis o nosso homem. *Plus ultra!* era a sua divisa. Não lhe bastava ter descoberto a teoria verdadeira da loucura; não o contentava ter estabelecido em Itaguaí o reinado da razão. *Plus ultra!* Não ficou alegre, ficou preocupado, cogitativo; alguma coisa lhe dizia que a teoria nova tinha, em si mesma, outra e novíssima teoria.
>
> — Vejamos, pensava ele; vejamos se chego enfim à última verdade (Machado de Assis, 2011, p. 96).

O texto é enfático e um tanto galhofeiro: depois de descobrir a teoria verdadeira da loucura, que já é teoria nova, virá a novíssima teoria, em busca de cuja fórmula o restante do capítulo será ocupado. Vale mencionar que, no conjunto da novela, uma teoria ultrapassou a outra em ritmo regular. Nesse final de "O alienista", a renovada ideia fixa teorizante leva ao desfecho grandiloquente e sacrificial: o perfeito equilíbrio mental e moral encontra-se apenas em Simão Bacamarte, que, de acordo com essa novíssima teoria, deve se recolher à Casa Verde. Os rogos e exclamações não demoverão nosso obstinado teórico, que dá sua última fala enfática, exalando teoria: "A questão é científica, dizia ele; trata-se de uma doutrina nova, cujo primeiro exemplo sou eu. Reúno em mim mesmo a teoria e a prática" (Machado de Assis, 2011, p. 98).

John Gledson, em seu prefácio esclarecedor e substancioso, alega que, nos anos 1870 e sobretudo no final da década, há três chaves importantes para entender *Papéis avulsos*. Vou deixar as outras duas de lado e me concentrar na que se refere, digamos, ao debate teórico de época, ao célebre bando de ideias novas que chegou ao Brasil. Gledson refere como relevantes, para dar conta dessa chave, escritos de crítica de Machado de Assis, com ênfase nas resenhas de *O primo Basílio*, de Eça de Queirós, e o ensaio longo "A nova geração" (Revista Brasileira, 1879). Neste último escrito, Machado apresenta objeções bem humoradas, mas contundentes, aos excessos de teoria e doutrina professados pela juventude. Nota Gledson: "Não se trata apenas de uma questão de estética: ele também manteve uma cautelosa distância frente ao 'bando de ideias novas' — positivismo, materialismo, darwinismo — que na década de 1870 mudaram completamente o ambiente intelectual no Brasil" (Gledson, 2011, p. 10).

Nosso argumento aqui é que na maioria destes contos de *Papéis avulsos* há alguma teoria ou doutrina sendo ilustrada ou discutida, o que equivale a elaborar uma ficção de forte teor crítico e irônico que objeta às pretensões teóricas da rapaziada. A prosa argumentativa de Machado de Assis, repleta de subordinadas e digressões, estaria também desafiando a disposição polêmica e, mediante sarcasmo nem sempre sutil, os arroubos doutrinadores e autoritários, inclusive o da ciência de pretensão hegemônica.

As teorias armadas por Bacamarte, por mais variadas e um tanto incoerentes que sejam, são guiadas pela ideia fixa de avanço científico, a qual também corresponde a uma pretensão à glória que é reconhecida pelo implacável cientista.

O enredo da narrativa, sabemos, inclui uma minirrevolução provocada em boa medida pela atitude autoritária de Bacamarte, que se dispõe a confinar uma parcela importante de Itaguaí dentro da Casa Verde. A insurreição dos canjicas permite o paralelo com episódios da Revolução Francesa, e o contraste corrosivo e diminuído é estrutural, a compor objeção paródica também aos procedimentos arbitrários de Bacamarte. No conjunto o feito estético é considerado brilhante e devastador; tendo a concordar que seja devastador, mas a sátira também tem algo de lugar comum reelaborado com alta técnica, o que resulta previsível e um tanto moralista. Entretanto a aposta na provocação surpreende e transcende algum moralismo bem pensante. Registre-se o caso de padre Lopes, que é autoridade católica relevante, irônica e conservadora. Mantendo distância da ação do alienista, suas intervenções são sarcásticas e lúcidas, embora sempre a favor da ordem.

O fato é que a erudição do padre o leva a citar *A divina comédia* de Dante, no original, trecho de um episódio ilustre do canto 33 do "Inferno" em que o narrador Dante está apresentando Ugolino de la Gherardesca. A citação em italiano é recebida por uma parte de Itaguaí como sendo algo em latim incompreensível, mas a graça é que se trata de uma citação deturpada em que o padre faz trocadilho ofensivo, alterando *peccator* para *secattore* (de pecador para chato/maçador). Uma mensagem cifrada de Machado de Assis, que tinha plena consciência de que seu público teria dificuldade em esclarecer o enigma. É um exemplo da ousadia artística do autor, capaz de experimentar com a tradição e textos clássicos sem medo da incompreensão ou da pecha de esnobe. Ou, por outra, quantos narradores do século XIX se permitem esse tipo de experimento, com citação de clássico em língua estrangeira submetida a trocadilho para fins de ofensa?

Antes de partirmos para os contos e suas teorias, com teoria do medalhão, nova teoria da alma humana, estudo patológico dedicado à célebre faculdade, etc., cabe fazer um comentário sobre um conto pouco teórico. "Dona Benedita" acompanha os dilemas da protagonista, marcando posição por ser quase tão longo quanto "O alienista". Entre a ideia fixa masculina de Bacamarte e o procedimento mercurial e dispersivo que caracteriza a personagem Benedita há grande distância, ainda que se perceba notável complementaridade. Mas a formulação alegórica no fim de Dona Benedita não deixa de ser uma frase síntese que faz corpo com a disposição filosofante do conjunto de *Papéis avulsos*.

Sem forçar o argumento, talvez o paralelo entre o que a rigor, pela extensão, são duas novelas merecesse maior atenção do que será possível fazer aqui. Enquanto as aventuras de Bacamarte têm perfil sintético e linear, com começo, meio e fim, "Dona Benedita" prima pelo andamento aleatório e francamente volúvel ao acompanhar os ziguezagues de devoções rápidas, intenções que se extinguem e são substituídas, adesão a modas efêmeras mas talvez excessivamente longas ("por que é que as modas hão de durar mais de quinze dias?") e projetos abandonados ainda no esboço. A personagem movediça, uma antecipação da divulgada metamorfose ambulante da canção mais recente, diverge forte de Bacamarte, mas converge em uma senhora citada por Jacobina, o famigerado protagonista que toma a palavra em "O espelho", que menciona um exemplo entre vários casos de alma exterior em deriva acelerada. O argumento jacobino tem pretensão universalista mas o âmbito nacional é evidente. Depois de citar almas exteriores absorventes (ideias fixas?) como a pátria, para Camões, ou o poder, para César e Cromwell, Jacobina elabora:

> São almas enérgicas e exclusivas; mas há outras, embora enérgicas, de natureza mudável. Há cavalheiros, por exemplo, cuja alma exterior, nos primeiros anos, foi um chocalho ou cavalinho de pau, e mais tarde uma provedoria de irmandade, suponhamos. Pela minha parte, conheço uma senhora, — na verdade, gentilíssima, — que muda de alma exterior cinco, seis vezes por ano. Durante a estação lírica é a ópera, cessando a estação, a alma exterior substitui-se por outra: um concerto, um baile do Cassino, a rua do Ouvidor, Petrópolis...
>
> — Perdão; essa senhora quem é?
>
> — Essa senhora é parenta do diabo, e tem o mesmo nome; chama-se Legião... E assim outros muitos casos. Eu mesmo tenho experimentado dessas trocas (Machado de Assis, 2011, p. 211).

A passagem me parece extraordinária e ilustra a aproximação entre "Dona Benedita" e "O espelho" que John Gledson ensaiou em seu prefácio a *Papéis avulsos* e que aqui levo adiante. Em "é parenta do diabo, e tem o mesmo nome", etc., registra-se a força da paráfrase bíblica que remete ao famoso exorcismo efetuado por Cristo em Gerasa, agora atualizado para dar conta da labilidade de interesses e vontades da elite privilegiada. Um efeito estético sinistro, sintético e um tanto ameaçador ao redefinir a "natureza mudável" que parecia até simpática, senão inofensiva.

De volta à natureza mudável de Benedita, John Gledson é quase exuberante ao saudar o feito estético, alegando que, após essa experimentação formal, Machado de Assis teria iniciado um recuo para formas mais tradicionais e reconhecíveis: "Com efeito, 'D. Benedita' é a mais puramente original ou experimental das histórias, ou assim me parece" (Gledson,

2011, p. 22). E, embora evanescente e aleatória, a narrativa se encerra com efeito francamente enfático e alegórico:

> D. Benedita ficou aterrada, sem poder mexer-se; mas ainda teve a força de perguntar à figura quem era. A figura achou um princípio de riso, mas perdeu-o logo; depois respondeu que era a fada que presidira ao nascimento de D. Benedita: Meu nome é Veleidade, concluiu; e, como um suspiro, dispersou-se na noite e no silêncio (Machado de Assis, 2011, p. 159).

O efeito fantasmagórico é reforçado, acho eu, pela ênfase alegórica e concludente na linha final da narrativa. Ao entabular conversa com esse tipo de, digamos, entidade, a protagonista aterrada talvez intua que o ziguezague burguês escravista de vontades e volúpias pode estar adentrando a enfermaria da maluquice e do desvairio. Estamos aqui muito próximos do romance que saiu em livro em 1881, *Memórias póstumas de Brás Cubas*, praticamente um contemporâneo do conto. Os trejeitos do defunto autor foram estudados por Roberto Schwarz enquanto volubilidade do narrador Brás Cubas, a partir de uma formulação de Augusto Meyer sobre o assunto. A consagrada e extraordinária tese de Roberto Schwarz sobre a refinada mimese operada por Machado de Assis tem evidente analogia com essa veleidade, de resto as palavras são sinônimas. Mas gostaria de mencionar outro gaúcho aqui, Raymundo Faoro, também ele magistral machadista, cujo *A pirâmide e o trapézio*, de 1975, é um tratado cruzando história e ficção na obra de Machado de Assis. Ora, Raymundo Faoro encerrou seu outro tratado sobre a história do Brasil com "Dona Benedita", ao registrar que a veleidade seria marca crucial da peculiar civilização brasileira, que configuraria, em parte, "uma *social enormity*". Como já mencionado, as últimas linhas de *Os donos do poder:*

a formação do patronato político brasileiro, parafraseiam o final do conto, sem nomear a senhora em causa.

> A máquina estatal resistiu a todas as setas, a todas as investidas da voluptuosidade das índias, ao contato de um desafio novo — manteve-se portuguesa, hipocritamente casta, duramente administrativa, aristocraticamente superior. Em lugar da renovação, o abraço lusitano produziu uma *social enormity*, segundo a qual velhos quadros e instituições anacrônicas frustram o florescimento do mundo virgem. Deitou-se remendo de pano novo em vestido velho, vinho novo em odres velhos, sem que o vestido se rompesse nem o odre rebentasse. O fermento contido, a rasgadura evitada gerou uma civilização marcada pela veleidade, a fada que presidiu ao nascimento de certa personagem de Machado de Assis, claridade opaca, luz coada por um vidro fosco, figura vaga e transparente, trajada de névoas, toucada de reflexos, sem contornos, sombra que ambula entre as sombras, ser e não ser, ir e não ir, a indefinição das formas e da vontade criadora. Cobrindo-a, sobre o esqueleto de ar, a túnica rígida do passado inexaurível, pesado, sufocante (Faoro, 2001, p. 837–838).

Em um livro tão elaborado retoricamente, a homenagem a Machado de Assis nas linhas finais dá o que pensar, embora não seja de forma alguma a única referência direta a Machado na obra. Um estudo mais detido, que talvez algum dia venha a ser feito, poderia revelar o quanto o clássico de Faoro está marcado por referências machadianas. Em 1958, segundo sugere a paráfrase machadiana, Faoro já topara com a síndrome da veleidade que se combina ao arbítrio e autoritarismo do estamento que dá título ao livro, os donos do poder, que dominam e governam, mas para fins próprios e pouco republicanos. Seria um setor dirigente, em termos weberianos usados por Faoro, um estamento entre burocrático e político, muitas vezes eleito, que organizaria a inserção da sociedade periférica na dinâmica capitalista, em ritmo combinado e desigual. A referência a Trotsky é explícita nesse último capítulo de *Os donos do poder*.

De resto, o título desse capítulo final de *Os donos do poder* denota um paradoxo bem machadiano: "A viagem redonda: do patrimonialismo ao estamento". Acredito não ser excesso interpretativo associar essa viagem redonda à consagrada *Voyage autour de ma chambre*, relato de Xavier de Maistre, a quem Machado de Assis se refere na abertura de *Memórias póstumas de Brás Cubas*.

Esperando não abusar do paradoxo, é sintomático que esse relato longo e sem teoria que é "Dona Benedita" componha o desfecho de um livro ambicioso que postula uma teoria de Brasil. Como não encontrei até agora nenhuma menção ao final machadiano de *Os donos do poder* entre os comentaristas de Machado de Assis e Faoro, talvez valha a pena ser repetitivo, acentuando o quanto *Papéis avulsos* é crucial na obra de Machado de Assis e faz par com *Brás Cubas* enquanto intervenção de largo impacto na literatura de língua portuguesa. Sobre a atualização do debate mediante postulação de veleidade e volubilidade em escala nacional, impressiona que dois intérpretes tão refinados e audazes de Machado de Assis cheguem a resultados análogos, embora sem vínculo aparente. Perscrutando a experiência e os ritmos da modernização capitalista, Faoro e Schwarz se valem da obra machadiana para desvendar a complexidade do processo, o que equivale a ler os livros antigos com questões que os atualizem.

Depois deste excurso sobre "Dona Benedita" e seu final alegórico, voltemos ao debate teórico da época. A síntese clássica sobre "o bando de ideias novas" da geração de 1970, para variar, é de Roberto Schwarz em *Um mestre na periferia do capitalismo*, uma síntese irônica elaborada a partir do sarcasmo machadiano, ou melhor, no âmbito do acúmulo de teorias entre amalucadas e perspicazes que se enunciam em *Memórias póstumas de Brás Cubas*.

> O ensaio sobre "A nova geração", de 1879, insistia justamente na maneira pouco apropriada pela qual os poetas vinham assimilando a tendência europeia recente. Aqui e ali, procurando explicitar impropriedades, Machado encontrava fórmulas para a comicidade objetiva deste processo. O conjunto das anotações esboça uma problemática de muito alcance, e compõe, ou abstrai, no que diz respeito ao funcionamento da vida intelectual, a matéria literária das *Memórias*.
>
> [...]
>
> O progressismo alvar não seria uma exclusividade brasileira, nem a nota dominante daqueles anos. Contudo, associado ao atraso ambiente, ele adquire feição patética e um quê localista. Com efeito, só fazendo abstração completa da realidade, ainda que em nome de uma lei natural ilustre, seriam possíveis o mencionado otimismo e o correspondente contentamento de si. Machado duvidava do *aggiornamento* repentino por obra da ciência, e tampouco acreditava na independência intelectual súbita. "A atual geração, quaisquer que sejam os seus talentos, não pode esquivar-se às condições do meio; afirmar-se-á pela inspiração pessoal, pela caracterização do produto, mas o influxo externo é que determina a direção do movimento; não há por ora no nosso ambiente a força necessária à invenção de doutrinas novas" (Schwarz, 2012, p. 152–153).

Na síntese operada por Schwarz, ficam evidentes as objeções de Machado ao entusiasmo da juventude em transe cientificista, sendo o conjunto de teorias enunciadas por Brás Cubas, em boa medida, uma sátira agressiva. Em procedimento a demonstrar a assombrosa autonomia intelectual de Machado, o ensaio "A nova geração" antecede a reelaboração ficcional do problema, que rende as páginas também espantosas de *Memórias póstumas de Brás Cubas*. Nos contos do livro em pauta, o desfile de teorias é explícito ou disfarçado. As teorias testadas por Bacamarte ganham caráter sinistro por se valerem de cobaias humanas, mas nos célebres contos "Teoria do medalhão" e "O espelho: esboço de uma nova teoria da alma humana" argumentos e reflexão também são desviados e satirizados com ênfase e precisão. Há mais, contudo: vale lembrar que *Papéis avulsos* é encerrado por "Verba testamentária", que tinha por subtítulo, quando publicado em revista, "Estudo patológico dedicado à Escola de Medicina", de acordo com John Gledson em seu prefácio. O estudo patológico pressupõe de alguma maneira uma teoria adequada.

Em "Verba testamentária" fica evidente o quanto a teoria machadiana está próxima de uma ilustração do pecado capital da inveja, que vira uma patologia a azucrinar a vida do "pobre Nicolau", que de pobre nada tem, sendo ele antes um próspero filho da elite oitocentista carioca. Assim o pecado tradicional e bíblico fica pautado histórica e socialmente a ponto de criar uma caricatura extravagante da inveja que não deixa de também causar ira/fúria, em Nicolau, o que incide em outro pecado capital. É possível discernir assim um procedimento de definição moral cuidadosamente instalado na primeira metade do século XIX, em que a sabedoria bíblica e o moralismo crítico seiscentista são reelaborados em quadro de ambiciosa mimese realista.

Sem falar que aqui se esbarra de novo na ideia fixa (ou emoção fixa?), o que carrega forte nas tintas satíricas e talvez torne unilateral e mais fraca a caracterização da personagem. Pode ser, mas vale a pena acentuar o quanto Machado de Assis, com seu narrador digressivo e afeito a citações, alcança uma teoria que, ao misturar caracterização moral, teoria antiga de pecados e detalhe realista, recusa as certezas naturalistas disponíveis e explora em nível mais elaborado as possibilidades da prosa ficcional.

"O segredo do bonzo", vazado em português quinhentista, que já é demonstração de maestria e exigência, também comporta teoria. Na relativização contínua e embusteira de várias hipóteses no reino de Bungo visitado por ocidentais, o que está em jogo é a doutrina do bonzo Pomada, isto é, a teoria pomadista do conhecimento e do convencimento, com perdão pelo trocadilho. O narrador malicioso é explícito no desfecho do primeiro parágrafo: "Agora direi de uma doutrina não menos curiosa que saudável ao espírito, e digna de ser divulgada a todas as repúblicas da cristandade" (Machado de Assis, 2011, p. 160). Não há dúvida de que aqui estamos no âmbito da farsa, que ganha contraste exuberante ao ser enunciada em língua arcaica. Pomada e pomadista estão dicionarizados ainda hoje como sendo mentira e mentiroso, ou charlatanice e charlatão.

Ora, John Gledson nota que mesmo um conto de outra feição e de teor alucinatório e onírico, "A chinela turca", encerra-se em linhas filosofantes, talvez um tanto forçadas que podem ser resumidas a "o melhor drama está no espectador e não no palco"; há forte semelhança com o segredo pomadista e trapaceiro do bonzo, devidamente resumido a "não há espetáculo sem espectador". Tendo a concordar com a objeção de John Gledson, para quem a frase final daquele conto deixa a desejar. E Gledson aponta que na versão original publicada em revista não havia tal encerramento filosofante/teórico:

> O que não diz é que nem o último parágrafo do conto nem a ideia que exprime — "o melhor drama está no espectador e não no palco" — estavam presentes na versão de 1875. Parece-me que foram acrescentados justamente para fazer com que "A chinela turca" se adequasse melhor ao ambiente do livro, sendo bastante semelhante a outras frases de outras histórias, como "não há espetáculo sem espectador", de "O segredo do Bonzo". Seu tom generalizante não combina (ou assim me parece) com o resto do conto, a história do pesadelo do bacharel Duarte que lhe permite escapar da leitura do terrível melodrama do major Lopo Alves (Gledson, 2011, p. 15).

Dito isso, não é necessário forçar a noção de teoria para incluir entre os contos reflexivos "A sereníssima república", cujo subtítulo é "Conferência do cônego Vargas". Trata-se de uma sátira, de cunho alegórico, ao viciado processo eleitoral e político brasileiro sob o II Reinado, com suas fraudes óbvias e sua patética dinâmica oligárquica e clientelista em sociedade escravocrata. O cônego Vargas não só descobriu uma novidade de cunho científico mas está contribuindo para alguma glória nacional:

> Meus senhores,
>
> Antes de comunicar-vos uma descoberta, que reputo de algum lustro para o nosso país, deixai que vos agradeça a prontidão com que acudistes ao meu chamado. Sei que um interesse superior vos trouxe aqui; mas não ignoro também — e fora ingratidão ignorá-lo, — que um pouco de simpatia pessoal se mistura à vossa legítima curiosidade científica. Oxalá possa eu corresponder a ambas.

> Minha descoberta não é recente; data do fim do ano de 1876. Não a divulguei então, — e, a não ser o Globo, interessante diário desta capital, não a divulgaria ainda agora, — por uma razão que achará fácil entrada no vosso espírito. Esta obra de que venho falar-vos, carece de retoques últimos, de verificações e experiências complementares (Machado de Assis, 2011, p. 196).

A descoberta inovadora sobre o regime social das aranhas vai incidir sobre os truques daquele estamento estudado por Faoro para se perpetuar no poder. Nesse trecho, os pruridos científicos vêm acompanhados de agradecimentos pela compreensão dos pares, numa armação retórica em que o sarcasmo machadiano une o disparate da teoria sobre as aranhas ao clima compadresco que soma o cônego e o público para em seguida escarnecer o charlatanismo político em vigor.

Caso interessante é o conto "O empréstimo", cujo enredo praticamente se resume ao duelo verbal e emocional entre o rico tabelião Vaz Nunes e o pobre-diabo Custódio que tenta arrancar-lhe um empréstimo. O final do conto tem uma chave de ouro um tanto conformista e pensamentosa que, até onde percebo, não faz justiça a ótimos momentos de caracterização e contraste entre personagens. O interesse fica por conta da abertura em andamento abstrato em que o erudito cavalheiro, que narra com distância jocosa, vai de Carlyle a Pitágoras, desaguando em Sêneca, a ser emendado:

> E, para começar, emendemos Sêneca. Cada dia, ao parecer daquele moralista, é, em si mesmo, uma vida singular; por outros termos, uma vida dentro da vida. Não digo que não; mas por que não acrescentou ele, que muitas vezes uma só hora é a representação de uma vida inteira? [...] Tudo isso que se passou em trinta anos, pode algum Balzac metê-lo em trezentas páginas; por que não há de a vida, que foi a mestra

> de Balzac, apertá-lo em trinta ou sessenta minutos? (Machado de Assis, 2011, p. 186).

A defesa bem-humorada da brevidade contra os excessos romanescos faz um elogio aberto do relato curto, uma miniteoria da narrativa que ironicamente advoga em causa própria, ou melhor, em favor da anedota que se apresenta a ser narrada nas primeiras linhas do conto. A ambição filosófica nutre-se de algum disparate que antecipa a maneira como o conto vai prosseguir, mas também há aqui uma defesa da forma breve em que uma anedota nem tão inventiva pode render uma boa história.

Entre bonzos maliciosos, cônegos pretensiosos, pais sentenciosos e Jacobina incisivo, configura-se um cortejo de Bacamartes que expõem preceitos, argumentam e distorcem os argumentos, elaboram raciocínios tortuosos, etc., sendo que o conjunto de situações e enredos ilustra a variedade espantosa do arsenal paródico de Machado de Assis ao assimilar e reelaborar o fervor cientificista dos contemporâneos. Nos contos aqui avaliados, estão em parte reunidos procedimentos que se encontram em Brás Cubas, mas também nos demais romances do autor:

> Por outro lado, já que estas abstrações são claramente arbitrárias elas mesmas, não é somente a realidade externa que é vitimada pelos caprichos do narrador: o próprio ato de abstrair é envolvido também. Com efeito, há nestes romances uma comicidade muito especial, ligada às faculdades de abstração e raciocínio. Por serem tão impalpáveis e do domínio lógico, estas não parecem matéria de ficção, e entretanto é nelas que a volubilidade e desfaçatez se mostram em forma máxima, ou mais radical. Analogamente, a sintaxe muito armada e cheia de construções paralelas e subdivididas, recurso, em

> princípio de complexidade racional, é uma expressão cômica de arbítrio (Schwarz, 1987, p. 120).

Machado de Assis testa situações narrativas, personagens, enquadramentos, digressões e, digamos, raciocínios que compõem o arsenal de seus romances ambiciosos. Mas também reelabora com malícia o ímpeto de seus contemporâneos dispostos a propagar o "bando de ideias novas" que infestou o mundo mental da elite de pretensões cosmopolitas do último quarto do século XIX: trata-se de uma intervenção pessimista e experimental combinando *Memórias póstumas de Brás Cubas* e *Papéis avulsos*.

A volubilidade derivada da cordialidade: um encontro entre Sérgio Buarque, Antonio Candido e Roberto Schwarz

Dentre as inúmeras dicotomias e oposições que Sérgio Buarque de Holanda explora em *Raízes do Brasil*, ficou particularmente famosa a passagem do capítulo *O homem cordial* em que ele se dedica a explorar a distinção weberiana entre funcionário patrimonialista e burocrata. Vale lembrar que o capítulo tem início com a discussão clássica sobre Estado e círculo familiar:

> O Estado não é uma ampliação do círculo familiar e, ainda menos, uma integração de certos agrupamentos, de certas vontades particularistas, de que a família é o melhor exemplo. Não existe, entre o círculo familiar e o Estado, uma gradação mas antes uma descontinuidade e até uma oposição. A indistinção fundamental entre as duas formas é prejuízo romântico que teve os seus adeptos mais entusiastas durante o século décimo nono. De acordo com esses doutrinadores, o Estado e as suas instituições descenderiam em linha reta, e por simples evolução da Família. A verdade, bem outra, é que pertencem a ordens diferentes em essência. Só pela transgressão da ordem doméstica e familiar é que nasce o Estado e que o simples indivíduo se faz cidadão contribuinte, eleitor, elegível, recrutável e responsável, ante as leis da Cidade (Holanda, 1993, p. 101).

Daí fica claro que entre Creonte, defensor da lei abstrata da polis, e Antígona, guardiã da família e da tradição de sangue, não há conciliação possível. Dessa dicotomia, Sérgio Buarque deriva a dimensão patriarcal e familista da sociedade brasileira, na medida em que a disposição privada impõe-se ao interesse geral. De volta à distinção mencionada antes, entre funcionário patrimonialista e burocrata:

> No Brasil, onde imperou, desde tempos remotos, o tipo primitivo da família patriarcal, o desenvolvimento da urbanização — que não resulta unicamente do crescimento das cidades, mas também do crescimento dos meios de comunicação, atraindo vastas áreas rurais para a esfera de influência das cidades — ia acarretar um desequilíbrio social, cujos efeitos permanecem vivos ainda hoje.
>
> Não era fácil aos detentores das posições públicas de responsabilidade, formados por tal ambiente, compreenderem a distinção fundamental entre os domínios do privado e do público. Assim, eles se caracterizam justamente pelo que separa o funcionário "patrimonial" do puro burocrata conforme a definição de Max Weber. Para o funcionário "patrimonial", a própria gestão política apresenta-se como assunto de seu interesse particular; as funções, os empregos e os benefícios que deles aufere, relacionam-se a direitos pessoais do funcionário e não a interesses objetivos, como sucede no verdadeiro Estado burocrático, em que prevalecem a especialização das funções e o esforço para se assegurarem garantias jurídicas aos cidadãos. [...] A escolha dos homens que irão exercer funções públicas faz-se de acordo com a confiança pessoal que mereçam os candidatos, e muito menos de acordo com as suas capacidades próprias. Falta a tudo a ordenação impessoal que caracteriza a vida no Estado burocrático. O funcionalismo patrimonial

> pode, com a progressiva divisão das funções e com a racionalização, adquirir traços burocráticos. Mas em sua essência ele é tanto mais diferente do burocrático, quanto mais caracterizados estejam os dois tipos (Holanda, 1993, p. 105–6).

No parágrafo seguinte vem o diagnóstico sobre a realização brasileira desse padrão.

> No Brasil, pode dizer-se que só excepcionalmente tivemos um sistema administrativo e um corpo de funcionários puramente dedicados a interesses objetivos e fundados nesses interesses. Ao contrário, é possível acompanhar, ao longo de nossa história, o predomínio constante das vontades particulares que encontram seu ambiente próprio em círculos fechados e pouco acessíveis a uma ordenação impessoal. Dentre esses círculos, foi sem dúvida o da família aquele que se exprimiu com mais força e desenvoltura em nossa sociedade. E um dos efeitos decisivos da supremacia incontestável, absorvente, do núcleo familiar — a esfera, por excelência dos chamados "contatos primário", dos laços de sangue e de coração — está em que as relações que se criam na vida doméstica sempre forneceram o modelo obrigatório de qualquer composição social entre nós. Isso ocorre mesmo onde as instituições democráticas, fundadas em princípios neutros e abstratos, pretendem assentar a sociedade em normas antiparticularistas (Holanda, 1993, p. 106).

O homem cordial que daqui emerge é familista, privatista, produto de uma família patriarcal cuja influência adultera as possibilidades democratizantes de instituições que, em princípio, seriam capazes de estabelecer um padrão de sociabilidade mais igualitário e baseado em leis impessoais. A síndrome de Antígona, portanto, povoaria as relações sociais brasileiras, em boa medida herdadas do antigo regime colonial, e barraria o estabelecimento das leis abstratas da pólis, da república. Daí derivaria também a disposição cordial no sentido afetivo mais trivial, afetividade que permitiria a "lhaneza no trato, a hospitalidade, a generosidade, virtudes tão gabadas por estrangeiros que nos visitam" (Holanda, 1993, p. 106), influência da sociabilidade desenvolvida no meio rural e patriarcal. Cordialidade, vale lembrar, que não se baseia na civilidade e nas boas maneiras, mas antes no fundo emotivo patriarcal, que pode azedar rapidamente e virar hostilidade também cordial. Uma espécie de intimidade entre amorosa e ameaçadora.

Esse jogo de oposições ensaístico causou enorme impacto entre os contemporâneos do lançamento do livro em 1936, o primeiro de Sérgio Buarque. E o depoimento de Antonio Candido já se tornou, também, um clássico. Trata-se de um ensaio de 1967, "O significado de *Raízes do Brasil*". Depois de louvar o inconformismo e audácia de *Casa-grande e senzala* (1933), de Gilberto Freyre, Antonio Candido prossegue:

> Três anos depois aparecia *Raízes do Brasil*, concebido e escrito de modo completamente diverso. Livro curto, discreto, de poucas citações, atuaria menos sobre a imaginação dos moços. No entanto, o seu êxito de qualidade foi imediato e ele se tornou um clássico de nascença. Daqui a pouco, veremos as características a que isso foi devido. Por enquanto, registremos que a sua inspiração vinha de outras fontes e que as suas perspectivas eram diferentes. Aos jovens forneceu indicações importantes para compreenderem o sentido de certas posições políticas daquele momento, dominado pela descrença no liberalismo tradicional e a busca de soluções novas; seja, à direita, no integralismo, seja, à esquerda, no socialismo e no comunismo. A atitude do autor, aparentemente desprendida e quase remota,

> era na verdade condicionada por essas tensões contemporâneas, para cujo entendimento oferecia uma análise do passado (Candido, 1993b, p. 10).

Distanciamento crítico, análise do passado, inserção no debate contemporâneo. Desse balanço percebe-se o impacto do livro, que incide forte no autor do balanço. Perseguindo a influência de Sérgio Buarque, Antonio Arnoni Prado encontrará efeitos duradouros na crítica literária exercida pelo próprio Antonio Candido. E Arnoni Prado é um especialista no assunto: foi ele quem organizou, em livro, *O espírito e a letra I e II*, pela Companhia das Letras, o material na sua maioria disperso publicado por Sérgio Buarque. Para Arnoni Prado, Antonio Candido e Roberto Schwarz reelaboram as análises de Sérgio Buarque para alcançarem as análises cruciais de *Dialética da malandragem*, *Ao vencedor as batatas* e *Um mestre na periferia do capitalismo*.

Assim, em *Dialética da malandragem*, ensaio genial sobre *Memórias de um sargento de milícias*, Antonio Candido teria dado uma dimensão dialética aos movimentos do homem cordial, registrando que Leonardinho, ao encarnar o malandro em seu ziguezague entre ordem e desordem, dava conta da dinâmica das relações de favor e compadrio de que eram dependentes os chamados homens livres na ordem escravocrata. Assim, os laços afetivos presentes nas relações (e na confusão) entre público e privado estariam mimetizados na estrutura do livro, para além do caráter documental do romance. O discernimento estético de Antonio Candido, portanto, teria captado aspectos formais do romance mediante a reelaboração dos achados ensaísticos e sociológicos de Sérgio Buarque.

Com Roberto Schwarz, trata-se de perceber a dinâmica da cordialidade em seus aspectos mais sinistros, uma vez que o assunto de Machado de Assis é, nos romances, principalmente o procedimento da elite brasileira, estudada no seu centro administrativo, o Rio de Janeiro. Aí aparecem com força as pretensões do liberalismo conservador em lépida e às vezes macabra convivência com o escravismo e o privilégio, dicotomia enunciada com humor e sofisticação pelo personagem-narrador de *Memórias póstumas de Brás Cubas*. Schwarz proporia, segundo Arnoni Prado, uma leitura radicalmente materialista do perfil psicológico brasileiro estabelecido no homem cordial, o que daria em uma definição de perfil de *classe*, reelaborados formalmente no vaivém da retórica de Brás Cubas, naquilo que Schwarz batizou, com o auxílio luxuoso de Augusto Meyer, de volubilidade do narrador.

Sem abrir mão da sofisticação intelectual proporcionada pelas luzes e pelo avanço civilizatório europeu, o narrador machadiano faria uma defesa um tanto oblíqua e dissimulada do privilégio e da autoridade, inclusive na disposição galhofeira (vanguardista?) de provocar o leitor. A volubilidade do narrador vai, assim, lado a lado da arbitrariedade mental e social do personagem, transformando a cordialidade definida por Sérgio Buarque em um dispositivo estético de alto rendimento. No Rio de Janeiro imperial de Machado de Assis, a oscilação entre a face pública, moderna, europeizada e liberal e os traços coloniais e escravistas seria veloz e altamente reveladora da condição periférica do país.

> No intervalo entre ambos, ganha corpo a imagem dos dois Brasis justapostos no interior das personagens, heterogêneas por construção. Ou — nos termos do próprio Roberto — confirmando as indicações de Sérgio Buarque acerca da ambigüidade institucional brasileira: as personagens de Machado de Assis, confundidas pela volubilidade do narrador, "compõem uma galeria razoavelmente normal, se o ponto de vista for cotidiano; se for o europeizante,

> parecerá haver exorbitância generalizada, e estaremos em companhia de uma população de excêntricos, bandidos, supersticiosos etc.", o que significa dizer, segundo ele, que "a instabilidade vertiginosa do juízo repete à sua maneira o estatuto do país, cuja normalidade, do ângulo das idéias hegemônicas do tempo, era uma anomalia" (Prado, 1998, p. 76).

A cordialidade, portanto, posta à prova pelo enquadramento materialista, teria sobrevivido bem e revelaria aspectos problemáticos do país. Assim, como está enunciado por Arnoni Prado, no entanto, fica parecendo que Sérgio Buarque teria formulado o problema do perfil dos personagens de Machado de Assis com grande propriedade, graças ao seu já então vasto conhecimento da literatura brasileira e da intimidade presumível com a obra do mestre. Que já houvesse intimidade é muito provável, mas é impossível que a disposição crítica da prosa de Machado de Assis já fosse evidente. A única menção em *Raízes do Brasil* a Machado de Assis é francamente desabonadora, no rastro, provavelmente, das objeções modernistas à obra machadiana, lida por eles como um exemplo da literatura imperante na *belle époque* cabocla.

O Machado de Assis referido por Sérgio Buarque de Holanda seria uma continuação dos aspectos mais desfrutáveis e patéticos do Romantismo, que é objeto de uma avaliação devastadora.

> Apenas, não nos devem iludir as aparências a ponto de nos fazerem ver, nos movimentos de depressão e de exaltação que oferece essa literatura romântica, muito mais do que uma superfetação na vida brasileira, não obstante a sinceridade fundamental dos seus representantes típicos. Tornando possível a criação de um mundo fora do mundo, o amor às letras não tardou em instituir um derivativo cômodo para o horror à nossa realidade cotidiana. Não reagiu

> contra ela, de uma reação sã e fecunda, não tratou de corrigi-la ou dominá-la; esqueceu-a simplesmente, ou detestou-a, provocando desencantos precoces e ilusões de maturidade. Machado de Assis foi a flor dessa planta de estufa (Holanda, 1993, p. 121).

Trata-se de um estupendo equívoco crítico que alinha Machado de Assis ao escapismo e ao conformismo beletrista e que dá testemunho do tipo de recepção oferecido a Machado de Assis, carioca fundador da Academia Brasileira de Letras, pelos modernistas brasileiros. Segundo Sérgio Buarque, Machado de Assis padeceria do escapismo sem memória ou do escapismo rancoroso que já seria um traço dos românticos brasileiros. Para os leitores atuais de Machado, acostumados a reconhecer o ânimo crítico de sua obra, é difícil imaginar maior disparate, até porque Machado de Assis pode nos fornecer inúmeros casos de cordialidade brasileira no interior da elite. Nada de espantar, claro, que o supremo narrador brasileiro iluminasse a cena para exemplificar a cordialidade em ação no século XIX.

No âmbito propriamente ideológico, o apego a fórmulas fixas permitirá a importação em larga escala do ideário liberal assim que o país alcançar sua autonomia política. Dentre as formas de evasão da realidade, a aposta fetichista no poder das ideias teria um caráter edificante que honraria os esforços da construção da jovem nação. Assim, a ideologia impessoal do liberalismo democrático vira um conjunto de refrões a serem brandidos desde que submetidos à lógica da negociação oligárquica.

> Só assimilamos efetivamente esses princípios até onde coincidiram com a negação pura e simples de uma autoridade incômoda, confirmando nosso instintivo horror às hierarquias e permitindo tratar com familiaridade os governantes. A democracia no

> Brasil foi sempre um lamentável mal-entendido. Uma aristocracia rural e semifeudal importou-a e tratou de acomodá-la, onde fosse possível, aos seus direitos ou privilégios, os mesmos privilégios que tinham sido, no Velho Mundo, o alvo da luta da burguesia contra os aristocratas. E assim puderam incorporar à situação tradicional, ao menos como fachada ou decoração externa, alguns lemas que pareciam os mais acertados para a época e eram exaltados nos livros e discursos (Holanda, 1993, p. 119).

Com poder de síntese notável, o autor resume o aproveitamento elitista do ideário europeu mais ou menos progressista. No Brasil, todos seríamos desiguais perante a lei, que já é concebida para ser descumprida. Cada indivíduo pode se afirmar, a partir do círculo familiar e doméstico, indiferente à lei abstrata e geral, pelo menos naquilo em que tal lei contrarie suas afinidades particulares, e "atento apenas ao que o distingue dos demais" (Holanda, 1993, p. 113).

A lepidez ideológica de nossas elites não perderia a velocidade mesmo nos momentos de reforma, que no Brasil teriam partido quase sempre de cima para baixo, ao reunirem disposição intelectual e esforço sentimental. Tanto a autonomia política quanto as conquistas liberalizantes que se sucederam ao longo do século XIX foram recebidas pela maioria da população "com displicência, ou hostilidade" (Holanda, 1993, p. 113). Tinham um caráter algo postiço de inovação forçada, ao contrário da concepção de vida definida e específica que fosse resultado da maturidade plena.

> Os campeões das novas idéias esqueceram-se, com frequência, de que as formas de vida nem sempre são expressões do arbítrio pessoal, não se "fazem" ou "desfazem" por decreto. A célebre carta de Aristides Lobo sobre o 15 de Novembro é documento flagrante do imprevisto que representou para nós, a despeito de

> toda a propaganda, de toda a popularidade entre os moços das academias, a realização da idéia republicana (Holanda, 1993, p. 119–120).

E Aristides Lobo faz o comentário já clássico de que o povo assistiu a tudo "bestializado", sem tomar conhecimento mínimo do que se tratava, observando à distância aquela mistura de efusão cívica e desfile militar.

Fique registrado o quanto do movimento das ideias depende, segundo Sérgio Buarque, do arbítrio pessoal e não de debate orgânico ou de lastro social no Brasil oitocentista finissecular. Anteriormente referimos que, para Roberto Schwarz, a volubilidade do narrador é procedimento básico de Machado de Assis em *Memórias póstumas de Brás Cubas*, volubilidade essa em que o momento de arbítrio é crucial para o estabelecimento da dinâmica dos atos do personagem-narrador e do vaivém da troca de opiniões e perspectiva. Tal arbítrio permite vestir sua ideia fixa com os mais variados figurinos disponíveis sem perder a pretensão a pensador profundo, o que, para Roberto Schwarz, é o equivalente da manutenção das pretensões à civilidade, liberalismo e ilustração — o ideal europeizante — em meio à prática incivil, autoritária e obscurantista do compadrio e da escravidão.

Já vimos que, para Arnoni Prado, há uma linha de continuidade entre os achados críticos de Antonio Candido e Roberto Schwarz e as percepções sociológicas de Sérgio Buarque. Mesmo que não fosse assim, é notável o quanto a feroz ironia machadiana desmascara a cordialidade detectada por Sérgio Buarque, seja no que ela tem de arbitrário no movimento das ideias, seja no privatismo e patrimonialismo que barram a noção do público. Lembremos a ilustre frase do venerável e diplomático Conselheiro Aires, em *Memorial de Aires*, quando das comemorações da abolição da escravatura, à meia-noite de 14 de maio de 1888: "Não há alegria pública que valha uma boa alegria particular". Embora não seja fácil distinguir aqui o que há de regozijo elitista do intelectual sofisticado que se recusa a aderir ao entusiasmo vulgar, de avaliação lúcida de que a abolição pode não fazer tanta diferença assim, de simples manutenção do decoro cabível ao conselheiro e ex-diplomata, etc., da frase plurívoca emerge, diga-se, um perfil assaz cordial do conselheiro.

Conselheiro Aires que é de tal maneira diplomático que em *Esaú e Jacó*, cujo enredo explora justamente a passagem da monarquia à república, não se define nem sequer enquanto narrador. O leitor é informado no início do livro, em "Advertência", que a narrativa foi retirada dos papéis de Aires após sua morte.

> Quando o Conselheiro Aires faleceu, acharam-se-lhe na secretária sete cadernos manuscritos, rijamente encapados em papelão. Cada um dos primeiros seis tinha o seu número de ordem, por algarismos romanos, I, II, III, IV, V, VI, escritos a tinta encarnada. O sétimo trazia este título: Último.
>
> A razão desta designação especial não se compreendeu então nem depois. Sim, era o último dos sete cadernos, com a particularidade de ser o mais grosso, mas não fazia parte do *Memorial*, diário de lembranças que o conselheiro escrevia desde muitos anos e era a matéria dos seis. Não trazia a mesma ordem de datas, com indicação da hora e do minuto, como usava neles. Era uma narrativa; e, posto figure aqui o próprio Aires, com o seu nome e título de conselho, e, por alusão, algumas aventuras, nem assim deixava de ser a narrativa estranha à matéria dos seis cadernos. Último por quê? (Machado de Assis, 2008, p. 1074).

Ou seja, nosso cordial Aires é o autor da narrativa, mas se incluiu nela enquanto personagem, embora *Esaú e Jacó* seja narrado em terceira pessoa de razoável onisciência. Isto é, embora seja o autor, Aires se recusa a assumir a condição de narrador e muito menos assume as opiniões, algumas tremendas, emitidas pelo narrador, que, no entanto, concordam em grande parte com aquelas emitidas pelo personagem Conselheiro Aires. Um romance que tem não um personagem-narrador, mas um personagem-autor, que se recusa a se confundir, *a priori*, com aquele personagem-narrador. É desse ponto de vista já ambíguo que se contarão os embates entre os gêmeos Pedro e Paulo, um monarquista e o outro republicano, justamente na quadra histórica de passagem de um regime político a outro.

E o conflito dificilmente poderia ser mais cordial, uma vez que os gêmeos transferem para a arena política a disputa que os caracteriza desde o ventre de mamãe Natividade, desde o útero doméstico. É o interesse familista e doméstico ampliando seu poder de atuação até ao poder público e à arena política, esferas que saem amesquinhadas do embate. Mas nem tudo é contraste e embate: com a figura diáfana e melancólica da moça Flora, há uma tendência/deriva que incorpora anulação de conflito e apagamento das diferenças entre os ardorosos irmãos, uma relativização do contraste que provoca o leitor e rende densidade literária.

No campo propriamente das opiniões políticas, devidamente ambientadas à rivalidade doméstica, a arbitrariedade é recorrente, reforçando o esvaziamento da personalidade e da eventual coerência dos gêmeos. Aos dezesseis anos, por exemplo, ambos estudam no colégio Pedro II, tiram notas semelhantes, etc., mas Paulo já é republicano, e Pedro, monarquista. Contudo, a divergência não se torna assunto para Machado de Assis elaborar um estudo, por exemplo, do debate entre os adolescentes politizados da época, o que reforçaria o caráter pessoal e específico de Pedro e Paulo. A divergência é submetida a forte ironia ao ser banalizada em um paralelo entre barbas e opinião política.

> As barbas não queriam vir, por mais que eles chamassem o buço com os dedos, mas as opiniões políticas e outras vinham e cresciam. Não eram propriamente opiniões, não tinham raízes grandes nem pequenas. Eram (mal comparando) gravatas de cor particular, que eles atavam ao pescoço, à espera que a cor cansasse e viesse outra. Naturalmente cada um tinha a sua. Também se pode crer que a de cada um era, mais ou menos, adequada à pessoa. Como recebiam as mesmas aprovações e distinções nos exames, faltava-lhes matéria a invejas; e, se a ambição os dividisse algum dia, não era por ora águia nem condor, ou sequer filhote; quando muito, um ovo (Machado de Assis, 2008, p. 1105).

O paralelo zombeteiro entre opinião política e inevitabilidade fisiológica instaura a dúvida de que a consciência política dos adolescentes tenha alguma relevância ou autonomia, uma opinião que estaria submetida ao ritmo do organismo assim como o crescimento dos pelos. Nega-se que sejam sequer opiniões, uma vez que não têm raízes grandes nem pequenas, não passando de adornos. A sequência argumentativa que se segue amesquinha ainda mais as opiniões políticas de Pedro e Paulo. Ao assumir o papel de paladino da adequação da opinião-gravata de cada um, o narrador desqualifica com humor as pretensões à coerência que um e outro ostentam. Assim, a irrelevância da crença política abraçada pelos jovens é saudada em tom ameno que só amplia a degradação, com a inveja imatura que se manifesta com força e atenta contra a pretensa maturidade e coerência que a idade adulta teria garantido ao caráter dos dois (Araújo, 1999, p. 96-97).

No miolo do enredo de *Esaú e Jacó,* encontramos, portanto, uma mistura audaciosa de familismo, privatismo e arbitrariedade de ideais políticos que tem um caráter cordial e sinistro. Aquela flor escapista de planta de estufa, Machado de Assis, entendeu como ninguém e elevou à condição de arte os paradoxos da cordialidade que um dia Sérgio Buarque viria a diagnosticar.

Esaú e Jacó: os irmãos quase siameses e Flora

Liberais! Palavra que bem se sabe ter um significado de pesadelo neste país. Liberdade, democracia, patriotismo, governo: todas essas palavras têm um sabor de loucura e de homicídio

Joseph Conrad, *Nostromo*

O enredo de *Esaú e Jacó* tem por núcleo o antagonismo entre Pedro e Paulo, dois irmãos gêmeos, cujas brigas, insinua o Conselheiro Aires, teriam agitado até mesmo a gravidez de sua mãe, Natividade. Tal conflito alcançará o ápice na disputa pela mão de Flora, virgem etérea que morre sem optar entre um e outro. Notou José Guilherme Merquior, em *De Anchieta a Euclides,* o caráter esquemático do romance, que é todo organizado mediante o confronto dos irmãos:

> O caráter "abstrato" e estilizado do livro resulta justamente de ser ele a sede da visão-do-mundo machadiana. [...] Em *Esaú e Jacó*, o humorismo de Machado se sublima, convertendo-se no mais alado ludismo alegórico. Desde a primeira cena — a consulta de Natividade à cabocla do morro do Castelo — a referência mitológica ilumina e ironiza a ação. A rivalidade dos gêmeos alude aos combates homéricos; a cabocla do Castelo lhe dá um tom de

> oráculo burlescamente profético: Natividade é o símbolo do seu próprio nome, a sempre verde deusa materna, enquanto Flora é a efemeridade da graça juvenil (Merquior, 1996, p. 248).

Tal comentário não impede, diga-se, que Merquior anote o realismo presente no livro: a caracterização social das personagens, a referência quase detalhista ao itinerário pelas ruas do rio, a rigorosa inserção da trama no Segundo Reinado e no início da República, etc. Do cruzamento entre realismo e estilização emerge parte da força da narrativa, temperada sempre pelos comentários do narrador algo enigmático.

Os gêmeos

Fugindo da crônica factual de uma época, Machado não abre mão de uma perspectiva histórica. Argumenta-se aqui que o autor filtra a história para elaborar um comentário agudo e implacável sobre as ações e pretensões das personagens envolvidas no turbilhão. A perspectiva de Machado ordena os termos da rivalidade entre Pedro e Paulo, a qual é explorada de forma que Pedro necessita de Paulo para se configurar minimamente e vice-versa, num jogo de espelhos que guarda uma dimensão sinistra nada desprezível.

Veja-se o capítulo 18, "De como vieram crescendo", que resume a infância de Pedro e Paulo:

> Aos sete anos eram duas obras-primas, ou antes uma só em dous volumes, como quiseres. Em virtude, não havia por toda aquela praia, nem por Flamengos ou Glórias, Cajus e outras redondezas, não havia uma, quanto mais duas crianças tão graciosas. Nota que eram também robustos. Pedro com um murro derrubava Paulo; em compensação, Paulo com um pontapé deitava Pedro ao chão. Corriam muito na chácara por aposta. Alguma vez quiseram trepar às

> árvores, mas a mãe não consentia; não era bonito. Contentavam-se de espiar cá de baixo a fruta.
>
> Paulo era mais agressivo, Pedro mais dissimulado, e, como ambos acabavam por comer a fruta das árvores, era um moleque que a ia buscar acima, fosse a cascudo de um ou com promessa de outro. A promessa não se cumpria nunca; o cascudo, por ser antecipado, cumpria-se sempre, e às vezes com repetição depois do serviço. Não digo com isto que um e outro dos gêmeos não soubessem agredir e dissimular; a diferença é que cada um sabia melhor o seu gosto, cousa tão óbvia que custa escrever (Machado de Assis, 2008, p. 1099).

As qualidades e predicados são atribuídos aos dois, para então sofrerem especificações. O vínculo aparece acentuado em orações cujo sujeito é plural, Pedro e Paulo: "Nota que eram também robustos", "Corriam muito na chácara por aposta". A animosidade entre os dois já é ostensivamente declarada quando o narrador compara o murro de Pedro e o pontapé de Paulo. Mas não só o antagonismo já está evidente nesse trecho; os traços mais acentuados do caráter de um e de outro aqui já estão expostos, reconhecidas a maior agressividade de Paulo, a maior dissimulação de Pedro.

Note-se a malícia do narrador, que, sem maiores comentários, extrai a característica dominante de cada um a partir de um episódio em que ambos instrumentalizam um "moleque" — o termo do século XIX para menino escravo — a fim de alcançarem seus objetivos sem desobedecerem à mãe. Paulo intimida fisicamente, enquanto Pedro faz uma promessa: a agressão ocorre, a promessa não se cumpre e o objetivo é alcançado. O negaceio no final do parágrafo é tipicamente machadiano e acentua o matizado da caracterização.

Ainda no mesmo capítulo, o narrador explora o episódio envolvendo a criada Miquelina, flagrada pelos gêmeos enquanto furtava um relógio de Natividade. Aos sete anos, em 1878, ambos silenciam sobre o fato em nome do afeto dedicado à criada; aos nove reconhecem ter assistido a tudo e calado. Questionados por Natividade sobre a razão do silêncio, a solidariedade rompe-se em acusações e agressões mútuas. Tudo termina em reconciliação sob os cuidados de mamãe Natividade, que compra a paz fraterna mediante uma série de prazeres, o que não rende, paradoxalmente, simpatia entre os irmãos.

> De noite, na alcova, cada um deles concluiu para si que devia os obséquios daquela tarde, o doce, os beijos e o carro, à briga que tiveram, e que outra briga podia render tanto ou mais. Sem palavras, como um romance ao piano, resolveram ir à cara um do outro, na primeira ocasião. Isto que devia ser um laço armado à ternura da mãe, trouxe ao coração de ambos uma sensação particular, que não era só consolo e desforra do soco recebido naquele dia, mas também satisfação de um desejo íntimo, profundo, necessário (Machado de Assis, 2008, p. 1100).

A paz venal negociada por Natividade induz à guerra de longo prazo, não só acirrando o antagonismo já existente, mas também aumentando o vínculo entre Pedro e Paulo, que percebem o que têm a ganhar com a agressão mútua. Há muita ironia aqui. A atitude de Natividade engendra o oposto de suas intenções: no lugar da paz, uma guerra estratégica. A boa intenção pervertida nos seus resultados práticos é um motivo constante em Machado, mas este não é o ponto em discussão aqui. O foco de nossa análise recai sobre a complementaridade, o vínculo entre os gêmeos, que elaboram o mesmo raciocínio para alcançarem idêntica conclusão, mais uma vez dividindo a posição sintática de sujeito na oração. O intercâmbio contínuo e o aprendizado comum estão presentes, mas não para a paz e a alegria da família, muito pelo contrário; embora a rivalidade de fato una os dois irmãos em vez de separar.

Machado não se interessa por desvincular a experiência dos dois jovens, fornecendo detalhes que rendessem um perfil autônomo a cada um, num procedimento que o aproximaria da ambição realista à Balzac e Flaubert. Mesmo na obra madura de Machado há meninos com personalidade de detalhes marcantes no seu realismo, tais como os jovens Brás Cubas e Bentinho, ou ainda Raimundo, o filho do mestre que também é o narrador de "Conto de escola". Trata-se de individualidades talhadas ao longo de episódios que revelam as particularidades de caráter das personagens, enquanto Pedro e Paulo se envolvem em episódios que tendem ao abstrato e exemplar, com os gêmeos ganhando particularidade na medida em que se complementam e competem entre si.[1]

Aos dezesseis anos, os gêmeos estudam no Colégio Pedro II, tiram notas equivalentes, etc., mas Paulo é republicano, enquanto Pedro é monarquista. Tal divergência não é explorada por Machado para nos fornecer, por exemplo, um quadro do debate entre os adolescentes republicanos da época, o que realçaria a individualidade de um e de outro. A divergência é ironizada num paralelo arrasador entre barbas e opinião política:

> As barbas não queriam vir, por mais que eles chamassem o buço com os dedos, mas as opiniões políticas e outras vinham e cresciam. Não eram propriamente opiniões, não tinham raízes grandes

1. Reproduzo daqui em diante um pequeno trecho do ensaio anterior deste volume, "A volubilidade derivada da cordialidade: um encontro entre Sérgio Buarque, Antonio Candido e Roberto Schwarz".

> nem pequenas. Eram (mal comparando) gravatas de cor particular, que eles atavam ao pescoço, à espera que a cor cansasse e viesse outra. Naturalmente cada um tinha a sua. Também se pode crer que a de cada um era, mais ou menos, adequada à pessoa. Como recebiam as mesmas aprovações e distinções nos exames, faltava-lhes matéria a invejas; e, se a ambição os dividisse algum dia, não era por ora águia nem condor, ou sequer filhote; quando muito, um ovo (Machado de Assis, 2008, p. 1105).

O narrador, todavia, não se satisfaz com o paralelo escarninho entre opinião política e inevitabilidade fisiológica, duvidando que a consciência política dos adolescentes tenha alguma autonomia, uma vez que está submetida ao ritmo do organismo assim como o crescimento dos pelos. Nega-se que sejam sequer opiniões, dado que não têm raízes grandes nem pequenas, não passando de adornos.

As concessões de argumento a que se presta o narrador nas frases seguintes ainda mais amesquinham as opiniões políticas de Pedro e Paulo. Assumindo o papel de defensor da adequação da opinião-gravata de cada um deles, o narrador desqualifica com humor as pretensões à coerência que ambos procuram ostentar. O longo período final arremata a depreciação de Pedro e Paulo, reconhecendo que o equilíbrio na distinção escolar não dava vazão à rivalidade, a qual teve de se travestir em gravata-opinião para ressurgir. O caráter diminuído da crença política abraçada pelos jovens é saudado em tom ameno que só amplia a degradação, com a velha inveja infantil revelando sua robustez em detrimento da fragilidade das pretensões à maturidade e à coerência esboçadas no caráter dos dois gêmeos. Machado foi implacável ao reduzir as escassas tintas que poderiam esboçar as fisionomias de Pedro e Paulo a um borrão que torna a denunciar o vínculo entre ambos, a complementaridade infantil e despersonalizante que os une. Não por acaso Aires, ecoando o narrador, encontrará um vínculo escondido no esboço de duas cabeças desenhadas por Flora no capítulo 100, "Duas cabeças", ao qual inclusive dão nome.

Virá a seguir o capítulo 24, "Robespierre e Luís XVI", quando Paulo compra um retrato do líder revolucionário e Pedro adquire um do rei, momento em que as opiniões assumem o adequado grau de fetiche, incorporando-se em alguma coisa, na observação bem-humorada do narrador. Como era de se esperar, a devoção aos respectivos santos deriva em altercação, destruição dos retratos e luta.

Depois da morte de Flora, os dois irmãos estabelecem-se profissionalmente: Pedro abre consultório médico, Paulo, sua banca de advogado. A narrativa trata do agitado e violento início da República:

> No meio dos sucessos do tempo, entre os quais avultavam a rebelião da esquadra e os combates do Sul, a fuzilaria contra a cidade, os discursos inflamados, prisões e músicas e outros rumores, não lhes faltava campo em que divergissem. Nem era preciso política. Cresciam agora mais em número as ocasiões e as matérias. Ainda quando combinassem de acaso e de aparência, era para discordar logo e de vez, não deliberadamente, mas por não poder ser de outro modo.
>
> Tinham perdido o acordo, feito pela razão, jurado pelo amor, em honra da moça defunta e da mãe viva. Mal se podiam ver, mal ou pior ouvir (Machado de Assis, 2008, p. 1216–1217).

Note-se a coordenação banalizadora que equivale rebelião de esquadra e discursos inflamados a músicas e rumores; tudo é motivo para que a rivalidade infantil sobrepuje o acordo de paz celebrado por dois homens feitos e dotados de vontade supostamente autônoma. A irrelevância dos motivos acentua a força do antigo rancor e o caráter abstrato dos mesmos ("as ocasiões e as matérias") impede a caracterização objetiva de Pedro e Paulo. Estamos no mesmo plano daquelas aproximações mitológicas propostas por Aires: Esaú e Jacó, Ulisses e Aquiles, Petrus e Paulus, cuja variedade, de resto, obsta a individualização e reforça o laço que os une.

Na sucessão dos acontecimentos políticos, Paulo passa a fazer oposição ao governo, enquanto Pedro, sob o regime republicano, passa a defender a situação. Aires tenta mais um comentário:

> — A razão parece-me ser que o espírito de inquietação reside em Paulo, e o de conservação em Pedro. Um já se contenta do que está, outro acha que é pouco e pouquíssimo, e quisera ir ao ponto a que não foram homens. Em suma não lhes importam formas de governo, contanto que a sociedade fique firme ou se atire para diante. Se não concorda comigo, concorde com D. Cláudia (Machado de Assis, 2008, p. 1218).

De novo a chave abstrata de interpretação. A agressividade infantil de Paulo derivou em inquietação, enquanto a dissimulação de Pedro deu em conservadorismo. Não há caracterização minimamente localizada no tempo e no espaço, com o detalhamento que tal implicaria; há discordância abstrata e a-histórica que ganha um tom sinistro justamente por envolver a política e a história. A indefinição e o caráter absoluto da rivalidade entre os irmãos, ao se projetarem sobre o palco político, assumem dimensões sombrias pelo nivelamento que acarretam: músicas e combates, fuzilaria e disputa amorosa estão no mesmo plano e sugerem uma agitação estabanada e sem sentido.

Como era de se esperar, a morte de Flora projeta uma sombra sobre a arena ocupada pelos dois irmãos. O tom galhofeiro do narrador arrefece e ele não mais elabora uma comparação como aquela entre opiniões políticas e gravatas. Por que a piada não cabe mais? É porque os adolescentes agora são adultos e a situação *não* se modificou?

Flora

Flora é cortejada tanto por Pedro quanto por Paulo, e demonstra interesse por ambos. Augusto Meyer já afirmou que a moça encarna o mito da hesitação:

> Flora, debuxada em meia-luz, com penumbras de incerteza nos olhos, desencantada e sem força para decidir-se, é o mito da hesitação. Não podendo, não sabendo viver senão na plenitude, espera o momento ideal que nunca vem, e morre de tanto esperar (Meyer, 2005, p. 33).

Flora sem dúvida hesita, mas tem excelentes motivos para tanto. Ela é introduzida na história mediante comparações que acentuam seu caráter efêmero e frágil: "Quem a conhecesse por esses dias, poderia compará-la a um vaso quebradiço ou à flor de uma só manhã, e teria matéria para uma doce elegia" (Machado de Assis, 1976, p. 1114). E Aires considera Flora uma "inexplicável". Frágil, efêmera, portadora de um quê indefinível. Adiante Aires explicará o inexplicável:

> — Inexplicável é o nome que podemos dar aos artistas que pintam sem acabar de pintar. Botam tinta, mais tinta, outra tinta, muita tinta, pouca tinta, nova tinta, e nunca lhes parece que a árvore é árvore, nem a choupana choupana. Se se trata então de gente, adeus. Por mais que os olhos da figura falem, sempre esses pintores cuidam que eles não dizem nada. E retocam com tanta paciência, que alguns morrem entre dous olhos, outros matam-se de desespero (Machado de Assis, 2008, p. 1118).

Temos aqui o artista hesitante, está entre ambicioso de perfeição e eterno insatisfeito, num quadro a que não falta à nota lúgubre do suicídio e da morte antes do término da obra.

O próprio narrador apresentará a moça em termos similares, entregue a uma sonata que a remete para "fora do tempo e do espaço, uma idealidade pura". Por meio da música, Flora busca o nirvana:

> Não havia governo definitivo. [...] Quando muito, ia haver um governo provisório, Flora não entendia de formas nem de nomes. A sonata trazia a sensação da falta absoluta de governo, a anarquia da inocência primitiva naquele recanto do Paraíso que o homem perdeu por desobediente, e um dia ganhará, quando a perfeição trouxer a ordem eterna e única (Machado de Assis, 2008, p. 1188).

Uma sensação de plenitude que a música lhe dá, mas que a vida lhe nega; no amor há que escolher entre Pedro e Paulo.

O fascínio pela música, a oscilação entre dois homens, a curiosidade da perfeição, enfim, recordam a protagonista de "Trio em lá menor", um dos contos incluídos em *Várias Histórias* (1896): Maria Regina hesita entre Maciel e Miranda. O final do conto guarda enorme semelhança com a supracitada caracterização de Flora: "— É a tua pena, alma curiosa de perfeição; a tua pena é oscilar por toda a eternidade entre dous astros incompletos, ao som desta velha sonata do absoluto: lá, lá, lá..." (Machado de Assis, 2008, p. 488). As referências à sonata e ao absoluto no quadro da hesitação feminina são retomadas para caracterizar Flora, embora para essa não se trate, no trecho, de optar entre dois homens. Em Flora, a curiosidade de perfeição parece derivar para uma espécie de nirvana narcísico, com a hesitação entre Pedro e Paulo vindo a agravar a tendência ao devaneio.

Se para Maria Regina a questão é escolher entre Maciel e Miranda, dois caracteres tão definidos quanto, digamos, Aires e Santos; para Flora cabe uma tarefa muito mais ingrata dada às semelhanças entre os gêmeos. Tanto é assim, que em dois capítulos, intitulados "Fusão, difusão, confusão..." e "Transfusão, enfim", Flora sofre de visões em que Pedro e Paulo aparecem unificados e diluídos. "Era um espetáculo misterioso, vago, obscuro, em que as figuras visíveis se faziam impalpáveis, o dobrado ficava único, o único desdobrado, uma fusão, uma confusão, uma difusão..." (Machado de Assis, 2008, p. 1179). Analisando o efeito do fenômeno sobre o estado de espírito de Flora, são referidas a surpresa inicial, o deleite posterior, um certo incômodo a interromper o sono e a perturbação ameaçadora no final do capítulo 80, "Transfusão, enfim": "A diferença deu às duas visões de acordada um tal cunho de fantasmagoria que Flora teve medo e pensou no Diabo" (Machado de Assis, 2008, p. 1180).

Mas a fantasmagoria prosseguirá atrás da moça em capítulos posteriores. Em especial no capítulo 83, "A grande noite", Flora se imaginará sendo cortejada pelos dois gêmeos e operará novamente a fusão num movimento a que se acrescenta um detalhe escabroso: a fusão é incorporada pela própria Flora, do que resulta um tipo de *ménage à trois* espiritual assustador, em que pesem os momentos de plenitude.

> Flora, não tendo visto sair nenhum dos gêmeos, mal podia crer que formassem agora uma só pessoa, mas acabou crendo, mormente depois que esta única pessoa solitária parece completá-la interiormente, melhor que nenhuma das outras em separado. Era muito fazer e desfazer, mudar e transmudar. Pensou enganar-se, mas não; era uma só pessoa, feita das duas de si mesma, que sentia bater nela o coração (Machado de Assis, 2008, p. 1184).

A incorporação da fusão entre Pedro e Paulo sugere a desagregação espiritual de Flora, que, de resto, até sua morte será prisioneira de um vaivém em que, na presença de Paulo, anseia por Pedro e vice-versa. Mas se o narrador não separa os dois irmãos, por que deveria fazê-lo a virginal Flora? As alucinações e dúvidas de Flora fazem eco, portanto, aos impasses montados pelo procedimento narrativo em vigor.

Cabe notar que em Flora o processo é muito mais ambíguo que em Maria Regina, do "Trio em lá menor", conto de perfil realista bem definido. Maria Regina poderia escolher entre duas personalidades plenamente configuradas, chegando inclusive, mediante a soma das qualidades de Maciel e Miranda, a imaginar um terceiro ideal: "Era a mesma insuficiência individual dos dous homens, e o mesmo complemento ideal por parte dela; daí um terceiro homem, que ela não conhecia" (Machado de Assis, 2008, p. 487).

Não há terceiro possível para Flora. Certamente ela funde os dois gêmeos, mas em momento algum isola traços que revelem uma idealização mais ou menos fixa; forma-se, isso sim, a confusão, a nebulosa instável sempre a ponto de se desintegrar da dupla Pedro e Paulo, não obstante o efêmero prazer proporcionado pela confusão momentânea. Uma fantasmagoria incontrolável, enfim.

De qualquer forma, seria injusto tratar Flora como uma espécie de demente, uma quase esquizofrênica incapaz de separar seus desejos e projeções da realidade. Se nem o perspicaz Conselheiro Aires, nem o narrador, cujos pontos de vista, diga-se, tendem a confluir, não conseguem dar substância autônoma a Pedro e Paulo, por que a virginal Flora o faria? Os dois gêmeos de fato são ocos e sua pouca substância está antes na complementaridade do que nas divergências superficiais. Os dois só existem enquanto dupla, irmãos siameses por artes do narrador e para azar da moça, que só poderia ficar com um. Com o respaldo do conselheiro e do narrador, manejados com maestria por Machado, a fantasmagoria assombra o próprio mundo objetivo de *Esaú e Jacó*; ela não habita somente a imaginação da virginal Flora.

Um ponto de vista moralista poderia sustentar que Flora exige de Pedro e Paulo uma coerência e profundidade que ambos, individualmente, não têm. A desgraça da heroína seria querer um homem cuja personalidade não fosse a projeção de uma rivalidade infantil. Sem ir tão longe, é razoável admitir que a desagregação mental e afetiva da moça é induzida por uma realidade não menos sinistra que suas piores alucinações, o que concede dimensão de lucidez à questão posta por uma Flora quase agonizante, quando Natividade menciona os gêmeos: "Ambos quais?".

Para além dos limites da análise aqui empreendida, o caso de Flora também revela interesse por tratar-se de uma reelaboração estética e crítica da morte romântica por amor desprezado. Para variar, Machado inverte os termos da equação: ao contrário de Iracema e Lucíola, a heroína não morre por ter sucumbido a um amor impossível, mas sim por ser impossível sucumbir ao amor. O efeito não é satírico em função do tratamento melancólico que o narrador e Aires dispensam ao destino sinistro de Flora.

A história cifrada

Já é tempo de perguntar pela relação entre as peripécias de Pedro, Paulo e Flora com o conjunto de eventos políticos que engolfa a todas as personagens de *Esaú e Jacó*, nada menos que o fim da Monarquia e o advento da República. Comecemos recordando que, se todos são atingidos pelos acontecimentos, nem por isso alguém consegue atuar sobre estes. Flávio Loureiro Chaves já notou que a atitude geral de individualismo e ceticismo encontra-se cifrada no episódio erótico-jocoso envolvendo o Conselheiro Aires em Caracas, onde fora adido de delegação. Um governo cai, a multidão saúda o novo governo, e Carmen, atriz da moda, entre carícias, aconselha ao sossego e à adesão ao poder do momento, seja qual for.

> A opinião que Aires formula aqui sobre os movimentos políticos é a raiz do individualismo exacerbado a partir do qual atuam as demais personagens sob o seu foco de observação. A situação narrada vem a duplicar-se logo em seguida num contexto datado e circunstanciado, abrindo espaço para os acontecimentos que assinalaram a proclamação da república a 15 de novembro de 1889. Diante desses fatos, Aires permanece na sua postura olímpica, o Santos (por sinal, Barão do Império) evita assumir qualquer atitude, o cocheiro preocupa-se apenas com a gorjeta, a multidão assiste inerme ao desfile da tropa. [...] Para todos a revolução desponta como distante e anônima, embora o fato consumado.
>
> No fundo, *Esaú e Jacó* instaura uma reflexão sobre a política brasileira ao situar, num extremo do painel delineado, a burguesia impotente que vegeta à sombra do poder mas não é o poder; e, no outro extremo, o povo que sofre os efeitos do poder. No resultado final encontramos as criaturas machadianas imersas em sua condição a-histórica, inibida qualquer possibilidade de ação efetiva (Chaves, 1991, p. 21).

Corroborando as inferências do crítico, são céticos e irônicos os comentários do narrador e de Aires sobre política no livro. Já analisamos a devastadora comparação entre opinião política e gravatas, de que se infere que as barbas são excessivamente enraizadas para permitirem a comparação com a opinião política. Durante um almoço, Aires compara mentalmente a discordância entre os politizados gêmeos a uma erupção de pele juvenil. Mantida essa chave de comparação epidérmica, o pusilânime e adesista Batista, pai da moça Flora, é vítima de análise do narrador: "Certo é que ele sentia a necessidade de tornar à vida ativa. Nele a política era menos uma opinião que uma sarna; precisava coçar-se a miúdo e com força" (Machado de Assis, 2008, p. 1114).

A política em vários momentos é tratada como elemento de superficialidade epidérmica, adorno ou doença. Enfim, mais um reforço da condição a-histórica e da impossibilidade de ação. No entanto, a inserção de Pedro e Paulo no centro da discussão política — ao se elegerem deputados, por exemplo — parece indicar o contrário. Temos aí, afinal, duas personagens que se recusam ao ceticismo de Aires, à ambição por cargos de Batista ou à fúria acumulativa de riquezas de Santos — pai dos gêmeos, diga-se. Os dois dispõem-se a interferir nos acontecimentos e começam a atingir aquela grandeza predita pela cabocla do morro do Castelo — "Cousas futuras!" — graças ao apelo desinteressado a ideais. Essa seria uma interpretação ingênua mas razoável, se Machado não tivesse esvaziado os dois gêmeos, mediante os procedimentos do narrador e os comentários de Aires, de qualquer conteúdo individualizante, reduzindo-os a uma complementaridade patética e irremediável. Ressoa a pergunta de Flora: "Ambos quais?".

Por acaso, nenhum dos dois fantoches vaidosos vão para o centro da arena política. Abraçados a princípios abstratos e vazios de conteúdo político e histórico, Paulo possuído pelo "espírito de inquietação" e Pedro pelo de "conservação", os gêmeos reproduzem o velho ódio infantil sob a aparência do debate político autônomo. A arena política na periferia do capitalismo, ocupada por tais personagens, assemelha-se a um palco de peça absurda e irrelevante. Levá-la a sério equivaleria a empenhar-se na sátira amarga à Lima Barreto em *Triste fim de Policarpo Quaresma*, o que acaba tornando o narrador parte do problema, com seu moralismo bem-intencionado e algo patético. Para Machado, a ironia e o distanciamento são os meios para examinar a cena e o problema, o que explica, em parte, o recurso às fintas do narrador e à diplomacia quase amoral dos comentários de Aires.[2]

Daí a concordância com Merquior, a não ser pelo advérbio aposto a uma das frases:

> No simbolismo de *Esaú e Jacó*, a agitação histórica é um efeito de superfície. Involuntariamente, a visão "a-histórica" de Machado ironiza a magnificação grandiloqüente de evoluções importantes, porém apenas graduais e relativas, como a Abolição e a República (Merquior, 1996, p. 247).

Não há nada de involuntário na ironia de *Esaú e Jacó*. Machado faz um comentário devastador, embora eventualmente melancólico, sobre uma transição política em que tudo muda para continuar no mesmo.[3]

A melancolia em grande parte se deve ao destino sombrio de Flora, cuja desagregação mental e afetiva rende capítulos nos quais a atmosfera oniricamente ameaçadora constitui páginas magistrais de sugestão de devaneio e anomia. Esse ambiente de pesadelo em vigília dá outro impacto à revelação do caráter oco dos futuros deputados Pedro e Paulo, que virão para o centro do palco político onde os ideais e conceitos da tradição iluminista serão pervertidos, como nota Conrad na

2. Para uma análise do perfil do narrador machadiano, ver, de Roberto Schwarz, *Um mestre na periferia do capitalismo*: Machado de Assis. São Paulo: Duas Cidades/ Editora 34, 2000 e *Duas meninas*. São Paulo: Companhia das Letras, 1997.

3. Para uma análise detalhada da simbologia política do romance, embora pouco atenta aos procedimentos do narrador, ver, de John Gledson, o capítulo 4, "Esaú e Jacó", em *Machado de Assis*: ficção e história. São Paulo: Paz e Terra, 1986.

epígrafe, para ganharem significado de pesadelo e sabor de loucura e assassinato. Em *Esaú e Jacó*, a história e a política sugerem, sob a forma de crônica distanciada e irônica, um pesadelo habitado por fantasmagorias incontroláveis:

> Em *Esaú e Jacó* ele atingiu a metáfora da nossa vida política, transfigurando-a literalmente na seqüência de contrastes e paradoxos que orientam a narrativa, tudo desembocando numa desordem essencial sob a aparência da normalidade: *Não se assuste, amigo meu, é o governo que cai.* [...] O indivíduo não é, em nenhuma hipótese, condutor dos fatos que o arrastam e a engrenagem pode seguir girando indefinidamente (Chaves, 1991, p. 21–22).

Examinei aqui alguns procedimentos do narrador machadiano que são relevantes, salvo melhor juízo, para a organização da obra e para caracterização do trio central de personagens, isto é, para armar ficcionalmente a metáfora citada. Uma vez explorados aqueles "contrastes e paradoxos" que dão tutano à narrativa, nota-se que a trajetória dos gêmeos tão semelhantes e antagônicos, sobre a qual o destino lúgubre de sua amada Flora lança uma sombra reveladora, instaura uma homologia um tanto macabra com a transição política brasileira ocorrida no século XIX, avalista da modernização conservadora, que mantém, quando não acentua, o mandonismo urbano e rural, o trabalho compulsório e a rigidez da hierarquia social.

A linhagem dos machadianos gaúchos

É possível rastrear uma tradição de estudos machadianos na cultura do Rio Grande do Sul, inclusive no sentido específico em que autores gaúchos retomam tópicos e até problemas de autores gaúchos que os antecederam. Há, de fato, uma tríade sul-rio-grandense que consta em quase todas as listas de intérpretes consagrados de Machado de Assis: Alcides Maya, Augusto Meyer e Raymundo Faoro. Todos eles, vale notar, tornaram-se membros da Academia Brasileira de Letras, a instituição de que Machado de Assis foi fundador e que presidiu até falecer. Mas disso não decorre que estes ensaístas sejam oficialistas ou encomiásticos em suas análises. Em vários momentos da crítica de Augusto Meyer, por exemplo, as restrições ao autor em pauta são evidentes. Antes de mais nada, estamos aqui diante de comentários criativos e consistentes que revelam e abrem perspectivas, mas talvez o mais surpreendente seja que estes três autores famosos não estão isolados, fazendo parte de um conjunto de ensaístas gaúchos que se dedicou a Machado de Assis em algum momento de sua lida intelectual. Vale notar que Luís Augusto Fischer (2011) alcançou uma síntese refinada sobre o interesse gaúcho por Machado em ensaio cujas informações são retomadas aqui em vários momentos.

Talvez o conceito de tradição não se aplique aqui, e devamos retornar ao termo "linhagem" para referir o fenômeno, pela simples razão de que, se uma tradição machadiana sul-rio-grandense de fato existe, ela ainda está por ser melhor estudada, muito embora essa referida linhagem já tenha sido notada, pioneiramente, por Carlos Dante de Moraes, em ensaio publicado em 1959, no livro *Figuras e ciclos da história rio-grandense*. Trata-se de nota de rodapé que encerra o texto:

> Esta posição de alternativa entre o rincão e o mundo se reflete, de um modo quase dramático, em nossos ensaístas. No estudo "A tradição rio-grandense na obra de Érico Veríssimo", ela ficou bem assinalada. Queremos aqui apenas observar uma singularidade. Enquanto os temas regionais levam os nossos ensaístas a um frequente convívio com a terra, a história, o folclore e a figura gauchesca, a obra de Machado de Assis representa para alguns deles, dentro da literatura nacional, uma como polarização das tendências universalistas. Recordemos os estudos enfeixados em livros ou esparsos, de Alcides Maya (*Machado de Assis – algumas notas sobre o humor*); de Augusto Meyer ("Machado de Assis"; "Da sensualidade na obra de Machado de Assis", "Capitu", "Sugestões de um texto" em À sombra da estante); de Moysés Vellinho ("Machado de Assis – aspectos de sua vida e de sua obra" em *Letras da Província*; "Machado de Assis e a Abolição"); de Vianna Moog ("Decadência do Mundo Moderno – Machado de Assis" em *Heróis da Decadência*); de Carlos Dante de Moraes ("Brás Cubas, o defunto autor" em *Tristão de Athayde e outros estudos*) (Moraes, 1979, p. 154, nota 12).

Isto é, no final da década de 1950, um comentarista bem informado já anotara o fenômeno e tratava de indicar uma dinâmica que ia do local ao nacional, com "polarização de tendências universalistas", um diagnóstico revelador que vai ser retomado mais adiante por mim. Fiquemos aqui com o registro do assunto por Carlos Dante de Moraes, assunto que retorna na apresentação de Flávio Loureiro Chaves, em seu excelente *O ensaio literário do Rio Grande do Sul* (1979), em que refere que a abordagem de Machado é "verdadeiro tema itinerante do ensaio rio-grandense" (Chaves, 1979, p. xx).

O ancestral mais remoto da linhagem é Alcides Maya (1878–1944), com seu *Machado de Assis: algumas notas sobre o* humour (1912). O jovem e promissor Maya chegou a conhecer Machado de Assis, a quem teria encontrado no Rio de Janeiro. Quando vem à luz o ensaio pioneiro, suas duas obras de ficção mais famosas já tinham sido publicadas, *Ruínas Vivas* (1910) e *Tapera* (1911), e o autor se destacara na imprensa publicando artigos e ensaios em que o ímpeto combativo se aliava à lucidez. Vale notar que, em *Através da Imprensa* (1900), reúne ensaios em que polemiza abertamente com Adolfo Caminha e Sílvio Romero, o que é eloquente ao revelar a contestação da perspectiva determinista, nacionalista e cientificista, com a forte mitologia racista típica da época, que era adotada com ênfase por Sílvio Romero. No livro dedicado a Machado de Assis, de 1912, o combate ao ideário de Romero é frontal e explícito, e não é acaso algum que seja Maya quem vá reavaliar com enorme perspicácia e de forma precoce Machado de Assis mediante a noção de *humour*. Maya alcança também revelar zonas sombrias de Machado, além de apontar, sempre pioneiro, aproximações com Flaubert e revelar entrecho insuspeitado, por exemplo, no plácido *Memorial de Aires* (1908):

> O verdadeiro entrecho do Memorial gira em torno de uma herança de duzentos contos; e a comédia chega a parecer cruel pela perfeição com que, no caso, os protagonistas simulam sentimentos, às vezes

> sem que o saibam. Os sentimentos para o autor só existem pela sua expressão social ou como estampa psíquica. Ele não acredita no amor, mas crê no romanesco, e a amizade, por exemplo, apresenta-a como um cultivo delicado e inteligente do egoísmo, condição de sociabilidade (Maya, 2007, p. 63).

Isto é, Maya atina com a dimensão materialista armada no entrecho do romance que era considerado um relato melancólico vazado em estilo refinadíssimo mas que ficaria longe das perfídias retóricas que ainda pulsavam no Aires de *Esaú e Jacó* (1904).

Enfim, há algum método, ainda a ser melhor avaliado, na objeção de Maya ao cientificismo romeriano, que poderia ser tratado como um capítulo a mais das derrapadas ideológicas da elite brasileira, em especial no circuito carioca, não estivesse tal cientificismo aliado ao nacionalismo ambivalente, oscilando entre condenação e ufanismo, presente na prosa de autores decisivos como Aluísio Azevedo e Euclides da Cunha. São clássicos da literatura brasileira que apresentam longos trechos que se tornaram quase intragáveis por se alinharem com a mitologia científica da época, que encontrava no inexpugnável Silvio Romero o paladino prolífico. O jovem Maya contesta esse cientificismo nacionalista, que também prega a inferioridade racial brasileira, e considera e repensa o famoso "Instinto de Nacionalidade", de Machado de Assis. O ensaísta gaúcho elabora um raciocínio em que valoriza a formação nacional, mas afirma que ela não deve mais praticar algum tipo de nativismo e sim procurar "universalizar a nacionalidade", tarefa em que Machado de Assis seria mestre. Enfim, em mais de um ponto alcança-se objetar ao livro de Sílvio Romero, *Machado de Assis* (1897), em que o grande ficcionista é acusado de ser pouco nacional e excessivamente estrangeirado.

Augusto Meyer (1902–1970), que muito deveu a Alcides Maya, registra a leitura ousada e contraintuitiva do já citado *Memorial de Aires*:

> Esta "interpretação econômica" do Memorial, reduzido a estudo balzaquiano de interesse em conflito, a "anedota pecuniária", mostra como procedem levianamente os críticos que na obra veem quase só o lado Philemon e Baucis, a áurea mediocridade do casal Aguiar. Ainda neste último livro, em que parece resserenado, o sarcasmo do humorista não se conformou de todo (Meyer, 2005, p. 77).

Maya, no testemunho de Augusto Meyer, é de uma autonomia intelectual espantosa que acaba rendendo um instigante e revelador estudo, cujos achados interpretativos ainda não perderam a atualidade. Mas se o ensaísmo de Maya alcança alto nível, sua literatura padece de uma verbosidade excessiva, que prejudicou a obra de um ficcionista com grande capacidade de definição de personagens e ambientes. O parecer de Flávio Loureiro Chaves é enfático, e, acredito, acertado: "No caso de Alcides Maya prevaleceu, como afirmei, uma contradição: bastante avançado e já moderno em suas posições críticas, faltou-lhe o fôlego para executá-las na sua obra de ficção, esta sim provinciana e regionalista em sentido restrito" (Chaves, 1979, p. xx).

Com Augusto Meyer a reflexão estética e a prosa crítica ganham um novo patamar: trata-se de um poeta e ensaísta de sensibilidade complexa, que na crítica literária demonstra erudição, capacidade reflexiva e notável discernimento. Dedicou-se com afinco aos temas regionais, vindo a escrever ensaios cruciais sobre Simões Lopes Neto e Alcides Maya, entre outros temas, mas manteve sempre o interesse pela tradição literária ocidental, capaz de ir de Camões a Rimbaud, revelando extenso conhecimento mediante prosa requintada e serena. Um dos ensaístas de literatura mais prestigiados do país, foi fundador e administrador do Instituto Nacional do Livro. Na condição de ensaísta, não se interessava em acompanhar a produção que lhe era contemporânea, dedicando-se a temas clássicos e consagrados, como notou Antonio Candido, que o admira muito. Sua obra crítica encarna aquela dinâmica enunciada por Carlos Dante de Moraes entre temas da terra gaúcha, folclore, etc., e apetite cosmopolita pela literatura em geral, sendo que, em Meyer, Machado de Assis foi assunto examinado durante a vida inteira. Tanto que seu livro de estreia na crítica é *Machado de Assis*, de 1935, reunião de ensaios em que, por exemplo, aproxima *Brás Cubas* de *O homem do subsolo*, de Dostoiévski, em um ousado raciocínio comparativo que se mantém provocando debate.

É ainda no ensaio de abertura do volume, "O homem subterrâneo", que Meyer aponta o quanto o capricho e a digressão são cruciais na forma literária de Machado, comentário que inspirará as já clássicas formulações de Roberto Schwarz sobre a volubilidade do narrador machadiano. O crítico marxista trata de registrar seu débito em *Um mestre na periferia do capitalismo*, depois de referir "De Machadinho a Brás Cubas":

> As observações e deduções de Meyer, neste e noutros estudos, são o ponto alto da crítica machadiana. Conservam poder de revelação notável, apesar do envelhecimento de seu quadro teórico, o que aliás ilustra a independência relativa entre conceituações adotadas e, de outro lado, a percepção literária e a capacidade de expressá-la. O presente trabalho deve muito às formulações de Meyer (Schwarz, 2000b, p. 31, nota 2).

Estamos aqui no âmbito do que de mais criativo, instigante e polêmico se escreveu sobre Machado de Assis, mas também do que mais revelador, instigante e polêmico se escreveu sobre cultura brasileira, inclusive para além do debate propriamente literário, se levarmos em conta a repercussão das análises e argumentos de Roberto Schwarz sobre cultura brasileira, dialética entre forma literária e processo social, etc.

Augusto Meyer vai render homenagem explícita a seu antecessor machadiano na linhagem que estamos apresentando, registrando o que Alcides Maya foi capaz de revelar em seu ensaio iluminador. Meyer incluiu o texto de avaliação de Maya no livro À sombra da estante, reunião de ensaios de 1947, posteriormente recolhido na edição ampliada (1958) daquele *Machado de Assis* de 1935. As primeiras linhas do ensaio fazem a síntese:

> O estudo de Alcides Maya marca o início de uma fase nova na biografia póstuma de Machado. Pela primeira vez encontrava o mestre um intérprete à altura do seu espírito, capaz de analisar-lhe a obra com igual paixão de análise, decidido a romper a crosta de opiniões feitas, para insuflar vida nova ao morto ilustre. Foi a partir desse estudo que Machado de Assis o complexo, Machado de Assis o sombrio e sutil começou verdadeiramente a crescer noutras direções, perdendo o cheiro a incenso e o ar acadêmico e oficial em que o haviam embalsamado. Podemos dizer que nasceu então o genuíno Machado, por volta de 1912, das oficinas de Jacinto Silva, de envolta com as melhores páginas sobre o humour que já se escreveram em nossa língua (Meyer, 2005, p. 61).

Fica claro o quanto os comentários de José Veríssimo, Araripe Júnior, Sílvio Romero e Alfredo Pujol teriam sido superados pelo livro de Alcides Maya, que marca profundamente o que virá a ser a análise do próprio Meyer.

Caberia especular aqui, talvez, a razão desse interesse tão intenso pela obra de Machado de Assis entre os ensaístas gaúchos, expresso em ensaios de relevância e prestígio. Talvez a posição periférica em relação ao centro da cultura brasileira, que então era o Rio de Janeiro, permita um distanciamento que deflagre a avaliação mais equilibrada e penetrante. Ou mesmo certa recusa do nacionalismo acrítico, que pode oscilar entre o ufanismo afetivo que reivindica a obra consagrada e a contestação que acusa a perspectiva irônica e pessimista de não ser brasileira e/ou de ser elitista.

Seja como for, um outro machadiano gaúcho publicara já em 1934: Vianna Moog (1906–1988), em *Heróis da decadência: Petrônio, Cervantes, Machado de Assis*, alinha os autores citados sob a perspectiva do *humour*, em um ensaio algo esquemático, mas repleto de achados interessantes. Assim como em Meyer, temos outro autor estreando com foco em Machado de Assis. Sem forçar a interpretação, basta ler a introdução para que já se revele o quanto Moog deve a Alcides Maya; em mais de um sentido, trata-se de ampliar o estudo do *humour* para a escala dos séculos, ou melhor, tentar uma interpretação em que o conceito de *humour* permita marcar fundas alterações históricas. Note-se, mais uma vez, a dimensão internacional do debate, que elide o campo nacional do problema: vai-se da Roma de Nero ao Brasil entre Império e República, passando pela Espanha entre os séculos XVI e XVII. Segundo o esquema de Moog, Petrônio representa a decadência do mundo antigo, Cervantes, a do mundo medieval, enquanto Machado de Assis revelaria a decadência do mundo moderno. O andamento um tanto vertiginoso e arbitrário do argumento tem a vantagem de alcançar a síntese, já sugerida no início do livro: "O humour às vezes é isso. Mas o que ele sempre revela e nunca deixa de ser é heroísmo nas fases de decadência" (Moog, 1939, p. 28).

O apetite cosmopolita de Vianna Moog rende ainda na década de 1930 outro livro ambicioso sobre literatura: *Eça de Queiroz e o século XIX* (1938). A obra de Vianna Moog ainda está por ser melhor avaliada, e o contraste entre seus estudos sobre Machado e Eça também está por ser feito; fiquemos aqui com o registro de certo método no procedimento do autor em pauta que trata de avaliar a literatura em língua portuguesa dos dois lados do Atlântico nas últimas quadras do século XIX e no início do XX. Se nos ensaios Vianna Moog abre voo cosmopolita, em seu romance *Um rio imita o Reno* (1939) temos um enredo sobre a experiência histórica imigrante alemã no Rio Grande do Sul, o que nos leva de volta àquela dinâmica entre regional e universal já mencionada. O leitor há de convir que a trinca Maya, Meyer e Moog parece uma brincadeira fonética, mas não é. Temos aí um trio provincial de autores machadianos em que os dois últimos deixaram registrado seu débito em relação ao primeiro, com Meyer e Moog iniciando uma vida intelectual intensa e longa, cuja repercussão nacional virá a ser de impacto significativo; não deixa de ser eloquente que ambos estreiem no ensaísmo tendo por tema Machado de Assis. Vale notar que Moog também cumpriu o discutível destino, assim como Maya e Meyer, de se tornar imortal ao ingressar na Academia Brasileira de Letras.

A obsessão pela figura de Machado de Assis e por Alcides Maya ressurge com força em outra figura dessa geração, que também estreia em livro com Machado de Assis. Moysés Vellinho (1902–1980), que construiu sólida carreira de crítico literário, ensaísta e historiador, lança em 1939 seu opúsculo *Machado de Assis: aspectos de sua vida e sua obra*, pela editora Globo. Também ele, como Moog, lida com as letras de língua portuguesa de cá e de lá do Atlântico mediante Machado e Eça: em 1945 lança *Eça de Queiroz e o espírito de rebeldia*, por editora portuguesa. Foi o editor da famosa revista *Província de São Pedro* (1945–1957, Editora Globo) e presidente da Orquestra Sinfônica de Porto Alegre, destacando-se no comentário da literatura sul-rio-grandense contemporânea, embora seu livro mais prestigiado seja obra de maturidade, o estudo histórico *Capitania d'el Rei* (1964). Voltando a Alcides Maya, Moysés Vellinho, sob o pseudônimo de Paulo Arinos, manteve polêmica sobre a obra ficcional de Maya com Rubens de Barcellos nas páginas do Correio do Povo ao longo de 1925. E no livro *Letras da Província*, primeira edição de 1944, publicou o ensaio "Alcides Maya: expressão literária e sentido sociológico de seu pensamento". Muito mais tarde, em 1960, recolherá seus ensaios voltados a Machado em *Machado de Assis: histórias mal contadas e outros assuntos*, no qual em prosa precisa estuda, entre outros temas, a argúcia psicológica e o alcance da crítica social do autor celebrado.

O ensaio de 1939, fique o registro, surge rebatizado com o excelente título de "Um brasileiro contra a paisagem", a revelar o quanto Machado, sendo brasileiro, ia muito além da paisagem brasileira entendida como cenário mais ou menos pitoresco. Indo aos dilemas mais agudos da vida nacional, o ficcionista deve ser analisado ao tratar de um tema como a escravidão. Vellinho extrai de "Pai contra mãe", um conto que então estava longe do prestígio que tem hoje, os extraordinários recursos de Machado de Assis, e prossegue analisando trechos devastadores de romances para aquilatar a potência crítica do escritor supostamente niilista e psicologizante. O desfecho revela o quanto Vellinho articula a prosa machadiana com mercantilização e expropriação:

> O nosso grande escritor não era absolutamente alheio à questão social. Foi sobretudo um artista, mestre surpreendente da arte de escrever, mas nem por isso deixava de folhear o seu Proudhon, como se vê em *Esaú e Jacó*. Quem falava com desimpedida ironia nas serenas funções do capitalismo, no sentimento e sensação de propriedade, no erotismo pecuniário, chegando mesmo a denunciar que dinheiro dói como coisa viva, sabia perfeitamente até que ponto o fator econômico concorre para o desentendimento entre os homens e para semear os ventos que, se fazem os mendigos tiritarem o seu sono num recanto de praia, ao mesmo tempo ameaçam os altos muros da cidade burguesa. Vimos que pelas frinchas de seu pensamento é às vezes possível captar ideias ou insinuações que parecem inspiradas em algum panfleto subversivo. Vez que outra, chega a surpreender-nos a aguda intuição com que, naqueles dias de bem-aventurado alheiamento, o mestre de *Quincas Borba* entrevia problemas cuja realidade só depois de várias gerações parece nos terem despertado a consciência (Vellinho, 1960, p. 65).

Dinheiro erotiza e dói em Machado de Assis, observa Vellinho, com a ironia das formulações agravando a crítica em vez de atenuá-las, o que não deixa de ser um procedimento subversivo. Já quase no fim do ensaio, o autor insiste: "A condenação de um mundo construído sobre equívocos e desigualdades reponta com insistência, através de cortantes insinuações, alegorias ou epigramas, ao longo de suas páginas da maturidade, emprestando-lhes um sentido de crítica social sobre o qual não se disse ainda a última palavra" (Vellinho, 1960, p. 65). O crítico equilibrado reconhece que o diagnóstico sobre o autor clássico é ainda precário — a última palavra não foi dita — e aguarda melhores desdobramentos, os quais em boa medida serão implementados por um ensaísta gaúcho da geração seguinte não menos interessado em história e literatura, embora muito distante do conservadorismo político de Moysés Vellinho: Raymundo Faoro (1925–2003).

Fica registrado, enfim, que os três maiores ensaístas sul-rio-grandenses anteriores a Raymundo Faoro deflagraram suas carreiras publicando livros sobre Machado de Assis. E, antes de partir para a geração seguinte, há que remeter a outros autores que se dedicaram a Machado de Assis nesses pagos. Guilhermino César (1908–2008) é um mineiro cuja carreira transcorreu profissional e intelectualmente no Rio Grande do Sul, e é dele a erudita *História da literatura do Rio Grande do Sul*, de 1956. Não chegou a publicar um volume sobre Machado de Assis, mas, tão erudito quanto Meyer, Moog e Vellinho, escreveu com alguma assiduidade sobre o tema. É possível conferir, entre outros, "Carmen e Capitu" e "O sempre novo", recolhidos em *Caderno de Sábado: páginas escolhidas*, seleção e organização de Maria do Carmo Campos. Na década de 1970, Alfredo Jacques publica um livro cujo título revela a disposição polêmica, *Machado de Assis: equívocos da crítica* (1974). Em verdade, trata-se de polêmica aberta com a crítica de Eugênio Gomes, autor de algumas obras sobre Machado, que Alfredo Jacques considera equivocadas, produzindo argumentação cerrada que condena enfaticamente, em particular, *O enigma de Capitu*. A pesquisa de fontes e as interpretações de Eugênio Gomes são contestadas mediante argumentos provindos da psicologia e de Nietzsche, resultando em uma discussão um tanto limitada mas interessante.

Vale notar que Celso Pedro Luft (1921-1995), renomado gramático, linguista e dicionarista, também singrou em águas machadianas, em ensaios como "A arte velada de Machado de Assis". A vasta cultura do professor Luft não se restringia ao campo do estudo técnico da língua portuguesa, como se vê.

Nascido em 1902, Carlos Dante de Moraes é o autor do diagnóstico já citado, em nota de encerramento do ensaio "Condições histórico-sociais da literatura rio-grandense", no qual demonstra acuidade e percepção histórica, além de registrar seu próprio texto sobre Machado de Assis. É dele o enunciado da regra que aponta a oscilação entre interesse localista a explorar temas do Rio Grande do Sul e disposição universalista que rende os estudos machadianos de relevância. Por fim, mesmo Érico Veríssimo, já romancista de renome, escreveu alguns comentários abrangentes e interessantes sobre o autor carioca em sua *Breve história da literatura brasileira*, escrita em inglês em sua primeira temporada norte-americana e publicada em 1945 (*Brazilian Literature: An Outline*. New York: MacMillan). O livro só recebeu edição em português em 1995, na tradução feita por Maria da Glória Bordini.

Raymundo Faoro (1925–2003), citado ali atrás a propósito da aguda observação de Moysés Vellinho, é o herdeiro e continuador mais ambicioso da linhagem machadiana gaúcha. Em 1973, o lançamento de *Machado de Assis: a pirâmide e o trapézio* virá trazer contribuição decisiva para que as histórias mal contadas do título de Vellinho recebam o esclarecimento cabível mediante a extraordinária capacidade de análise de Faoro. Aqui temos o ensaísta capaz de avaliar "um sentido de crítica social sobre o qual não se disse ainda a última palavra", nos termos de Vellinho, até porque se trata do autor de *Os donos do poder: formação do patronato político brasileiro*, de 1958, livro em que já ficava claro que Machado de Assis funcionava como uma espécie de guia intelectual para o exame sociológico e histórico do Brasil da segunda metade do século XIX. Para o Faoro de 1958 já era evidente a avassaladora quantidade e qualidade da informação acumulada na obra machadiana. Tanto é assim que, salvo engano, todas as referências a Machado de Assis já estavam na primeira edição de Faoro, inclusive a referência algo sibilina ao conto "Dona Benedita" que se encontra nas linhas finais do ensaio histórico, como que dando o arremate machadiano para a longa análise e interpretação dos meios, modos e desmandos dos donos do país:

> Em lugar da renovação, o abraço lusitano produziu uma *social enormity*, segundo a qual velhos quadros e instituições anacrônicas frustram o florescimento do mundo virgem. Deitou-se remendo de pano novo em vestido velho, vinho novo em odres velhos, sem que o vestido se rompesse nem o odre rebentassse. O fermento contido, a rasgadura evitada gerou uma civilização marcada pela veleidade, a fada que presidiu ao nascimento de certa personagem de Machado de Assis, claridade opaca, luz coada por um vidro fosco, figura vaga e transparente, trajada de névoas, toucada de reflexos, sem contornos, sombra que ambula entre as sombras, ser e não ser, ir e não ir, a indefinição das formas e da vontade criadora. Cobrindo-a, sobre o esqueleto de ar, a túnica rígida do passado inexaurível, pesado, sufocante (Faoro, 2001, p. 838).

Não deixa de ser irônico que o devastador diagnóstico de Faoro revele o quanto a herança portuguesa, tão cara a Moysés Vellinho, é em parte responsável pelo arbítrio e autoritarismo a grassar no Brasil. Para que se revelasse toda a força do "sentido de crítica social" machadiano, algumas premissas do elegante e erudito Vellinho teriam que ser criticadas. E note-se que *A pirâmide e o trapézio*, de 1973, encontra-se entre a primeira edição de *Os donos do poder*, de 1958, e a segunda, de 1974, revista e muito aumentada. Em *A pirâmide e o trapézio* é empreendida uma leitura completa, minuciosa, empirista da obra machadiana, que arma o ponto de vista do ensaísta disposto à longa incursão e à ampla interpretação histórica. Que as obras se completam, já está registrado no título, que remete a trechos decisivos de *Os donos do poder*, além de brincar com as epígrafes colhidas em *Memórias póstumas de Brás Cubas*, como notou Leopoldo Waizbort:

> Uma nota acerca do título do livro sobre *Machado de Assis: a pirâmide e o trapézio*. Uma das epígrafes do livro fala das pirâmides do Egito, algo que é imutável, mas muda; e outra do trapézio na cabeça de Brás, no qual se dependurou a ideia fixa, algo que não muda, mantém-se balançando. Ora, a chave está dada em *Os donos do poder*: as pirâmides do Egito são a sociedade, que espera por sua salvação; a ideia fixa dependurada no trapézio é o estamento, balançando sem cair nos seis séculos de história (Waizbort, 2007, p. 31, nota 56).

Há aqui também uma combinação significativa, com Machado de Assis no encerramento de *Os donos do poder*, e com trecho de *Os donos do poder* contribuindo para o título de *A pirâmide e o trapézio*. Combinados e desiguais, os dois livros encerram grande coerência que evidencia o tutano e a dimensão estrutural do pensamento de Faoro, em cuja obra Machado de Assis ocupa uma posição crucial.

Da mesma geração de Faoro e também participante do grupo da revista Quixote, Wilson Chagas publica, já em 1994, *A fortuna crítica de Machado de Assis*, passando em revista desde clássicos como Silvio Romero, Alcides Maya e Meyer até Helen Caldwell, cujo estudo *The Brazilian Othello of Machado de Assis* (1960) ainda não havia sido traduzido. Demonstrando domínio da bibliografia referente ao autor clássico, Wilson Chagas expõe com clareza e monta um painel acessível e revelador. Curiosamente não inclui no seu livro algumas obras de autores gaúchos lançadas pela coleção de que *A fortuna crítica* faz parte, tais como as de Flávio Loureiro Chaves e Donaldo Schüler. Trata-se da Coleção Machadiana, da editora Movimento, que desde a década de 1970 vem lançando títulos, entre os quais o já citado livro de Alfredo Jacques.

Depois desses machadianos históricos, digamos assim, temos a primeira geração universitária de Letras, que teve formação em cursos devidamente estruturados, intelectuais que ingressaram na universidade nas décadas de 1950 e 1960. Entre eles estão Donaldo Schüler, Flávio Loureiro Chaves, Regina Zilberman e Juracy Assmann Saraiva, com a nota crucial de que são professores universitários que lecionam cursos sobre Machado de Assis, através dos quais, além de informar seus alunos, formam novos pesquisadores, que virão a escrever mestrados e doutorados sobre o tema. Dentre os professores machadianos, Flávio Loureiro Chaves tem se destacado pela constância com que ministrou cursos, orientou dissertações e doutorados, para além dos vários ensaios escritos. O livro *O mundo social do Quincas Borba* (1974) comporta análise em que a sociologia da literatura de Lucien Goldmann é mobilizada para revelar o jogo social estruturado em que Rubião ascende e degringola. Em ensaios mais recentes reunidos em *História e literatura* (1988), retorna com grande consistência à análise de romances machadianos.

Donaldo Schüler publicou mais de um livro de análise e interpretação de romances do autor em causa; à erudição de especialista em literatura clássica, o professor Donaldo alia a infatigável atualização teórica. Em *A prosa fraturada* (1983) elabora uma ambiciosa avaliação do conjunto de romances de Machado de Assis em um raciocínio que combina o conceito de classe ociosa, nos termos propostos por Thorstein Veblen, e o estruturalismo de Lévi-Strauss.

Regina Zilberman reuniu seus ensaios sobre Machado de Assis em livro que une estética da recepção e análise literária detalhada para repassar várias narrativas, embora a ênfase recaia sobre a posição da personagem Brás Cubas enquanto uma espécie de herói fundador da cultura brasileira. *Brás Cubas autor, Machado de Assis leitor* (2012) apresenta ensaios que dão testemunho da criatividade e exigência da autora ao lidar com o escritor clássico ao longo de sua carreira universitária consistente e produtiva.

Em *O circuito das memórias em Machado de Assis* (1993), Juracy Assmann Saraiva elaborou a análise detalhada de *Memórias póstumas de Brás Cubas*, *Dom Casmurro* e *Memorial de Aires* mediante um arsenal que vai da teoria da narrativa a Philippe Lejeune, para definir os meandros das autobiografias ficcionais elaboradas por personagens narradores sofisticados e digressivos. A argumentação detalhista e articulada estabelece um quadro de relações muito consistente entre os romances.

O interesse em Machado por parte de professores e pesquisadores universitários permanece forte no Rio Grande do Sul. Em Eunice Piazza Gai, *Sob o signo da incerteza: o ceticismo em Montaigne, Cervantes e Machado de Assis* (1997), a amplitude do tema ecoa os autores analisados por Vianna Moog em seu livro. Já com *Machado de Assis: um escritor na capital dos trópicos* (1998), de Patrícia L. Flores da Cunha, o estudo comparativo entre Edgar Allan Poe e Machado examina o motivo do duplo levando em conta dimensões biográficas dos dois escritores. Ildo Carbonera escreverá um ensaio, *A emboscada machadiana* (originalmente dissertação de mestrado), em que não se usa bibliografia de apoio, apenas textos de Machado de Assis, com o autor apostando na leitura cerrada dos contos para elaborar uma teoria própria sobre a obra machadiana.

É de Luís Augusto Fischer um conjunto de ensaios sobre Machado de Assis, *Machado e Borges: e outros ensaios sobre Machado de Assis* (2008), cujo título dá notícia da criatividade e abrangência de interesses ali presentes. O autor, mediante a prosa de escritor e ensaísta que já é sua marca, reelabora com extraordinária autonomia intelectual a tradição de análise de Antonio Candido e Roberto Schwarz para estabelecer um conjunto variado de contrastes que vão de Borges a Edgar Allan Poe, com Machado de Assis operando como centro articulador.

Conforme fartos indícios encontráveis em variados críticos, examinar os trejeitos do narrador machadiano tornou-se um procedimento generalizado, o que pode ser saudado como o estabelecimento de um problema que renova o campo de estudos. Em *Machado de Assis, uma apresentação* (2013), João Hernesto Weber vai muito além de um panorama da obra que inclui conto, poesia, etc., para repassar os romances sob uma perspectiva materialista em que os procedimentos do narrador machadiano estão sempre na mira. Escrito em prosa clara e articulada, o estudo traz um capítulo particularmente acurado sobre a novela *Casa velha*, não publicada em livro por Machado de Assis.

Com criatividade interpretativa de ensaísta e consistente método psicanalítico, Lúcia Serrano Pereira revela elementos da forma do conto que definem esquemas e processos que são recorrentes na obra. A autora já se dedicara a *Dom Casmurro* em livro anterior, *Um narrador incerto: entre o estranho e o familiar* (2004). Nesse livro dedicado aos contos machadianos, longe de tentar explicar o autor Machado de Assis mediante a psicanálise da obra, O conto machadiano: uma experiência de vertigem: ficção e psicanálise (2008) expõe como a psicanálise pode melhor revelar a obra ao atinar com marcas estruturais que passaram despercebidas.

Finalmente, o autor das presentes linhas pede licença para registrar que também ele publicou um volume de ensaios cujo centro é Machado de Assis, *Machado de Assis e arredores: Quincas Borba, Moby Dick e outras ideias fixas* (2011), em que a feição do narrador do romance machadiano é estudada, tentando levar adiante o debate estabelecido por Roberto Schwarz. O esforço inclui o contraste com *Moby Dick*, o clássico romance de Herman Melville.

Por tudo o que aqui foi enunciado, fica claro que o conjunto da produção machadiana entre os gaúchos é consistente e extraordinário, e ainda não foi sequer estudado em suas conexões e no seu impacto. Nem mesmo a força dos ensaístas mais antigos — Maya, Meyer, Moog e Moisés Vellinho — foi devidamente avaliada e resgatada, mas sem dúvida há uma notável continuidade de interesses e procedimentos já consolidada que ainda pode produzir muito debate e esclarecimento.

De longe e de perto: alinhamento continental para ler inclusive os detalhes de Machado de Assis e de Borges

Apresentar esse livro não é coisa fácil. *Machado e Borges: e outros ensaios sobre Machado de Assis* é um conjunto de ensaios combinado e provocativo em cujo miolo está a obra de Machado de Assis, tudo bem. Mas Luís Augusto Fischer, meu querido amigo e colega, tratou de alinhar Machado e Borges no ensaio mais longo e ambicioso do volume, alinhamento que não tem nada de inocente ou arbitrário. É materialista, esteticamente informado e sistêmico, isto é, define a famosa dupla na condição de ambiciosos escritores na periferia da cultura ocidental. Dois autores que dialogam com as respectivas tradições locais/nacionais a partir da leitura crítica e altamente seletiva da tradição letrada cosmopolita; dois escritores que releem seus antecessores e contemporâneos periféricos mediante uma lente criativa e criteriosa que, por sua vez, também filtrou a luz que vem do centro cosmopolita da cultura ocidental. E, como se não bastasse, o ensaio seguinte enfia no mesmo raciocínio o exemplo de maestria norte-americano, Edgar Allan Poe. Como assim? *Just like that?*

A dupla virou trio e esta é só a parte mais óbvia da surpresa. A dupla Machado e Borges, dois ironistas consumados, é definida como anti ou pós-realista, no sentido de renegar o detalhismo do real-naturalismo, mas também como antivanguarda primitivista, isto é, como antimodernista no sentido brasileiro-macunaímico-antropofágico do termo. Daí decorrendo uma definição da melhor literatura disponível no pedaço sul da América como moderna, irônica e complexa, em oposição mais ou menos evidente ao perfil fundamentalista que busca o dado fundador e positivo (e sério) do caráter brasileiro e/ou argentino. Do perfil traçado por Fischer, portanto, redefine-se o combate de Machado e Borges às pretensões identitárias, sejam elas românticas, realistas ou vanguardistas. Vamos combinar, é uma virada e tanto. O que era ironia mais ou menos cosmopolita dos dois autores torna-se questionamento das boas intenções que pregam o desvendamento do país, a denúncia direta da calamidade social, a valorização do nacional, etc., sem com isso perder a garra crítica e exigente — muito pelo contrário, antes compondo uma crítica mais interessante e rigorosa, sem condescendência às ilusões nacionais e cosmopolitas.

Tudo bem, Machado e Borges já foram percebidos como irônicos e questionadores e radicais, mas a aproximação feita aqui redefine o perfil de ambos por contraste mediante uma quantidade de informação notável. E o ensaio seguinte, que inclui Poe na equação, surge como um golpe de misericórdia na descrença de quem considerar o argumento inadequado e/ou arbitrário. Mas um golpe desses não vem sem um preparo longo e original. Depois de mais de cinquenta páginas de Machado e Borges relidos e redefinidos por Fischer, o leitor já terá percebido que o que estou resumindo aqui de forma precária e acelerada é exposição desenvolvida em prosa compassada e equilibrada, ela mesma um feito estético a ser levado em conta.

Fischer une a paciência e o treino do escritor com a disposição raciocinante, e aí a leitura flui e informa, vai formando o quadro sem forçar o ritmo. Então o volume de informação, que é assombroso, é incorporado pelo leitor sem estardalhaço. Vai que estou exagerando, na qualidade de dublê de amigo e comentarista do autor. Pode ser, mas continuo achando que a prosa argumentativa destes ensaios é um peculiar feito estético. O leitor confira e avalie.

No plano mais evidente da exposição, na disposição de contraste e comparação entre Jorge Luis Borges, Machado de Assis e Edgar Allan Poe, o empreendimento ganha originalidade, também, por mobilizar com destreza a tradição materialista de estudo da relação entre forma literária e processo social. Principalmente, vale-se aqui de muito Antonio Candido e Roberto Schwarz para empreender a tarefa, o que implica um recorte específico do debate estético e histórico para enquadrar os autores. Resumindo mal, Fischer pressupõe a versão dialética de Machado empreendida por Schwarz e monta sua análise histórica e estética a partir das formulações de Candido sobre a formação da literatura brasileira.

Machado, Borges e Poe comparados. Sim, literatura comparada seria um nome adequado para o empreendimento, desde que se leve em conta que se trata de comparação historicamente informada, em que a ênfase recai forte sobre a tensão entre centro e periferia, devidamente repassada pelo lance estético armado no interior das obras dos autores em questão. Posso estar enganado, mas acho que sairá decepcionado quem buscar aqui a perfumaria cosmopolita e beletrista que, em inúmeros arraiais, passa por literatura comparada. Decepcionado, mas muito mais esclarecido, se o leitor em causa se deixar levar pela prosa agradável do livro.

Certo, Fischer, para além de ser um ensaísta (e professor) engajado na tarefa de escrever bem e claro, é um historiador que já demonstrou sua capacidade extraordinária de organizar informação em livros sobre literatura brasileira e literatura sul-rio-grandense. Aqui em *Machado e Borges* temos renovada evidência dessa capacidade de armazenar dados e organizá-los para esclarecimento do próximo e dele mesmo, Fischer. Por que não? O segundo ensaio do livro, aquele sobre Poe, tem algo de sacada altamente informada que só a disposição aventureira do ensaísta híbrido de historiador detalhista pode alcançar. É visível o regozijo e a vibração do ensaísta que acaba o texto mais informado do que começou. Uma audácia argumentativa que desconcerta e provoca. Na definição formativa de Poe, na súmula esclarecedora da literatura estadunidense de meados do século XIX, no debate sobre a apropriação europeia de Poe, para ficar no óbvio, moram desafios instigantes aos especialistas de literatura em língua inglesa. Há acerto em toda linha? Os argumentos saem distorcidos pela visada brasileira/gaúcha? Sem falar no perfil de autores como Whitman, Hawthorne, Melville, Thoreau, etc., que também ganham outra nitidez a partir do foco em Poe explorado por Fischer.

Os ensaios dedicados especificamente à obra de Machado de Assis mereceriam comentário especial, que não vou fazer. Mas quero registrar alguns dados que impressionam. Em primeiro plano, o equilíbrio do detalhismo da análise e a discussão das hipóteses críticas de variados comentaristas. A informação, que é muita, é passada sem pedantismo, em prosa influenciada pelo próprio Machado (mas também por Nelson Rodrigues e Paulo Francis, numa mistura provocativa e bem autoral). O andamento argumentativo flui, típico de quem recorta o objeto, pesa, avalia o que fica dentro ou fora, e segue em frente. Para quem acompanha a carreira de Fischer, acho inescapável a sensação de maturidade do ensaísta e crítico.

Veja-se o ensaio "Quincas Borba: 'Sou livre, devo tudo ao Doutor'". Ao analisar a narrativa, nosso autor, depois de reconstituir personagens, revelar andamento temporal, etc., incide sobre o drible efetuado pelo narrador machadiano no meio do romance, o desfecho de uma autêntica arapuca que engaiolou as expectativas do leitor em torno do trio Rubião, Sofia e Carlos Maria. A ênfase de Fischer — e estamos falando de um romance ainda mal-estudado de Machado — ilumina o perfil do narrador e permite o contraste, por exemplo, com a perfídia e a malícia encerrada na narrativa de *Dom Casmurro*. Bem, então o narrador em terceira pessoa de *Quincas Borba* está mais próximo do que nos parecia da matreira primeira pessoa de Bento Santiago. Alguém já tinha notado tal coisa? Para mim é novidade, um ganho de conhecimento no debate machadiano.

Em matéria de autonomia mental e disposição crítica, no entanto, acho que a maior surpresa fica por conta de "A invenção de distâncias: traços estruturais dos contos de Machado de Assis". Nesse ensaio, para além de um exame ambicioso da técnica narrativa dos contos de Machado, ocorre a avaliação e retomada dos argumentos do ensaísta português Abel Barros Baptista, que demonstra ser um leitor mais pertinente de contos machadianos do que, por exemplo, Alfredo Bosi. O leitor confira lá se não é surpreendente o tratamento a que Fischer submete os argumentos desconstrucionistas de Abel Baptista, retirando deles a retórica obscurantista da moda e valorizando a inteligência e a pertinácia do comentarista português. Sem se deixar levar pelas fórmulas feitas que afirmam que pós-estruturalismo fica de um lado e dialética e história ficam de outro, nosso ensaísta dialoga sem ira ou rancor com a análise empreendida por Abel e quem sai ganhando é o conto machadiano e nós, leitores interessados. E Fischer se vale da disposição abstrata de Abel Baptista para alcançar nada mais nada menos que uma explicação estrutural dos contos de Machado.

Talvez uma forma razoável de encarar os dois ensaios iniciais, de mais largo fôlego comparativo, seja concebê-los como um esforço de pensar a singularidade de narradores sofisticados que calham de acontecer na periferia subordinada do processo civilizatório. Como Machado e Borges eliminaram os equívocos mais evidentes de sua circunstância intelectual para buscarem seu diálogo soberano com a tradição? Uma parte da resposta depende do talento individual de quem busca o diálogo, o que fica anotado por Fischer. Mas a tradição letrada, se o problema for assim enunciado, fica disponível para o assédio sem intermediação, bastando a disposição e o talento para que se vençam as distâncias. Essa concepção ideal e estática do cânone comparece, mais ou menos evidente, em T. S. Eliot e Harold Bloom, para ficar na seção anglo-saxã do problema.

Em Fischer, claro, o cânone está em transe, a tensão entre centro e periferia fica sempre na mira para identificar a posição dos autores relevantes. Nosso ensaísta alega que sem autocrítica — que passa pela consciência da posição periférica ao examinar a tradição local mais ou menos débil — a posição específica e peculiar de Borges e Machado se perderia. O sistema estético/ideológico local e nacional deve ser levado em conta, mas para ser superado pela capacidade autoral e criativa de articular periferia e centro civilizatório mediante a melhor tradição mental e estética disponível, de preferência com humor e sarcasmo.

Para além de uma perspectiva que remete à tradição ocidental disponível, Fischer tratou de reelaborar a leitura distanciada, pregada de longe por Franco Moretti no ensaio "Conjeturas sobre a literatura mundial" ou no livro mais recente, *A literatura vista de longe*. O *distant reading* nesses ensaios é método repassado pelo cuidado da leitura de perto, no que se define um caso complexo de assimilação das propostas de Moretti.

No ensaio supracitado, Moretti enquadrou uma série de pesquisas sobre romances e narradores em escala planetária para definir a alteração sofrida pela estrutura da narrativa de matriz europeia. O raciocínio morettiano depende do acúmulo de material sobre as refrações e alterações sofridas pela forma romance para se aclimatar nos mais variados territórios do globo. Não por acaso Roberto Schwarz é citado em momentos chaves do ensaio de Moretti; o polêmico e brilhante explicador de Machado de Assis enuncia com fórmulas precisas a dialética entre centro e periferia no sistema mundial. Fischer se permite enquadrar Machado, Borges e Poe mediante esse recurso do método, um esquema mais ou menos abstrato que, até certo ponto, prescinde das dinâmicas formativas nacionais, ou melhor, que as pressupõe sem precisar enunciá-las. Sem forçar muito o debate, Fischer parte da premissa de que Machado, Borges e Poe são de fato formativos e estão dando um salto em relação às respectivas (e relativamente débeis) tradições para montarem suas obras e, digamos, seu ponto de vista. O olhar de longe, que enxerga a linha imaginária que une autores distantes e díspares, nos dá uma sensação pateta de não ter percebido o óbvio.

Tudo bem, Poe é o elo evidente entre Machado de Assis e Borges, estes últimos leram o torturado americano e devem ter aprendido não pouca coisa do intelectualismo, distanciamento e disposição fantasmagórica de Poe. Mas ler e assimilar Poe é obrigação de qualquer candidato à bênção das musas desde que Baudelaire o traduziu e incensou, pelo menos no mundo das línguas românicas. Outra coisa é evidenciar, para além da assimilação de Poe, esse vínculo orgânico que identifica procedimentos literários e enquadra historicamente o trio talentoso e criativo.

Com Poe, Machado e Borges, temos uma liga antirrealista que dá o que pensar. Fischer enfatiza o temperamento clássico de Machado e Borges ao abordar os procedimentos e temas dos dois autores. Na sequência, a argumentação trata desse temperamento classicista que deriva em objeção contra o romance e contra o decalque realista. E os ensaios e comentários de um e outro são explícitos: Borges pouco se interessa por romances, Machado desceu a lenha em Eça de Queirós. Lendo os cruzamentos, aproximações e relativizações das trajetórias da dupla cosmopolita e irônica, anotei a questão sobre realismo e romance. Afinal, o romance tipicamente trata da experiência de centralização burguesa, que passa pela cidade, pelo burgo, mas que tem no horizonte um mercado, nacional ou internacional. A distância do romance realista parece render liberdade de espírito e disposição cínica ou irônica (complexa, moderna, nacional, negativa?) para além do empenho formativo de contribuir positivamente para a construção ou para crítica do país a que se pertence.

Por outro lado, os romances brasileiros assim chamados realistas têm forte tendência empenhada. Consideremos um exemplo um pouco extravagante, *O Ateneu*, de Raul Pompeia. Mesmo a narrativa entre intimista e grandiloquente do livro tem uma disposição alegórica evidente de combate à ordem oligárquica/monárquica devidamente encarnada em Aristarco, diretor da escola que recebe alunos de todo o país. Sem falar nas cenas do final do romance, quando ocorre um incêndio provocado por aquele aluno chamado Américo, o que já é abusar um bocado da bandeira nativista. Enfim, a lente nacional deforma fortemente a perspectiva de quem busca a expressão totalizante, sem a qual não opera a perspectiva do romance realista ambicioso. No caso dos contemporâneos de Machado (de Alencar a Pompeia, de Aluísio Azevedo a Lima Barreto) a totalidade parece passar com ênfase pelos dilemas da nação, ao largo ou além dos cortes de classe.

Machado evita a armadilha ao inventar, entre outros procedimentos, um narrador romanesco em primeira pessoa que tem posição de classe específica e um ponto de vista generalizante/sedutor/irônico que impede a acusação direta dos dilemas brasileiros. Em Machado, quanto mais carioca, chique e elitista, melhor o narrador de romance (nos contos o procedimento varia um bocado). A bronca antirrealista de Machado e Borges passaria por um ajuste de contas com o localismo e nacionalismo estreitos que viravam pitoresco e alegórico no Brasil. Se no caso brasileiro temos o pitoresco de Alencar entre outros românticos, na Argentina havia o lado mais desfrutável de boa parte da gauchesca. Machado e Borges partem para a reavaliação radical da tradição local, sendo que Borges, notou com agudeza Fischer, vai se permitir inúmeras palestras sobre a tradição gauchesca depois que encontra sua peculiar voz narrativa entre fábula e ensaio.

O dado é que, ao saudar tal linha antirrealista, é possível que Fischer esteja enunciando um problema subterrâneo que passa, entre outros roteiros, pela fuga de Henry James para a Europa, de onde seria possível investigar seus conterrâneos americanos com o distanciamento épico necessário. Nas paragens cruas da beirada selvagem do processo civilizatório o dado local ou nacional impede a visada de conjunto que incorpore os personagens a uma perspectiva mais ou menos serena, no discurso indireto livre, aquele procedimento narrativo que Franco Moretti saúda em "O século sério" como a grande conquista literária do período. Discurso indireto livre esse que permite aos realistas de Jane Austen a Balzac, de Tolstoi a Flaubert, a construção de um narrador em terceira pessoa razoavelmente sereno, capaz de distanciamento que elide a avaliação moral ou patriótica.

Nos romances do Novo Mundo o autor está sendo impelido a criticar ou a ajudar seu país ao mesmo tempo em que faz literatura, daí que mesmo os naturalistas de maior cientificismo partam para o comentário mais ou menos judicioso ou satírico sobre a situação em pauta. Os narradores daqui não têm o padrão burguês de distanciamento e análise para se medirem, padrão que atravessa qualquer debate público no centro capitalista anglo-francês. Sem a dignidade e respeitabilidade burguesa para ser criticada, avaliada, traída, etc., nossos romancistas e narradores apelariam para a consciência mais ou menos engajada ou cínica que afirma a peculiaridade nacional. Em outras palavras, seja nos chamados romances românticos ou nos realistas, teríamos a disposição empenhada de contribuir para o país enquanto se faz literatura. E estamos aqui novamente diante de uma das teses cruciais de Antonio Candido em seu clássico *Formação da literatura brasileira*. Para superar tal quadro, Machado e Borges seriam formativos justamente ao driblar o impasse realista enquadrado pelo debate sobre a peculiaridade e a precariedade nacional. Os experimentos narrativos e ensaísticos da dupla reunida por Fischer passariam por aí.

Para demonstrar os procedimentos dos escritores e melhor definir a comparação, Fischer trata de abrir os capítulos 13 e 14 dentro do ensaio. Ali se analisa um efeito esquisito que é batizado de *vertigem,* a qual se apresenta em momentos críticos de "A chinela turca", conto de Machado, e em "El Sur", de Borges. A seguir, Fischer compara "O delírio", célebre capítulo de *Memórias póstumas de Brás Cubas,* e "O Aleph", o conto que dá título ao livro de Borges. Ora, estamos aqui para além do meio do ensaio, e trata-se de aproximar e contrastar os procedimentos dos dois narradores, isto é, Fischer demonstra que há analogias internas, estruturais entre Borges e Machado. Leitura de perto, portanto. E aqui os achados de Fischer estão concentrados, acho eu, nos procedimentos de vertigem narrativa e na abordagem dos temas estranhos ao realismo, quando a dupla carioca-portenha aborda temas antirrealistas ou alegóricos e totalizantes. Mais uma vez, Fischer aproxima os dois pelos efeitos alcançados contra o realismo mais convencional, que recusaria tais temas, sendo que em "O Aleph" as pretensões do realismo em larga escala são satirizadas abertamente nas pretensões do poema de Carlos Argentino Daneri. Os dois narradores se encontram na negação da referencialidade e na busca de um paradigma para além dos padrões realistas típicos: discurso indireto livre de narrador distanciado, detalhismo cotidiano, descritivismo local, etc.

Outro dado surpreendente do raciocínio de Fischer é a definição do perfil antifundamentalista de Machado e Borges. Ambos são caracterizados como contestadores do nacionalismo localista, adeptos de uma espécie de antifundamentalismo identitário. Para não dizer que os dois questionam de forma consistente, em mais de um ensaio, a noção de identidade como se configurou no nacionalismo ou nas pretensões de uma unidade latino-americana. A junção operada por Fischer vai contra as pretensões do realismo fantástico latino-americano que, pelo menos na versão da esquerda pós-colonial, forjaria uma unidade continental mediante a busca de culturas autóctones, uma versão latino-americana da demanda pelo nacional popular. Assim, os negros caribenhos e sua cultura de resistência se uniriam ao Jorge Amado dos orixás baianos mais a resistência colombiana das proezas sobrenaturais de Garcia Márquez, combinados com os mitos do peruano Scorza para forjar a unidade latino-americana popular, etc.

Borges e Machado, na operação de Fischer, são produtos urbanos, críticos e céticos que se opõem quase em bloco a essa fantasia de revolução unitária de todos os povos oprimidos das Américas. Fischer estaria, assim, inserindo sua colher social-democrata em um debate mal resolvido sobre as fantasias da esquerda terceiro-mundista. Talvez eu esteja forçando a barra de um raciocínio de que o autor tratou de forma breve ao referir a proximidade cepalina entre argentinos e brasileiros. Mas acho que vale a pena especular se a perspectiva que reúne Machado e Borges não se alinha ela mesma com a disposição cepalina de superação do atraso latino-americano. Um ponto de vista que se recusa a cultivar a chamada unidade latino-americana ou a levar fé em tradições agrárias autóctones. Se for assim, a liga europeizante e irônica de Machado e Borges é soldada por uma disposição próxima da tradição de pensamento de Celso Furtado ou Fernando Henrique Cardoso ao pensar um futuro moderno, urbano cabível ou irremediável ou precário, por aí. O humor e a ironia das obras de Machado e Borges levariam à relativização das promessas de modernização sem desacreditar tais promessas? E/ou a dupla carioca-portenha, no seu ceticismo elegante e irônico, faz a crítica ferina das promessas democráticas e civilizatórias que dependeriam da boa vontade das elites?

Outro alinhamento surpreendente empreendido por Fischer aqui passa pela polêmica sobre vanguarda, modernismo e arredores. Encaminhando o final do ensaio, ao referir os comentários de Borges sobre primitivismo e nacionalismo, Fischer trata de criticar a modernolatria nacionalista paulista que pretende discutir os dados nacionais e populares mediante Macunaíma ou Antropofagia (mas o Oswald das ironias do romance *Memórias sentimentais de João Miramar* seria de outra estirpe?). O primitivismo é recusado explicitamente por Borges, que o relaciona às pretensões ao sério e elevado dos existencialistas; para Borges, o ironista, tais pretensões seriam uma forma de reconforto patético, uma forma de regozijo pelo "autêntico". Uma aproximação irônica borgeana desconcertante: como assim aproximar Sartre e primitivistas gauchescos? E no alinhamento fischeriano aproximam-se o fim de linha filosófico existencial de Sartre (que de fato se reivindica herdeiro do fundamentalismo, passe a palavra, filosófico, autêntico, de Heidegger) e as promessas da cultura brasileira de Mário de Andrade.

A premissa materialista aqui, se não me engano, é que Sartre e Mário são, com todas as suas diferenças, respostas ao colapso burguês e liberal configurado já na Primeira Grande Guerra, autores engajados em seus respectivos contextos, sempre dispostos ao combate das convenções estabelecidas. Um combate que exigiu deles um preço estético a ser pago. No plano da crítica literária, não seria acaso a mistura de incompreensão e fascínio com que Sartre trata Baudelaire. A relação entre o crítico Mário de Andrade e a obra de Machado de Assis é muito parecida.

Enfim, trata-se de enfocar o lado antifundamentalista de Borges, que em termos brasileiros equivale a um perfil antiprimitivista. O tal temperamento clássico de Machado e Borges revelaria as possibilidades de uma superação da formação, ou de amadurecimento da formação, para além da disposição nacionalista, ou pelo menos em contraste com a vertente enfática e malemolente do nacionalismo. Talvez só alguém na periferia da periferia para reivindicar essa posição, o ensaísta mais dedicado a discernir os dilemas da cultura sul-rio-grandense, cultura essa que pleiteia uma posição na cena nacional mediante argumentos que oscilam entre o ressentimento, a lucidez e a euforia. Foi de Fischer que ouvi a piada: sim, o melhor ensaísta sul-rio-grandense é Borges.

Aqui fica também ressaltada a coerência do ensaísta Fischer, que, a partir das críticas já antigas às pretensões hegemônicas do modernismo paulista, estabelece que a literatura moderna exigente passa ao largo da militância vanguardista e nacionalista para se manifestar nos temperamentos clássicos de Machado e Borges. O contraste dos autores, em Fischer, rende o enunciado do processo de modernização da literatura que vai além do nacional e permite, na dupla em pauta, mediante ironia, distanciamento e algum pessimismo, elaborar obras complexas associadas a um raciocínio exigente a revelar os dilemas da relação centro e periferia. Nesse sentido, para Fischer estamos em um momento de debate da cultura brasileira para além do recorte nacional.

Sendo assim, Fischer movimenta sua argumentação pelo ângulo da formação, mas em confronto explícito com modernismo, primitivismo e mesmo nacionalismo. A formação levaria em conta a tradição local, mas não no sentido nacionalista, diz Fischer. A tradição local pode ser regional ou mesmo de núcleo urbano e nem por isso perder sua consistência. Borges seria um exemplo cabal disso, com sua experiência e literatura mais concentradas em Buenos Aires do que no conjunto do país. E no caso de Poe, quando os Estados Unidos ainda eram um amontoado federativo, coisa parecida parecia acontecer. De resto, a federação que os americanos do Norte tiveram que unificar mediante uma sangrenta guerra civil.

A polêmica sobre história da literatura e modernismo atinge a formulação superior do problema, do que deriva a visada continental, isto é, internacionalista, que, por sua vez, expõe a relação combinada e desigual dentro do sistema. O ponto de vista gaúcho, periferia da periferia brasileira, rende resultados provocativos ao requalificar o debate sobre nacional e moderno, ao alinhar Machado e Borges de forma dialética e internacionalista — ao juntar e esclarecer o que se encontrava disperso e mal enunciado.

Moby Dick e seu narrador: algum contraste com Memórias póstumas de Brás Cubas e outros tópicos

Para Ian Alexander, que propôs o debate.

De baleias e Cubas: algum contraste

É possível comparar *Moby Dick* (1851), de Herman Melville, e *Memórias* póstumas de Brás Cubas (1881), de Machado de Assis? Qual seria a vantagem de avaliar o clássico norte-americano, de forte eco protestante, em contraste com a ironia e digressão machadianos? A hipótese aqui é de que há uma relação entre a história narrada por Ishmael, marujo letrado americano, e a obra-prima narrada por Brás Cubas, o sofisticado narrador da elite liberal-escravista brasileira; ou melhor, haveria interesse em aproximar o que provavelmente é uma obra-prima irremediável do Novo Mundo anglo-saxão no século XIX e o primeiro grande romance da América Portuguesa, ou melhor, o primeiro grande romance do Novo Mundo latino, a não ser que se desencave outro romance comparável na América Latina do século XIX.

A proposta de contraste entre os dois romances, vale lembrar, partiu de Ian Alexander, que então escrevia seu doutorado sob orientação de Luís Augusto Fischer. Ian, um australiano de extraordinário tino comparatista, lançou o desafio a Fischer, a Antonio Sanseverino e a mim, todos professores de Literatura Brasileira do Instituto de Letras da universidade, quando estávamos nos preparando para mais um seminário no PPG-Letras da UFRGS. O desafio virou proposta de debate que incluía, entre outros tópicos, o realismo segundo Erich Auerbach, ensaios de Antonio Candido sobre narrativa e, se não me engano, alguns capítulos de *Ao vencedor as batatas*, de Roberto Schwarz. Hoje o doutorado de Ian Alexander está concluído e publicado:[4] espero que este ensaio consiga reproduzir pelo menos uma parte da vivacidade e interesse das sessões de debate que contaram também com a participação de alunos muito aguerridos. Guiando a conversa daquele semestre tínhamos também os ensaios já publicados por Luís Augusto Fischer em seu livro *Machado e Borges e outros ensaios sobre Machado de Assis*, publicado pela Arquipélago Editorial em 2008; a fluência, segurança e criatividade da argumentação desse livro fizeram uma enorme diferença naquele momento, e essa tentativa de comparação entre Melville e Machado de Assis sem dúvida deve muito aos ensaios escritos por Fischer.

Fica aqui o registro de quanto o trabalho intelectual beneficia-se do esforço coletivo de reflexão. Que o Programa de Pós-graduação em Letras da UFRGS abrigue propostas de debate razoavelmente heterodoxas e interessantes é um testemunho da vitalidade da instituição, à qual agradeço o apoio recebido.

Para além da relação possível, mas pouco evidente, entre os dois romances, postula-se aqui uma hipótese mais arriscada e esquisita: *Moby Dick* sintetizaria a experiência anglo-americana, individualista e capitalista em contraste com *Brás Cubas*, também individualista mas malemolente, fruto da experiência social hierarquizada e escravista brasileira.

---

4. Intitulado *Formação nacional e cânone ocidental: literatura e tradição no Novo Mundo*. Na banca estavam Daniel Puglia, João Hernesto Weber, Luís Augusto Fischer (orientador) e eu. O livro é digital: https://www.bvirtual.com.br/NossoAcervo/Publicacao/52860.

Ishmael, o narrador de *Moby Dick*, literalmente embarca em um negócio em que mais — ou menos — do que receber salário, receberá como cotista/acionista no empreendimento da caça à baleia; é um homem livre que vai para o Pequod para, nas suas próprias palavras, fugir ao tédio, à melancolia e à irritação, que o assaltam na cidade grande, Nova Iorque. O narrador usa a expressão cidade dos Manhatoes ao referir-se a Nova Iorque, que, vale lembrar, compõe com Buenos Aires e Rio de Janeiro a trinca dos maiores portos do continente americano. Cabe destacar que, no livro já citado, Luís Augusto Fischer comparou Machado e Borges, Rio de Janeiro e Buenos Aires; estaríamos aqui, com Melville, explorando a ponta anglo-saxã da experiência periférica.

Nos dois romances há procedimentos semelhantes cujos resultados, todavia, parecem opostos. Os dois romances ganharam fama de metafísicos ou filosofantes, dado que seus narradores são falastrões digressivos e irônicos. Estamos muito longe da narração em terceira pessoa do romance realista, com seus narradores distanciados, muitas vezes escondendo sua perspectiva atrás do discurso indireto livre: tanto Ishmael como Brás Cubas são digressivos e reflexivos, como a indicar a instabilidade do ponto de vista que está tentando desvendar o Novo Mundo para a consciência de quem pensa com categorias europeias (inclusive o próprio escritor), embora mapeie, quase literalmente, territórios desconhecidos.

Nos termos de Roberto Schwarz, são livros de escritores que estão incorporando empiria na periferia do sistema capitalista. Melville (1819–1891) enuncia os procedimentos de uma empresa capitalista, um barco cujo rendimento é dividido de forma desigual entre acionistas de Nantucket, capitão, imediatos, tripulação e marujos. A tarefa do Pequod é razoavelmente sofisticada em termos técnicos, mas consiste em explorar os limites marítimos do mundo em esforço extrativista brutal e direto. Nosso Brás tem seu ócio garantido pela empresa escravista pressuposta mas não diretamente enunciada: Machado de Assis (1839–1908) nos dá a trajetória do narrador protagonista, trajetória em sua maior parte concentrada no Rio de Janeiro, a maior cidade escravista do Novo Mundo, talvez mesmo a metrópole escravista síntese da experiência brasileira no século XIX. A viagem marítima do jovem Cubas para Europa, rumo a Coimbra, mais parece um passeio em alto-mar.

Note-se que *Moby Dick* ganhou fama e glória no século XX menos pelo ponto de vista narrativo e mais pelo enredo, a começar pelo duelo entre o capitão Ahab e a baleia, enquanto a tarefa aqui é centrar o foco no narrador Ishmael, cujos comentários enquadram e avaliam a viagem. Em uma narrativa marcada por figuras salientes como o citado Ahab, os imediatos Stubb e Starbuck e os ferozes e pitorescos arpoadores Queequeg e Tashtego, prestar atenção à retórica do jovem marinheiro intelectualizado e subordinado redimensiona, acho eu, o clássico de pendor infanto-juvenil. Sem as digressões que interrompem a fluência da aventura em alto-mar, *Moby Dick* foi adaptado para o gosto médio e virou um romance de aventuras, uma novela de baleiaria equivalente às novelas de cavalaria em que o código cavalheiresco de conduta associa-se ao fantástico, sem falar no âmbito religioso da obsessão de Ahab, algumas vezes a um passo do sobrenatural. Uma parte do objetivo aqui é devolver a mordida e a ousadia experimental ao romance que tendeu ao inócuo ao tornar-se clássico, ao ser lido limpo dos "excessos" que estragavam a caçada à baleia mitológica.

Franco Moretti, em seu audacioso *Modern Epic: The World-System from Goethe to Garcia Marquez* (1996), ao analisar *Moby Dick* em uma linha que vai de *Fausto* a *Waste*

Land, comenta que há um padrão recorrente em capítulos cruciais da narrativa:

> A retórica de Melville, aqui, é sempre a mesma. Para começo de conversa, ele se volta para o leitor: questiona, provoca, força o leitor a refletir sobre o sentido do que está lendo. E então explica o sentido para ele. Por certo *Moby Dick* é uma estória do mar (especialmente os capítulos de Cetologia); mas o mar é como a terra, assim como marinheiros são gente da cidade, ou como matéria é espírito. "Entender" *Moby Dick* significa seguir suas analogias: aceitando a idéia de que o mundo tem um sentido — porque ele tem dois (Moretti, 1996, p. 62, tradução minha).

O comentário de Moretti acentua o andamento digressivo e conativo do narrador de Melville, o que aponta na direção que pretendo aproveitar aqui, e Moretti voltará a ser citado no final deste capítulo. Seja como for, o comentário poderia caracterizar boa parte dos narradores romanescos de Machado de Assis, os quais estão quase sempre propondo analogias e armando um ponto de vista quase ensaístico para definir caracteres, interromper a ação, provocar o leitor, etc. Até aqui os livros se assemelham, para além das gritantes diferenças; ali adiante neste ensaio será possível definir diferenças radicais mesmo no tipo de digressão e de humor.

Enfim, da comparação entre *Moby Dick* e *Memórias póstumas* surge uma curiosa e surpreendente gama de procedimentos análogos com resultados inversos; assim, motivos e andamento coincidem até certo ponto, embora os temas e o fundo histórico tomem sentidos outros. Na abertura, no primeiro parágrafo de *Moby Dick*, Ishmael enuncia que vai embarcar, e costuma fazê-lo, para combater o *spleen*. Em ambiente urbano, o protagonista narrador reconhece que está a ponto de agredir os transeuntes, seus contemporâneos. Além de mencionar explicitamente, se não a melancolia, a hipocondria que o atinge: é a hipocondria que o levaria à provocação no limite da agressão (*knocking people's hats off*).

O título do primeiro capítulo de *Moby Dick* é "Miragens", cuja abertura vai assim:

> Trate-me por Ishmael. Há alguns anos — não importa quantos ao certo —, tendo pouco ou nenhum dinheiro no bolso, e nada em especial que me interessasse em terra firme, pensei em navegar um pouco e visitar o mundo das águas. É o meu jeito de afastar a melancolia e regular a circulação. Sempre que começo a ficar rabugento; sempre que há um novembro úmido e chuvoso em minha alma; sempre que, sem querer, me vejo parado diante de agências funerárias ou acompanhando todos os funerais que encontro; e, em especial, quando minha tristeza é tão profunda que se faz necessário um princípio moral muito forte que me impeça de sair à rua e rigorosamente arrancar os chapéus de todas as pessoas — então percebo que é hora de ir o mais rápido possível para o mar. Esse é o meu substituto para a arma e para as balas. Com garbo filosófico, Catão corre à sua espada; eu embarco discreto num navio. Não há nada de surpreendente nisso. Sem saber, quase todos os homens nutrem cada um a seu modo, uma vez ou outra, praticamente o mesmo sentimento que tenho pelo oceano (Melville, 2008, p. 25–6).

Vale notar que a frase traduzida por "quando minha tristeza é tão profunda que se faz necessário um princípio moral..." no original não é "*sadness*" mas "*whenever my hypos get such an upper hand of me, that it requires a strong moral principle to prevent me...*". *Hypo* é termo de época para melancolia, entendida como hipocondria, melancolia que seria provocada por alguma disfunção abdominal, com o hipocôndrio referindo o que fica abaixo das cartilagens, abaixo das partes laterais e superiores do abdômen. Em pelo menos uma outra tradução brasileira se usa o termo hipocondria aqui, que de resto está com este sentido em *Memórias póstumas*.

Na abertura de seu relato, Brás Cubas encaixa o segundo capítulo, "O emplasto": "Essa idéia era nada menos que a invenção de um medicamento sublime, um emplasto anti-hipocondríaco, destinado a aliviar a nossa melancólica humanidade" (Machado de Assis, 2008, p. 627). Estamos aqui na união entre hipocondria e melancolia, num quadro rebaixado e irônico, no limite da autoderrisão. Afinal, não parece que o tal emplasto configurado em ideia fixa seja capaz de matar Brás Cubas, por mais que o narrador o declare; o problema em boa medida é acreditar no narrador póstumo. Mas os termos são análogos ao de Ismael, que, no entanto, soa confiável em sua autoexposição.

Isto é, se a pena da galhofa não comparece em grande estilo (mas está ali...) na abertura de *Moby Dick*, a melancolia e o tédio são cruciais, no que há um narrador em primeira pessoa reivindicando um estado de espírito assemelhado àquele defunto autor. Espero não forçar a comparação ao voltar ao primeiro parágrafo de *Moby Dick* para retomar aquele ataque aos chapéus alheios como um piparote também análogo àquela agressão dirigida ao leitor renitente por Brás Cubas. Assim, melancolia, tédio e hipocondria somam-se à disposição agressiva para definir certa semelhança entre estes dois narradores da América.

É gritante e preponderante a diferença: a rigor eles são tão diversos que surpreende que olhando melhor e comparativamente as semelhanças apareçam. E o quadro fúnebre, tanto do autor defunto quanto desse marinheiro que se agarrou a um caixão para sobreviver e nos contar o que com ele se passou, parece mais torná-los distantes do que aproximá-los. Mas o núcleo mórbido e letal é comum. O parágrafo de abertura dá o tom. Ishmael apresenta-se e a seguir revela ser pobre e estar desinteressado do que se passa na terra americana, ou, pelo menos, naquela região já muito urbanizada que é Nova Iorque. A seguir reconhece que é hábito seu partir para o mar por motivos psicológicos (afastar a melancolia) e mesmo físicos (regular a circulação). Mas o resto do parágrafo enfatiza que a melancolia pode virar mania ou tornar-se severa, derivando para a morbidez ("*hypo*") que o levaria a contemplar caixões e seguir sepultamentos anônimos. O mar é substituto para "arma e as balas" e a seguir vem a referência ao suicídio ilustre de Catão que não deixa de fazer contraste com o discreto embarque de narrador no navio baleeiro.

A melancolia já no primeiro parágrafo deriva em obsessão suicida que é enunciada de forma jocosa, e a comparação com o exemplo elevado, heroico e prestigioso (Catão) vira quase piada pelo contraste com o prosaico embarque rumo às baleias. Relendo, no entanto, o conjunto, vê-se que há um crescendo de desconforto e melancolia que vira ímpeto suicida, em que a autoagressão foi antecedida da possibilidade de piparote nos chapéus alheios. Do piparote em transeuntes, e fica a sugestão de uma agressão em um ambiente urbano e de anonimato, à menção ao suicídio por arma de fogo que é seguido pelo exemplo prestigioso da antiguidade para logo depois retomar a fuga para o mar, tudo isso é um tanto vertiginoso e acelerado e compõe um quadro quase humorístico em que o tema da tristeza e da melancolia sofrem uma torção que os afasta dos lugares comuns do romantismo, até pelo acúmulo de clichês românticos. Enfim, se não estou errado, a obsessão pela morte que leva o narrador a contemplar caixões ou a segui-los sob o peso da hipocondria tem um ritmo entre romantismo e piada que torna a terapia marítima galhofeira.

E morte, melancolia e galhofa, para além de formularem uma objeção ao romantismo, são pontos em comum com Brás Cubas. Já a pobreza e a disposição de trabalhar no navio apontam no sentido contrário ao do defunto autor, o que nos interessa aqui até para determinar as dessemelhanças no tratamento de temas comuns. Vale registrar que ainda nesse primeiro capítulo Ishmael nos informa que era professor antes de se tornar "marinheiro raso":

> Não, quando vou ao mar, vou como marinheiro raso, logo à frente do mastro, no prumo do castelo de proa ou no topo do mastaréu de joanete. É verdade que recebo ordens, fazem-me saltar de verga em verga, como um gafanhoto num prado em maio. E, a princípio, este tipo de coisa é bastante desagradável. [...] E mais ainda, se pouco antes de botar a mão no barril de alcatrão você a teve em pleno domínio como professor no campo, fazendo com que os alunos maiores se curvassem de medo diante de você. A mudança de professor para marinheiro é brutal, posso garantir, e exige forte decocção de Sêneca e dos estoicos par agüentá-la com sorrisos. Mas até isso passa com o tempo (Melville, 2008, p. 29–30).

No terceiro parágrafo desse capítulo de abertura, a disposição reflexiva quase filosofante de Ismael o leva a generalizar e definir a obsessão pelo mar como uma condição muito disseminada entre os humanos em geral e entre os habitantes de Nova Iorque em particular, e aí o ramerrão do cotidiano urbano tem papel destacado e leva à contemplação marítima, em larga medida definida como rota de fuga de um mundo prosaico e repetitivo. A melancolia privada erguida à condição geral é uma derivação que se espera de Brás Cubas, mas não está no horizonte do ocioso Brás objetar ao cotidiano urbano e prosaico que, no caso dos *water-gazers* de Melville, já é condição de vida. Para Brás o problema é da condição humana ou é mais mesquinho, mas não implica o comentário acerca das tarefas repetitivas ou degradantes de quem se agrupa na cidade para sobreviver.

Aqui Ishmael parece estar no âmbito do comentário e crítica sobre a cidade do trabalho e do consumo, um âmbito em que tédio e morbidez também darão a pauta para o poeta Baudelaire, ele também experimentando os novos termos urbanos no mundo capitalista, mais especificamente no auge do capitalismo e no seu centro nervoso parisiense. O narrador despossuído de Melville, embora letradíssimo, sempre pronto para a frase e para a analogia bíblica ou shakespeariana, aqui parece estar mais próximo da vida urbana dura e esfuziante das metrópoles tal como ela se apresentou para Baudelaire, em contraste com o ritmo largo e compassado da vivência de Brás Cubas. Isto seria um dado a ser levado em conta neste esforço comparativo: para Brás Cubas, o mundo urbano é espaço de desfrute e prazer, ficando bloqueada a empatia, por mais que generalizante, com o *ennui* próprio do *flâneur*, que bem ou mal frequenta as massas e multidões. O tédio de Brás é chique e excludente, até mais rural, senão aristocrático. Ishmael, *flâneur* desconfortável, vai tomar a rota mais ou menos romântica da fuga ao desconhecido ou atender ao apelo das ondas sem que uma ou outra disposição se anule — antes, elas se somam.

A ideia fixa de *Moby Dick* alimenta e enquadra as divagações e digressões de Ishmael, mas a ideia não é dele, é antes condição para o empreendimento, na medida em que o Pequod é a ponta executiva de uma empresa capitalista montada a partir de recursos colhidos junto à comunidade de Nantucket. O barco é a ponta de arpão, digamos, do esforço estrativista, que pressupõe acionistas, empreendedores, empregadores, empregados, etc. O dado crucial aqui é que Ahab — não sem resistência de seu imediato, Starbuck

— transforma a ideia fixa razoável da busca do lucro em insânia persecutória e autodestrutiva atrás de Moby Dick, ideia fixa de dimensões bíblicas e alegóricas. A monomania de Ahab, entre outros significados, é um sintoma do gerente capitalista desvairado, que transformou o negócio impessoal em problema pessoal; já a ideia fixa de Brás é apenas dele e apenas mais uma entre as inúmeras veleidades, mais uma volta do volúvel parafuso tropical. Mas, antes de explorarmos a ideia fixa de um e de outro e suas consequências cruciais para entrecho e andamento, vale notar outra semelhança na abertura dos romances. Um e outro personagens-narradores reivindicam sua posição digna entre os eventos e narrativas do mundo, reivindicação entre irônica e cômica, e por isso mesmo mais enfática.

Em Brás Cubas, o capítulo quatro é intitulado mesmo "A idéia fixa", e versa sobre o famoso e letal emplasto.

> A minha idéia, depois de tantas cabriolas, constituíra-se idéia fixa. Deus te livre, leitor, de uma idéia fixa; antes um argueiro, antes uma trave no olho. Vê o Cavour; foi a idéia fixa da unidade italiana que o matou. Verdade é que Bismarck não morreu; mas cumpre advertir que a natureza é uma grande caprichosa e a história uma eterna loureira (Machado de Assis, 2008, p. 629).

O capítulo prossegue num levantamento de figuras históricas e feitos grandiosos que contrastariam e valorizariam o emplasto redentor, uma mistura de erudição deslocada e samba-enredo acelerado que soa bem brasileiro e no limite da patifaria. Entre vários aspectos a serem comentados no trecho, fico aqui com esta noção de autoelogio cômico, que também é regozijo escarninho e autodepreciativo, um dos resultados complexos da célebre ironia machadiana. O desfecho quase apoteótico do raciocínio de Cubas interessa ao meu argumento.

> Vamos lá; retifique o seu nariz, e tornemos ao emplasto. Deixemos a história com os seus caprichos de dama elegante. Nenhum de nós pelejou a batalha de Salamina, nenhum escreveu a confissão de Augsburgo, pela minha parte, se alguma vez me lembro de Cromwell é só pela idéia de que Sua Alteza, com a mesma mão que trancara o parlamento, teria imposto aos ingleses o emplasto Brás Cubas. Não se riam dessa vitória comum da farmácia e do puritanismo. Quem não sabe que, ao pé de cada bandeira grande pública, ostensiva, há muitas vezes várias outras bandeiras modestamente particulares, que se hasteiam e flutuam à sombra daquela, e não poucas vezes lhe sobrevivem? Mal comparando, é como a arraia miúda, que se acolhia à sombra do castelo feudal; caiu este e a arraia ficou. Verdade é que se fez graúda e castelã... Não, a comparação não presta (Machado de Assis, 2008, p. 629).

O parágrafo encerra o capítulo da ideia fixa com sinuosidade e algum enigma, como se a comparação entre bandeira pública e bandeiras particulares com fim do feudalismo e ascensão plebeia fosse inadequada, mas inadequada por quê? Seja como for, o desfecho é coerente com a reivindicação, ainda que diminuída, da relevância do emplasto e da narrativa que o apresenta em contraste com os grandes feitos da história europeia, até porque estes são relativizados pela história "com seus caprichos de dama elegante".

No primeiro capítulo de *Moby Dick*, o já citado "Miragens", o andamento humorístico é outro, mas a defesa da importância da irrelevância não é menos notável, com o narrador na periferia do sistema praticando o comparatismo acelerado. O parágrafo a seguir é o antepenúltimo de

"Miragens", capítulo que vem acumulando digressões bíblicas e irreverência, a qual aqui apela para a piada grossa sobre ares, gases intestinais e hierarquia social. E a hierarquia vai denunciada a partir da perspectiva plebeia, o que não deixa de indicar outra estranha coincidência com o raciocínio do narrador brasileiro. No meio do parágrafo o narrador ianque reivindica ironicamente a relevância de sua história.

> Por fim, sempre vou ao mar como marinheiro por causa do exercício saudável e do ar puro do castelo de proa. Pois neste mundo os ventos de proa são mais freqüentes do que os ventos de popa (isto é, se você não violar a máxima de Pitágoras), e assim, na maior parte das vezes, o Comodoro no tombadilho superior recebe dos marinheiros do castelo um ar de segunda mão. Ele pensa que respira primeiro, mas não é assim. De um modo muito parecido, a plebe está à frente de seus líderes em muitas outras coisas, enquanto os líderes nem suspeitam disso. Mas por que motivo eu, depois de ter sentido o cheiro do mar tantas vezes como marinheiro mercante, decidiria naquela ocasião partir numa viagem de pesca de baleias, isso o policial invisível das Parcas, que sempre me vigia, que me atormenta em segredo e que me influencia de um modo incalculável — ele pode responder a isso melhor do que qualquer um. Sem dúvida, minha participação nessa viagem baleeira fazia parte do programa maior da Providência, que fora traçado muito tempo antes. Apareceu como uma espécie de breve interlúdio e solo em meio a apresentações mais longas. Creio que essa parte da programação diria algo mais ou menos assim:
>
> **GRANDE DISPUTA ELEITORAL PELA PRESIDÊNCIA DOS ESTADOS UNIDOS**
> *Viagem baleeira de um certo Ishmael*
> BATALHA SANGRENTA NO AFEGANISTÃO

> Embora eu não saiba dizer exatamente o porquê de os diretores de cena, as Parcas, terem me dado esse papel mesquinho numa viagem baleeira, enquanto outros foram escolhidos para papéis magníficos em tragédias elevadas, papéis curtos e fáceis em comédias elegantes e papéis divertidos em farsas — muito embora não saiba exatamente o porquê disso; ainda assim, agora que rememoro todas as circunstâncias, creio entender um pouco as causas e os motivos que, sendo astutamente apresentados a mim sob vários disfarces, me induziram a fazer o papel que fiz, afora a lisonjeira ilusão de se tratar de uma escolha resultante de meu imparcial livre-arbítrio e juízo perspicaz (Melville, 2008, p. 30–31).

O elogio da vida marítima inclui regras de boa saúde e da qualidade do ar, qualidade que seria melhor na proa dos marinheiros do que no tombadilho superior da autoridade. Os ventos de proa garantiriam aos marujos a primazia no acesso ao ar, numa afirmação de superioridade proletária sobre os oficiais de bordo, supremacia que se reafirma no lance retórico generalizante "a plebe está à frente de seus líderes...". A afirmação entre jocosa e reivindicativa do valor popular e trabalhador pontua o romance até o fim, mas aqui ela é logo seguida da reflexão generalizante e metafísica sobre a intervenção do policial das Parcas e sobre o traçado da Providência. A espécie de breve interlúdio e solo que é a aventura de Ishmael viria espremida entre "apresentações mais longas". Entre eventos públicos e de impacto internacional (disputa eleitoral nos Estados Unidos, batalha no Afeganistão) vibraria a experiência baleeira de Ishmael.

Na sequência da digressão o narrador apela à metáfora teatral para dar conta da intervenção das Parcas ("diretores de cena") e estabelece o contraste em termos de gêneros teatrais, sem que sua experiência em nenhum seja enquadrada: não se trata nem de tragédia elevada, nem de comédia elegante e nem de farsa. Talvez uma mistura disso tudo, a permitir a mescla de estilos auerbachiana, daí um romance que oscila acintosamente entre digressão elevada e bíblica e provocação satírica, entre autozombaria e autoelogio. Se o leitor retornar às últimas linhas do parágrafo citado vai notar que a disposição para a reflexão e autoanálise ("agora que rememoro todas as circunstâncias, creio entender um pouco as causas e os motivos...") resulta na crítica às pretensões do livre-arbítrio e do juízo, tratadas como lisonjeira ilusão.

Acho que não é forçar a nota perceber aqui mais do que a busca de uma supremacia proletária, isto é, entre libertária e antielitista (distinta da demanda elitista de Cubas, portanto): nas digressões e apelos de Ishmael narrador encontraríamos evidência de que a narrativa realista não dá conta da empiria americana, que requer formas "estranhas' para seu melhor enquadramento e expressão. Se a volubilidade de Brás Cubas permite as sucessivas alterações de juízo e opinião, em Ishmael as digressões aqui e ali pontuam a defesa do homem comum, e daqui a pouco a própria monomania de Ahab será celebrada, entre repugnância e fascínio. Por outro lado, a instabilidade de ambos os narradores parece assinalar as possibilidades e agruras de revelar um mundo cuja dinâmica não se enquadra em uma cena europeia e mesmo civilizada, embora os recursos retóricos, o andamento da prosa, a disposição para revelar a vida cotidiana e o detalhe material sejam conquistas modernas da prosa e do romance, isto é, da civilização europeia.

Ao alinhar obras incluídas em seu argumento sobre *modern epic*, Franco Moretti apresenta uma sequência variada de obras canônicas: *Fausto*, *Moby Dick*, *Bouvard e Pécuchet*, *Folhas da Relva*, *Ulysses*, *Waste Land*. Sem tentar recuperar aqui os passos da argumentação polêmica e fascinante, fiquemos com a análise do narrador Ishmael, que operaria uma curiosa redução da polifonia no livro, a qual acompanharia a redução de todas as vozes marinheiras à voz de Ahab, das vontades do navio à vontade monomaníaca do capitão. Moretti vale-se aqui do conceito de Bakhtin para argumentar que a polifonia, ao menos em Melville, está avariada por uma notável tendência monológica.

> Redução da polifonia dentro do enredo, portanto. E então uma segunda redução, no plano do discurso. Aqui o dispositivo monológico é a voz de Ishmael (Ishmael enquanto narrador): uma voz, onipresente e situada em um nível em que nenhuma outra pode contrastá-la, e desta forma pô-la em questão. Na parte central do romance, aproximadamente a metade dos capítulos são de fato concluídos pelas reflexões do narrador — uma posição estratégica, investindo as palavras de Ishmael de autoridade particular [...] (Moretti, 1996, p. 62, tradução minha).

As digressões de Ismael estão estrategicamente plantadas no fim dos capítulos, isso em metade do centro da narrativa, e definem uma voz que não pode ser questionada por nenhum dos outros personagens, daí o procedimento monológico detectado. A caracterização de Moretti rende um perfil muito assemelhado ao do narrador machadiano, com suas intromissões e trejeitos: como foi referido antes, para Moretti o leitor é questionado, provocado e forçado a refletir sobre o que está lendo, de modo que "entender" o livro equivale a seguir suas analogias.

A intromissão é contínua e permanece mobilizando o leitor, que, ao acompanhar a analogia, terá acesso a um outro significado para o fato, coisa ou o que quer que seja o objeto em pauta sob a atenção de Ishmael.

> Capítulo após capítulo a relação entre os dois lados do signo desloca além e além o equilíbrio da balança — e sempre na mesma direção. O primeiro termo de comparação é da mais disparatada proveniência: geográfica, anatômica, legal, histórica, comercial. O segundo termo, contudo, é sempre o mesmo. Seja qual for o ponto de partida, a destinação permanece inalterada: a natureza moral dos seres humanos (Moretti, 1996, p. 63, tradução minha).

E de novo temos aqui uma enorme área de contato com Brás Cubas e narradores machadianos, obcecados por captar os dilemas morais e psicológicos dos personagens em contraste com os assuntos mais variados imagináveis, uma espécie de erudição digressiva e aleatória, às vezes também fútil, quase charlatã. Há, no entanto, uma gritante diferença: a redução da polifonia rumo ao discurso monológico do narrador filosofante e intrusivo é isenta de malícia: "But without malice" (Moretti, 1996, p. 63). Ishmael é irretorquível e intocável, mas também é igual a nós: enquanto personagem, Ishmael é inócuo, em contraste com a suma nocividade da monomania Ahabiana. De um lado, digressão supostamente benigna ainda que também unidirecional em seu esforço filosofante e mesmo humorístico, do outro, andamento sério-problemático na fala de Ahab, que não admite humor.

Aqui a digressão e a ironia estão longe de supremacia de classe dos elegantes narradores machadianos, repletos de malícia no limite da agressão, em suma, banhados em desfaçatez de classe e nos tratando com condescendência. Não Ishmael. O narrador democrata e individualista nos trata de igual para igual: "De maneira calma, acessível, amigável — apresentando todo o processo como uma maneira de melhor entendermos uns aos outros. É possível monologismo tão benevolente?" (Moretti, 1996, p. 63, tradução minha). E, sendo assim, é ainda mais insidioso que o narrador elitista de Machado, geralmente empenhado em se valer de uma supremacia qualquer. Haveria aqui o aproveitamento quase escandaloso da retórica da inocência, segundo Moretti: nocivo e monomaníaco é Ahab, cabendo ao jovem Ishmael a posição contemplativa e condescendente, que esconde, no entanto, a autoridade que lhe é conferida, no mínimo, pela posição estratégica de voz digressiva ou filosofante no fim dos capítulos. Nesse sentido, a retórica do narrador Brás Cubas seria mais autoincriminante, até porque a ideia fixa — e as móveis também — pertence a Brás Cubas, que concentraria em si as virtudes do contemplativo Ishmael e as perfídias do todo poderoso Ahab.

Sermão libertário e pacto de submissão: dilemas da retórica da autonomia submetida à autoridade mítica em dois capítulos de título idêntico

Um capítulo terá sequência, sob o mesmo título, no capítulo seguinte, o que é significativo: dois capítulos intitulados "Cavaleiros e Escudeiros", o XXVI e o XXVII. O primeiro "Cavaleiros e Escudeiros" é quase todo tomado pelo perfil de Starbuck, o primeiro imediato do Pequod. Características físicas e traços psicológicos culminam em um retrato de homem magro, curtido e severo, eventualmente assaltado por algum tipo de superstição, digamos, racional:

> Invulgarmente escrupuloso para um marinheiro, e dotado de índole reverente, a deserta solitude de sua vida nas águas inclinava-o profundamente, portanto para a superstição, mas para aquela espécie de superstição que nalgumas pessoas parece de algum modo brotar antes da inteligência que da ignorância. Prodígios exteriores e pressentimentos íntimos eram com ele (Melville, 2008, p. 149).

O perfil psicológico e o tipo de bravura de Starbuck, insinua-se, não será capaz de enfrentar Ahab. Disposto a arrostar terríveis tempestades e horrores variados, Starbuck não estaria aparelhado para lidar com os medos sutis proporcionados pelo conflito com a personalidade de seu capitão.

Mas o dado perturbador vem nos dois últimos parágrafos do capítulo, quando nosso narrador Ishmael mais uma vez parte para a digressão entre exortativa e raciocinante e faz, a partir do perfil de Starbuck, um panegírico da igualdade e da democracia.

> A imaculada virilidade que sentimos dentro de nós, profundamente em nós, que permanece intacta, mesmo quando toda a personalidade exterior parece nos haver abandonado, ela sangra com o sofrimento mais agudo perante o espetáculo da ruína de um homem de valor. Nem a própria piedade pode, diante da visão de tamanha vergonha, sufocar completamente seus protestos contra as estrelas coniventes. Mas essa augusta dignidade de que falo não é a dignidade dos reis e dos mantos, mas a dignidade abundante que não se cobre com os trajes de gala. Tu hás de encontrá-la no braço luzidio que maneja a picareta ou bate um prego; aquela dignidade democrática que sobre todos e sem termo se irradia de Deus; Dele! O grande Deus absoluto! Centro e circunferência de toda democracia! Sua onipresença, nossa igualdade divina!
>
> Se, portanto, aos mais vis marujos, e aos desertores e náufragos, eu atribuir qualidades nobres, ainda que obscuras; envolvê-los com encantos trágicos; se até o mais triste, talvez o mais degradante deles todos, erguer-se aos mais altos píncaros; se eu tocar o braço desse trabalhador com uma luz etérea; se eu estender um arco-íris sobre seu desastroso pôr-do-sol; então protege-me contra todas as críticas mortais, Tu, justo espírito da igualdade, que estendeu o manto

> real da humanidade sobre toda a minha espécie! Protege-me, grande Deus democrático! Tu, que não recusaste ao criminoso condenado Bunyan a pálida pérola poética; Tu, que cobriste com folhas de ouro fino o braço despedaçado e empobrecido do velho Cervantes. Tu, que levantaste Andrew Jackson dos seixos, o colocaste num cavalo de batalha e o fizeste elevar-se mais alto do que um trono! Tu, que, em todas as passagens solenes pela terra, sempre elegeste os teus campeões seletos entre o povo majestático; protege-me, ó, Deus! (Melville, 2008, p. 135).

Contra a dignidade aristocrática invoca-se a dignidade do homem comum, uma dignidade que não se cobre de trajes de gala, mas que brilharia no trabalho braçal ("braço que empunha... prega prego"). Ainda no penúltimo parágrafo, a digressão deriva em louvor ao grande Deus absoluto que se confunde, na sequência de frases, com "nossa divina igualdade". E será esse o "Deus democrático" que, no último parágrafo, será invocado enquanto musa inspiradora para esse Ishmael narrador protagonista que se compara a Bunyan, Cervantes e Andrew Jackson, todos supostamente eles também homens comuns elevados a grandes feitos. Bunyan, autor que esteve preso por mais de dez anos por pregar sem autorização; Cervantes, de vida marcada por desgraças variadas, durante alguns anos prisioneiro de turcos em Argel, encarcerado várias vezes por dívidas, traído pela esposa, etc.; e Andrew Jackson, por fim, herói militar estadunidense contra o exército inglês, mas também presidente particularmente popular e antielitista. Uma liga heterogênea e assaz sintomática do elogio da igualdade e da liberdade que pontua as digressões de Ishmael ao longo de todo o romance. Nesse trecho predomina a retórica elevada e séria, mas muita ironia também vai contaminar esse elogio do homem comum, aqui em sua atividade de marinheiro predador.

O elogio é repassado pela retórica de sermão, tanto pelo andamento quanto pela apóstrofe, o apelo direto ao "grande Deus absoluto", ao "grande Deus democrático" que se confunde com "nossa divina igualdade", sendo assim mais uma encarnação do apelo igualitário e missionário do cristianismo, aqui em sua versão protestante. Muito da força do livro surgirá do embate entre essa vocação democrática e igualitária e o apelo satânico e autoritário, talvez militarista da caça a *Moby Dick*, isto é, da sujeição ao pacto com Ahab e sua monomania, que surge como duplo, uma versão diabólica da afirmação de liberdade individualista, então submetida a uma ideia fixa grandiosa e destrutiva.

A ideia fixa da afirmação individualista da igualdade e da liberdade, ideal democrático afirmado e reafirmado, faz dupla com a monomania da vocação, da missão a ser cumprida a qualquer preço, monomania que garante as lealdades dentro do navio e o rumo da viagem. O preço a ser pago pela suprema liberdade e pela afirmação de igualdade, ideais abstratos que pouco comparecem no navio, seria o fetichismo em torno da baleia, arpões e dobrão de ouro, com pesada simbologia e presença concreta no tombadilho do Pequod. A vigorosa narrativa do ideal democrático do homem livre estaria submetida ou tensionada pela suprema alienação da mão de obra livre à obsessão do gerente/patrão. Melville teria acertado em grande escala ao intuir os fundamentos religiosos e protestantes da igualdade afirmada, e construído literatura de elogio do homem comum mediante a submissão do homem comum aos desígnios do capitalismo e da natureza acuada/caçada pelo mesmo. Não há nem sombra de redenção coletiva ou de revolta de marinheiros contra os planos patronais, até porque o contrato de trabalho estaria sendo respeitado e a ética do trabalho está sendo elevada à condição de aretê nessa novela de baleiaria. Ou seja, ética do trabalho e de dedicação à tarefa são cantadas por um aedo culto e pleno de ecos shakespearianos e bíblicos, em uma saga em que o elogio do moderno contrato de trabalho é acompanhado do mito que transforma a jornada de trabalho em demanda do santo Graal baleeiro, esforço predatório convertido em combate épico, o que faria de Ishmael, enquanto personagem, um trabalhador moderno fanatizado que converte a alienação em missão sagrada e belicosa.

Moderno e arcaico em solda da qual a descrição de detalhes da atividade laboral, propriamente os dados técnicos da caça à baleia, é parte constitutiva irremediável, por mais cansativo que esse manual ou tratado pareça ao leitor contemporâneo. Um problema estrutural que é incorporado pelas digressões filosofantes e irônicas do narrador. Ishmael, ex-professor de meninos, é marujo letrado que ora adere, ora se distancia (mediante retórica confessional e parenética) da tarefa dura e prosaica, assim como adere e critica o pacto arcaico e demoníaco de Ahab, com seus arpões sangrentos, sacerdotes zaratustrianos e sibilinos, remadores malaios subservientes, etc. Se o polo moderno é a relação de trabalho saudada pela prosa esclarecida e irônica, o polo arcaico da autoridade ahabiana sai revigorado pela retórica de sermonário; se o prosaico da atividade baleeira desce aos detalhes realistas de estripamento e corte do bicho — empiria incorporada à ficção —, a sombra de Ahab é melodramática, abstrata e grandiloquente, fantasmagórica e elevada, tendendo ao mítico do pacto, da religião do fogo de Fedallah, etc.

O conjunto da narrativa não cede à ilusão identitária de que haja um interesse maior a unir o grupo todo. A tripulação tem, além da língua inglesa, quase nada em comum. O que os une é a condição de pobres diabos; mão de obra heterogênea submetida, no entanto, a uma tarefa enobrecedora, segundo a retórica bíblica do livro. A ralé multicultural ganha panegírico igualitário e democrático, desde que permaneça massa amorfa, ou melhor, um conjunto de mônadas individualistas. Se fosse criado um *ethos* comum dentro do barco, o fascínio pela missão imposta por Ahab talvez cedesse, e então o encanto do líder carismático e transcendental poderia ser questionado por alguma solidariedade, cultura, interesse coletivo, enfim, no limite, uma identidade nacional qualquer. Para sorte de Ahab e seus desígnios, tal não se dá. Ou melhor, o ponto de vista de Ishmael já estabelece que o bando de individualistas não se permite solidariedade outra que não a condição humana (igualitária e democrática, logo elevada) submetida ao contrato de trabalho e ao pacto simbólico com Ahab, o que impede também que uma mônada tente se aproveitar de outra, desequilibrando as relações dentro do barco.

No capítulo 27, também "Cavaleiros e escudeiros", vem o salto irônico a enunciar o método americano de desbravar territórios e construir benfeitorias, sempre no encerramento do capítulo, como notou Moretti em seu argumento sobre a redução monológica em vigor. Ou melhor, refere-se ao esforço americano multicultural e imperialista, liderado por brancos protestantes mas necessitado de mão de obra de origem variada.

> Quanto ao resto da tripulação do Pequod, seja dito que até o dia de hoje nem a metade dos milhares de homens trabalhando diante do mastro na pesca de baleias norte-americanas nasceu na América do Norte, embora quase todos os oficiais sejam norte-americanos. O que acontece com a pesca de baleias dos Estados Unidos também acontece no Exército e Marinha mercante e militar dos Estados Unidos, e nos grupos de engenheiros empregados na construção das Estradas de ferro e Canais norte-americanos. Digo o mesmo porque, em todos esses casos, o

> norte-americano nativo fornece liberalmente o cérebro, e o resto do mundo generosamente fornece os músculos. Um grande número desses homens do mar em busca de baleias vem dos Açores, onde os navios de Nantucket atracam para aumentar sua tripulação com os valentes habitantes dessas praias rochosas. [...] Não se sabe o porquê, mas os Ilhéus são os melhores baleeiros. Quase todos os tripulantes do *Pequod* eram Ilhéus. *Isolados*, como eu os chamava, porque não tomavam conhecimento do continente dos homens, mas cada um dos *Isolados* vivia em um continente próprio. Assim, federação formada sobre uma mesma quilha, que curiosa combinação de *Isolados* eles compunham! Uma verdadeira delegação de Anacharsis Clootz de todas as ilhas do mar e de todos os cantos da terra, acompanhando o velho Ahab no Pequod, para testemunhar os agravos do mundo diante do tribunal do qual poucos regressam (Melville, 2008, p. 139).

O narrador apresentara, antes do trecho citado, os três imediatos e os três arpoadores, todos figuras singulares e relevantes para o desempenho da tarefa baleeira. Imediatos escolhem os arpoadores que os acompanharão nos respectivos botes quando chegar a hora de abordar e arpoar o bicho. São propriamente os cavaleiros e escudeiros mencionados no título. É no encerramento da apresentação de cada um deles que vem o parágrafo generalizante (filosófico?) e digressivo sobre o arranjo americano, incluída aí a consciência de divisão de trabalho em que "o norte-americano nativo fornece liberalmente o cérebro, e o resto do mundo generosamente fornece os músculos". A pesca da baleia seria apenas mais um setor a somar-se a exército e marinha, esforços de engenharia, etc., em que o trabalho intelectual cabe ao homem branco e anglo-saxão e o esforço ao resto da tripulação heterogênea e multicultural.

Segundo a síntese enfática de D. H. Lawrence no penúltimo ensaio de *Studies in Classic American Tradition*:

> Esse Pequod, navio da alma americana, tem três imediatos.
>
> 1) Starbuck: Quacre, de Nantucket, um bom e responsável homem de razão, precavido, intrépido, o que se chama de um homem sem iniciativa. No fundo, medroso.
>
> 2) Stubb: "Destemido como fogo, e mecânico". Insiste em ser desleixado e engraçadinho em qualquer ocasião. Precisa sentir medo, também.
>
> 3) Flask: Determinado, obstinado, sem imaginação. Para ele "a imensa baleia era apenas uma espécie de camundongo grande ou rato d'água".
>
> Aqui você tem: um capitão monomaníaco e seus três imediatos, três esplêndidos homens do mar, admiráveis baleeiros, homens de primeira linha em seu trabalho.
>
> América!
>
> É quase como o Sr. Wilson e sua admirável e "eficiente" comitiva na Conferência da Paz. Exceto pelo fato de que os homens do Pequod não levavam suas mulheres a bordo.
>
> Um capitão da alma maníaco, e três eminentes e presentes imediatos.
>
> América!
>
> E então a tripulação. Renegados, náufragos, canibais: Ishmael, Quacres.
>
> América!
>
> Três arpoadores gigantes para fustigar a grande baleia branca.

> 1) Queequeg, o ilhéu dos Mares do Sul, todo tatuado, grande e poderoso.
>
> 2) Tashtego, o pele-vermelha da costa, onde os índios encontraram o mar.
>
> 3) Daggoo, o negro imenso e preto.
>
> Aqui você os encontra, três raças selvagens, sob a bandeira americana, o capitão maníaco, com seus grandes a astutos arpoadores, prontos para fustigar a baleia branca (Lawrence, 2008, p. 606–607).

O Pequod traria assim em seu bojo e sobre seu tombadilho uma síntese ou esquema do procedimento adotado na pesca baleeira e no empreendimento norte-americano em geral em seus esforços de desbravamento e exploração. Nesse sentido, o romance exporia uma experiência histórica estudada, por assim dizer, em estado quimicamente puro. Imediatos e oficiais são cristãos e brancos, americanos nativos; enquanto arpoadores são respectivamente negro africano, ilhéu canibal oriundo do Pacífico e índio litorâneo, aqueles que generosamente oferecem sua força muscular para o sucesso do empreendimento. Assim temos cavaleiros e escudeiros; embora não seja óbvio quem seja autoridade e quem subordinado, tal o prestígio dos arpoadores perante a comunidade baleeira. Por fim vem a cambada anônima e multicultural de marinheiros não especializados, entre os quais Ishmael, com toda sua retórica e perspicácia, se inclui.

Melville montou a cena de forma a enfiar o entrecho nos limites do empreendimento, aí incluído o contrato de trabalho e a divisão de lucros. Supostamente toda a tripulação, nomeados e anônimos, passou pelo crivo dos gerentes de contratação Peleg e Bildad e celebrou um contrato análogo ao assinado por Ishmael, o que lhes dá direito a uma fração dos lucros.

Retornando ao parágrafo extraído de *Moby Dick*, depois de assimilar o perfil da divisão de trabalho de Pequod à divisão de trabalho constitutiva da América do Norte, o narrador prossegue para definir os ilhéus como melhores baleeiros. Vale notar que o raciocínio do narrador inclui um esquema, se não for uma alegoria, do contrato social em vigor nos Estados Unidos, o que condiz com o desenvolvimento do tema da qualidade superlativa dos ilhéus. Não há uma razão disponível para tal supremacia, que é dada como estabelecida nas opiniões de quem lida com o negócio: vários navios de Nantucket zarpam e atracam nos Açores para recrutar "os valentes habitantes dessas praias rochosas". O passo seguinte é apelar para um trocadilho em que se definem os marinheiros como *isolatos*, no original em inglês (Melville, 1992), em clara associação com *to isolate*, *island* e *islander*, ilha e habitante de ilhas. O narrador marca que chama seus companheiros de *isolatos*/isolados: "Isolados, como eu os chamava, porque não tomavam conhecimento do continente dos homens, mas cada um dos Isolados vivia em um continente próprio". Ishmael marca o caráter individualista de cada marinheiro, não reconhecendo entre eles comunidade significativa do ponto de vista cultural.

Contratados para dar conta da tarefa de exploração e caça, não se trata de uma irmandade, de algum tipo de grupo étnico minimamente hierarquizado: são *isolatos*, um neologismo de que se vale o marujo letrado Ishmael para dar conta do isolamento de cada um ali embarcado. Não que não ocorra companheirismo, que existe, principalmente com Queequeg, mas a tônica é na dessemelhança, não na unidade. Ocorreu um contrato entre os indivíduos isolados que se submetem aos deveres da pesca da baleia não a partir de pressupostos nacionais, tribais, etc., mas com cada mônada se submetendo de livre e espontânea vontade ao contrato e embarcando no navio. Um empreendimento que dispensa, recusa mesmo, a associação por compadrio, submissão ou algum tipo de comprometimento sentimental ou pessoal.

O trato é impessoal e pressupõe ética de trabalho, com dedicação à tarefa e respeito às regras. Acho que não é necessário acentuar a distância em relação aos contratos ibéricos perpassados pela força da autoridade e pelo laço pessoal. O dado perturbador, claro, é Ahab, que exigirá um pacto místico e pessoalizado, em que o capitão vira sumo sacerdote de um ritual macabro de vingança, com todo o descalabro fetichista e erótico em torno de recompensa, arpões e dobrões de ouro. De ilhéus a isolados, os tripulantes do Pequod terão seu contrato de trabalho revisado em favor de um pacto místico com Ahab, mas por enquanto a ênfase é na aliança entre os vários indivíduos, na federação de homens, na combinação de isolados de que é composto o Pequod. Nós, leitores pósteros, acabamos dando valor acentuado ao termo confederação, que ecoa a confederação de estados que compõem os Estados Unidos, com o paradoxo de que essa mesma orgulhosa afirmação da autonomia e isolamento virá a ser questionada pela guerra civil sangrenta cujos vencedores imporão uma regra unificadora, capitalista e abolicionista contra as pretensões autonomistas e escravistas do sul confederado.

A fortíssima reivindicação de autonomia individualista e de liberdade moral que ecoa a cada página de *Moby Dick* prega um lição antiescravista muito estridente, e pode ser lida como um manifesto libertário contra qualquer tipo de opressão, em especial contra a escravidão, que, naquela quadra, tão próxima se encontrava dos escritores do Nordeste dos Estados Unidos. Daí que o arroubo de Ishmael protagonista e narrador o leve a saudar em termos grandiosos ainda que um tanto irônicos a disposição libertária daqueles marinheiros:

"Uma verdadeira delegação de Anacharsis Clootz de todas as ilhas do mar e de todos os cantos da terra, acompanhando o velho Ahab no Pequod, para testemunhar os agravos do mundo diante do tribunal do qual poucos regressam".

A comparação é com Anacharsis Clootz, um revolucionário de origem prussiana que se reivindicava "orador do gênero humano" e "cidadão da humanidade", e que na condição de membro dos jacobinos se destacou pelo extremismo, o que não impediu que viesse a ser decapitado sob o Terror revolucionário. Um ardente defensor dos direitos do homem comum e do povo, aqui ele dá nome ao bando ou federação heterogênea, agora erguida à condição de heroica defensora da liberdade, embora a submissão "ao velho Ahab" tenha conotação mística ao buscar dar testemunho dos agravos do mundo perante o terrível tribunal citado. Aqui se confunde a defesa feroz de cada indivíduo e da liberdade, que são um estranho penhor da disposição de unir-se à procissão de seguidores de Ahab, profeta charmoso e maldito. A delegação/confederação de libertários e defensores do homem comum contra o Antigo Regime vem articulada na frase com a missão de ressonância religiosa (testemunhar os agravos, etc.). Esse movimento retórico é onipresente no livro e muito deve ter contribuído para a fama de obra filosofante e ambivalente. Assim a defesa da liberdade se confunde com a missão, com a vocação para se dedicar à causa, ou com a disposição de defender igualdade e liberdade sob qualquer circunstância.

Sendo assim, *Moby Dick* consiste também em um violento panfleto libertário e quase anárquico, por mais sombrio e desastroso que seja o andamento e o desfecho do livro. A força estética aqui deriva em grande parte do apelo a um ideal de autonomia e individualismo que cheira a pólvora por ser totalmente avesso ao escravismo. E a divinização de Queequeg, uma encarnação do bom selvagem muito trabalhada literariamente, é sintomática e agressiva ao afirmar a fraternidade no limite do homossexualismo, mas não deixa de ser secundária no quadro geral da retórica libertária. Lido por aí, *Moby Dick* é uma demonstração cabal do quanto a consciência e o *ethos* americano do individualismo possessivo já estão maduros e prontos para contestar o escravismo dos estados do Sul, com o qual não há possibilidade alguma de arranjo ou negociação. Herman Melville ganha estatura de profeta selvagem da Guerra Civil que explodirá em menos de dez anos para consumir a vida de quinhentos mil compatriotas. Trata-se de *Patriotic gore*, título do livro em que Edmund Wilson[5] avalia a literatura do período e argumenta que a sangreira patriótica da Guerra Civil é o trauma que depura a prosa americana e a eleva a outro patamar em Mark Twain e Henry James, uma tese que avalia negativamente Melville, por sinal.

Por livre e necessitada vontade, a mão de obra embarca e parte em busca do lucro honesto a ser auferido na feroz atividade baleeira, sem a necessidade, entre a marujada, de um vínculo moral, étnico, nacional ou o que seja. Cada ilhéu/isolado em seu respectivo posto de marinheiro, mas também disponível para ouvir o apelo da glória e alcançar Moby Dick, a mítica criatura maligna. Estes mesmos isolados, portanto, talvez justamente por seu extremo individualismo, virão a ser presas relativamente fáceis do charme monomaníaco de Ahab. Como os laços que os unem são frágeis, pouco os impede de se projetarem no ideal de superação ahabiano, de aceitarem o repto de sacrifício e dedicação à causa. O

5. Para a visão de Edmund Wilson sobre a literatura norte-americana do século XIX, há os ensaios iniciais da coletânea *Onze ensaios: literatura, política, história*. Seleção e prefácio Paulo Francis; tradução José Paulo Paes. São Paulo: Companhia das Letras, 1991.

individualismo e o ideal libertário estão aqui a serviço de uma causa, sarcasmo e vocação, autoanálise e devoção fanática a uma missão — contrato de trabalho escrupuloso e criteriosamente assumido acoplado ao pacto personalista, daí que Ahab possa ser lido como um antecedente ilustre do líder fascista capaz de mobilizar as massas.

Outra linha de interpretação pode acentuar o fundo místico e religioso da defesa da liberdade no quadro da república e da democracia norte-americana, em que a busca da felicidade e da liberdade são também vocação do povo eleito. A história (e alguma lenda) narra que levas de colonos puritanos partem para a conquista de novas terras enquanto absorvem a leitura do Velho Testamento, no qual se sucedem profetas investindo continuamente contra o poder abusivo do rei hebreu ou gentio em nome da lei divina e de seu corolário ético.

Mas por mais elevado que seja o encômio do individualismo e da ética do trabalho, a tarefa de perseguir e estripar baleias oceano afora não passa de empreendimento razoavelmente lucrativo e fatigante. Daí o lance de gênio de Melville, que enfia o diabo no barco, mediante Ahab e seu séquito dedicado, o que eleva a tensão e perverte o negócio, defendido pelo oficial imediato Starbuck, em monomania demoníaca. Ou melhor, a tarefa cotidiana e trivial, sob intervenção do demonismo de Ahab, ganha elevação trágica e heroica; algo como a busca de valores transcendentes no mundo degradado da melancolia de Ishmael e da tarefa baleeira, predatória e prosaica.

Contrato e negócio marítimo: baleias lá e tráfico aqui

Em "O navio", capítulo XVI, além de descrever o Pequod e defini-lo como "navio canibal", Ishmael trata de celebrar o contrato com os capitães Bildad e Peleg, uma vez que o capitão Ahab se encontra retirado, um tanto misteriosamente. Antes de assinar qualquer coisa, Ishmael, nosso digressivo narrador, perpetra a avaliação étnica ou ainda a definição sociológica dos nantucketenses. O trecho é longo, mas altamente significativo, no mínimo porque antecipa traços de Ahab, que só se apresenta ao narrador já em pleno Atlântico.

> Sentado sobre o painel de popa estava uma pessoa que me pareceu surpreendente e pouco comum. Era o capitão Bildad, que, junto com o capitão Peleg, era um dos principais acionistas da embarcação; as ações restantes, como ocorre em geral nos portos, estavam distribuídas por uma multidão de pensionistas; viúvas, órfãos e oficiais da justiça; cada um possuía aproximadamente o valor de um pedaço de madeira, ou metro de uma tábua, ou ainda um ou dois pregos do navio. O povo de Nantucket investe seu dinheiro em navios baleeiros do mesmo modo que você investe o seu em ações garantidas pelo Estado, que rendem bons juros.
>
> Ora, Bildad, assim como Peleg e muitos outros moradores de Nantucket, era um Quacre, uma vez que a ilha havia sido originalmente colonizada por essa seita; e até hoje seus habitantes guardam em grande medida as peculiaridades dos Quacres, modificadas às vezes por influência de elementos exteriores e heterogêneos. Alguns desses Quacres são os mais sanguinários de todos os marinheiros e caçadores de baleias. São Quacres guerreiros; são Quacres vingadores (Melville, 2008, p. 93).

Os nomes bíblicos dos gerentes contratantes dão certo sabor religioso à entrada na empresa, além de reforçarem o contexto quacre e razoavelmente severo da religiosidade protestante, daí uma insinuação de devoção e missão que perpassa o empreendimento todo, que pode soar aos ouvidos latinos um tanto perturbadora, entre moralista e mística. Afinal, são sonoros nomes de figuras bíblicas que dificilmente compareceriam em contexto católico, em que o batismo providenciado pelo padre mantém certo filtro em relação à apropriação do Velho Testamento, sem falar em boa dose de antissemitismo ibérico que evita a nomenclatura judaica em geral. Já o amor de Melville ao paradoxo enfatiza o caráter sanguinário e vingativo dos quacres, seita supostamente pacifista e igualitária.

O caráter religioso, por outro lado, também padece de algum ridículo na apresentação da dupla e no contraste entre o pragmatismo de Peleg e a devoção de Bildad, com o duelo entre os dois ganhando conotação humorística e interesseira. Sem falar na sonoridade esquisita dos dois nomes, que cabe lembrar, são as duas autoridades que celebram o ritual iniciático de avaliação dos candidatos a membros da tripulação. Assim, ressonância bíblica entre severa e humorística estão na entrada do empreendimento, ressonância que já vem acompanhada das menções sinistras e veladas a Ahab e seu caráter.

Ao assinar o contrato, o narrador comenta que os dois capitães são proprietários majoritários do empreendimento, mas que o navio é propriedade coletiva, isto é, patrimônio de um grande grupo de investidores. De viúvas a crianças herdeiras, de donos de estalagem a vendeiros, todos de Nantucket: o navio é propriedade de um grande número de *nantucketians* que dependem do sucesso da viagem para obter o retorno de seu investimento. Ainda no começo da narrativa saberemos que as intenções e/ou a monomania de Ahab desrespeitam esse contrato com acionistas em favor de um pacto macabro entre ele, Ahab, e a tripulação, com ênfase nos arpoadores. Mas no caso talvez valha a pena o contraste com a experiência brasileira, especialmente o negócio escravista. Compare-se o comprometimento geral de Salvador, cuja população livre, na primeira metade do século XIX, mobilizava-se em torno de tráfico escravista.

Na biografia de Castro Alves, autor de *O navio negreiro* (1868), escrita por Alberto da Costa e Silva, registra-se que todos, dos humildes vendedores ambulantes às grandes famílias senhoriais (várias delas traficantes), compravam cotas de escravos a serem trazidos da África na primeira metade do século XIX.

> Que não cause estranheza o fato de os ganhos com o comércio de escravos terem contribuído para o bem-estar da família Alves e para os estudos, a elegância, a boêmia e os amores do poeta. Salvador vivera até 1850 na dependência do tráfico negreiro. Quase todos, dos maiores aos mais miúdos, estavam com ele comprometidos. Cada qual dos grandes homens de negócios armava o seu navio para ir comerciar na Costa da África. Os remediados contratavam parte da carga de um barco ou adquiriam parcelas de um empreendimento. Os pequeninos faziam suas encomendas de três, dois ou até mesmo um só escravo.
>
> O tráfico negreiro estimulava todas as atividades econômicas: era o motor da cidade. Os estalajadeiros abrigavam as tripulações estrangeiras, enquanto a maioria dos marinheiros era recrutada na terra, sobretudo entre os pobres livres e os libertos, que podiam ganhar numa viagem mais do que um alferes durante um ano. Boa parte do tabaco que se cultivava, da farinha de mandioca que se fazia e da cachaça que se destilava, assim como a totalidade dos búzios que se recolhiam no litoral, tinham por mercado a África, responsável pelo primeiro de todos os itens da pauta de importação da Bahia: o escravo. Muitos dos outros bens que nela se incluíam, como os tecidos de algodão britânicos e indianos, a cutelaria, as armas de fogo, as contas de

> vidro e os artigos de cobre e latão, destinavam-se a ser reexportados para o golfo do Benim e outras partes do continente africano. E não eram poucos os que ganhavam a vida, e bem, a abastecer de víveres os navios negreiros, e a limpá-los, e a consertá-los (Silva, 2008, p. 22–23).

Isto é, enquanto em *Moby Dick*, 1851, a comunidade quacre de Nantucket deve ser cantada em prosa de inspiração shakespeariana por seu ímpeto empresarial e comunitário, a experiência traficante brasileira é furtiva e inenarrável enquanto empreendimento comunitário que a todos brancos interessava, embora venha a ser denunciada e condenada. O ilustre beneficiário baiano do tráfico, Castro Alves, publicará, já na segunda metade do século XIX, mais de uma denúncia humanitária do negócio, o que de forma alguma é o problema de Melville, cujo negócio é próspero e digno, a caça à baleia e a exploração de seus despojos. Ou melhor, sim, talvez seja possível narrar a experiência escravista, só que de forma cifrada, quase nota menor, um detalhe a ser contrabandeado no romance, tal como acontece em *Memórias de um sargento de milícias* (1854–5, edição em livro), de Manuel Antônio de Almeida. Ali é narrada, de forma esquemática, a viagem do Compadre, futuro padrinho de Leonardinho, em um navio negreiro. Na condição de barbeiro, nosso Compadre tem a habilidade necessária para efetuar sangrias, e é enquanto cirurgião improvisado que ele vai e volta da África, tarefa efêmera que ele abandona ao apoderar-se do dinheiro do capitão do navio. Assim é que o pecúlio adquirido indevidamente no tráfico vai beneficiar indiretamente Leonardinho quando ele vier a ser adotado pelo Compadre, seu padrinho.

O negócio marítimo aqui é quase uma nota de pé de página que o leitor menos atento nem percebe ao se deixar levar pela narrativa, embora esteja no miolo e dê título ao capítulo "O — Arranjei-me — do compadre". O arranjo do compadre é sua participação no tráfico negreiro e apoderação indébita da parte do falecido capitão do navio.

Mais difícil seria imaginar um capítulo análogo ao 82 de *Moby Dick*, intitulado "Honra e glória da pesca da baleia". Que tal "Desonra e infâmia de traficar africanos"? Há um impedimento moral que bloqueia o realismo aqui, como se o procedimento de narração e descrição mais detalhadas fosse inviável ao tratar de matéria tão degradante. O que seria um Ahab brandindo seu chicote sobre africanos amontoados, ou, mesmo que em posição menos comprometida, conduzindo seu tumbeiro pelo Atlântico? Que tipo de ideia fixa digna de elevação shakespeariana poderia surgir daí? Simplesmente o grande negócio transatlântico escravista, o mais lucrativo do empreendimento luso-brasileiro, não comporta a dimensão adequada ao realismo burguês que implica a dignidade da dedicação ao trabalho, o individualismo, o pragmatismo, etc., do que deriva o valor do detalhe cotidiano elevado à condição de fato relevante. Aqui a boa consciência burguesa pode até lucrar, mas vê no mínimo com desconforto a opressão degradante e a violência, que teriam que ser denunciadas por um Ishmael minimamente honesto e libertário, a quem, diga-se, repugnaria embarcar num negócio assim.

Modernos e enfurecidos: O cortiço, O Ateneu, Os sertões e Triste fim de Policarpo Quaresma[6]

6. Este ensaio se beneficiou de comentários e sugestões de Guto Leite, a quem muito agradeço pela paciência e disponibilidade.

O Brasil não é para principiantes.

Tom Jobim

Alegorias do Brasil: *O cortiço*, *O ateneu*, *Triste fim de Policarpo Quaresma* e *Os sertões* formam o cânone realista e polêmico da literatura brasileira. Os autores são todos republicanos mais ou menos radicais que mantêm uma posição no mínimo crítica em relação ao andamento das coisas depois da Proclamação da República, em 1889.

Podem ser definidos como a liga suicida dos homens livres na ordem oligárquica, a amarga visão dos homens livres em demanda por cidadania civilizada. Suicídio físico, concreto: Raul Pompeia enfia uma bala no peito depois de se considerar desonrado; Euclides da Cunha, também desonrado, parte para o duelo com um dos melhores atiradores do exército brasileiro, o amante de sua mulher; Lima Barreto mata-se na bebedeira. A exceção fica por conta de Aluísio Azevedo, embora seja argumentável que ele se suicidou literariamente, ao abandonar a ficção por sua carreira de diplomata. É um sinal do desencanto coletivo de toda uma geração? São paladinos malogrados, na definição de Nicolau Sevcenko, em *Literatura como missão*? O fato é que constituem o cânone realista da literatura brasileira, em oposição à fórmula considerada conformista e elegante de Machado de Assis. Quando chegar a hora da verdade da criação de uma tradição brasileira que deságue em Jorge Amado, Érico Veríssimo, José Lins do Rego, Graciliano Ramos, etc., a influência forte será deles, não de Machado de Assis (com seus narradores elegantes e cínicos). Deles e provavelmente do lusitano Eça de Queirós, *nota bene*.

Tese um: os suicidas botam fogo no circo, nossos narradores realistas tropeçam em incêndios e conflagrações. Em *O cortiço* há um incêndio que consome tudo, provocado por uma espécie de feiticeiro macabro e ressentido. Em *O Ateneu* (que, assim como *O cortiço*, é uma coletividade quase prisional) o famoso encerramento do romance é um incêndio provocado por ressentimento e ódio de um garoto chamado Américo (haja alegoria). Em *Os sertões* a conflagração é contínua em "*A luta*" e trata-se de um incêndio que consome o arraial de Canudos sob pesado bombardeio. Por fim, em *Triste fim de Policarpo Quaresma* (o nome é de fruto múltiplo e melancólico) o personagem principal abandona seu retiro rural em sanha guerreira para alistar-se junto às forças de Floriano Peixoto, no Rio de Janeiro sob bombardeio da esquadra durante a Revolta da Armada — bombardeio este que não deixa de provocar incêndio. Para completar, uma das maiores desilusões do herói é o fogo cerrado que presencia entre pessoas de uma mesma "gente", como diz na carta à sua irmã: "Houve momentos em que se abandonaram as armas de fogo: batíamo-nos à baioneta, a coronhadas, a machado, a facão". Uma conflagração que consumirá o herói em seu triste fim.

Tese dois, complementar e combinada: os autores inconformistas escrevem panfletos travestidos de romances e ensaio. Panfletos em que personagens danosos, gananciosos e venais são combatidos e ocupam posições análogas em cada narrativa. João Romão está para Aristarco, que está para o Coronel Moreira César, que está para o Marechal Floriano. As acusações contra o militarismo autoritário são significativas e são de obras mais recentes, de acusação histórica, forçando um pouco a nota: a atitude arbitrária e violenta de Moreira César em Canudos e de Floriano durante a Revolta da Armada. Aristarco, o homem anúncio denunciado por Pompeia, é tão venal quanto o português João Romão, dois vilões que se beneficiam da ordem oligárquica escravocrata para gerir seus negócios, de resto, duas coletividades quase prisionais. Outra vez forçando um pouco a nota: Canudos sitiada e o Rio de Janeiro bombardeado pelos inimigos da República também são coletividades sob vigilância; as paredes e a disciplina do Ateneu compõem com as restrições e a regra de conduta sob a qual João Romão mantinha os moradores do cortiço.

Tese três, curta e óbvia: *O cortiço*, *O Ateneu*, *Os sertões* e *Triste fim de Policarpo Quaresma* versam sobre coletividades. Coletividades que vão para o lado alegórico de representarem a coletividade-mor, a nacionalidade, a pátria. Mesmo Euclides circula entre a rua do Ouvidor e a imprensa, que denunciam a ameaça monárquica representada pelo Conselheiro e seus asseclas, e os cafundós da Bahia; o *tour* tem peso mais alegórico, dando conta do famoso choque civilizacional denunciado no livro. Coletividades que representam a pátria brasileira a ser redimida, acusada, avaliada, não necessariamente nesta ordem.

Tese quatro: associado à crítica há um forte ressentimento destes homens livres/narradores. O caso de *O cortiço* já foi analisado no ensaio definitivo de Antonio Candido, "De cortiço a cortiço", que é a inspiração destas teses aqui alinhavadas, que buscam esclarecer qual o teor da prosa realista (ficcional também em Euclides?) no cânone republicano. Mas o narrador ressentido naturalista avalia negativamente a herança racial brasileira, seguindo a pauta estabelecida pela mitologia científica da época. O ressentimento do jovem Sérgio diante de Aristarco é ressentimento de adulto (Pompeia?) avaliando os sofrimentos da juventude, é o olhar maduro que monta a ratoeira de epifania e desilusão em cujo centro se encontra o diretor da Escola. Que dizer do ressentimento cientificista e antiautoritário, ressentimento consigo mesmo na condição de quase escrivão oficial do exército durante o massacre de Canudos? Do ressentimento contra a civilização técnica que vira máquina de devastação dos sertanejos?

Por fim, o ressentimento amargo e satírico de Lima Barreto, que denuncia a trama de favores e interesses que cerca a ingenuidade patriótica do tolo Policarpo. Estaria assim no ressentimento um vetor que leva à caracterização ora heroica ora estúpida do protagonista, num vai e vem que faria o personagem girar em falso, arrostando os supostos inimigos do Brasil em meio ao conchavo generalizado. Daí a adoção de trejeitos amalucados pelo personagem idealista, em esdrúxula confluência com a insanidade de um Quincas Borba ou de Rubião, este também um ingênuo na ordem oligárquica. Certo, Rubião é homem livre na ordem escravista, interesseiro, mas generoso e tolo, enquanto Policarpo é idealista patriótico; contudo, as obsessões de um e de outro confluem em mania, segundo o consenso entre os demais personagens.

O que não quer dizer que não haja violência — a guerra é evidência da violência. O que não há é conflito, tanto que os inimigos da Armada nem são nomeados, são fantasmas a serem combatidos e executados. O conflito fica restrito à fúria honesta e burra de Policarpo, tratado como idealista pelo narrador, que envia os demais personagens ao palco da sátira, embora tais personagens tenham uma mínima consciência do processo social em que estão inseridos, ao contrário do bom Policarpo.

Problema e tese: os protagonistas não são homogêneos socialmente. João Romão é homem livre e estrangeiro que luta, trabalha e explora para subir na ordem oligárquica e receber o título nobiliárquico, mas Sérgio, aluno do Ateneu, é filho de família da elite que resiste aos processos de socialização, um rebelde que investe contra a ordem que lhe é imposta por Aristarco e pela instituição. Aqui o ressentimento, à primeira vista, é do jovem sensível que denuncia Aristarco e com auxílio de Américo investe contra o Brasil (Império e Imperador/Aristarco). Em Euclides as Forças Armadas combatem sertanejos, e a voz irada do ensaísta/narrador/panfletário faz o elogio da bravura de um lado e de outro, além de apelar para a ciência para explicar, comentar e traduzir o ocorrido. É um ressentimento informado cientificamente que investe contra a instituição República e seu braço armado, embora elogie a bravura de oficiais e soldados, assim como também denuncia a insânia de Conselheiro, embora reconheça que o personagem poderia ir para o hospício, mas vai para a história. Já Policarpo é mesmo funcionário remediado e idealista que também bate de frente contra o autoritarismo do exército, mas que antes de tudo combate o senso comum mesquinho e compadrístico que o cerca, daí a crise que resulta na internação em hospício.

Tese cinco: trata-se de continuação do ímpeto romântico e formativo de contribuir para a construção do país, mas o que havia de edificante e conciliatório em Alencar ou Manuel Antônio de Almeida, por exemplo, agora é edificante no sentido crítico e acusatório. A geração republicana, a nova geração, parte para a crítica do *status quo* sem distância, não podendo assimilar a lição crítica e sofisticada de Machado de Assis, que foge ao debate imediato sobre os destinos da pátria com humor e verve irônica. Distância irônica de Machado, proximidade crítica e ressentida na liga suicida. Sem esquecer que Machado dá a fórmula negativa e irônica pela voz de seus narradores perversos e sedutores, todos de elite: o Brasil são eles. Ou o Brasil, do ponto de vista burguês e ilustrado, é uma mixórdia algo constrangedora de registros verbais, procedimentos e estilos, mas é unificado pela classe dominante. Logo, se é para definir o jeito de ser brasileiro, o negócio é assumir o ponto de vista da elite, que é razoavelmente homogênea e tem uma experiência histórica consolidada, ainda que predatória e moralmente intragável.

Segundo Schwarz, Machado encontra a maneira moderna, complexa, nacional e negativa para botar em pé sua ficção. Já nossos narradores aqui são modernos, eventualmente complexos e nacionais, mas positivos e ressentidos. Há uma afirmação de possibilidades que vira problema estético associado ao ressentimento que apela para sátira e ataque direto. Há escassez de autocrítica, com baixo teor de ironia, na medida em que o narrador naturalista de Aluísio envereda pelas acusações racistas e xenófobas; na medida em que o narrador maduro que acompanha o jovem Sérgio não relativiza as desilusões de infância; nos termos da caracterização cômica, mas caricatural, simplificada, tanto de Policarpo como de seus detratores. Assim, a disposição de desvendar o Brasil dá ímpeto crítico, mas cobra seu preço em abstração e desacerto estético, que parecem constituir o problema formal sedimentado pelas aporias de um país que se improvisa, em que o debate público é inorgânico e arbitrário.

E, crucial, em que a reprodução da mão de obra não acontece dentro do país, mas é importada. Por quatrocentos anos importada da África ou preada no mato, por quarenta anos depois de proclamada a república importada da Europa, dentre os pobres e remediados dispostos a tentar a sorte no Novo Mundo. Em outros termos, quem rende unidade à pátria é quem recruta o povo a ser explorado — numa experiência acumulada desde o século XVI, tal elite proprietária e dirigente estabeleceu um ponto de vista consistente a ser desvendado e enunciado, no que residiria o acerto mimético e formal de Machado de Assis. A desesperada tarefa da nova geração, analisada, de resto, pelo próprio Machado em ensaio famoso, é tentar um ponto de vista de resistência, mas um ponto de vista consistente, em uma periferia em que a consistência rebelde não comparece, seja porque o debate público é inorgânico e rebaixado, seja, fator estrutural associado e combinado, porque o povo trabalhador, é, em larga escala, importado. E deixo para os especialistas outros possíveis componentes da equação.

Tese última: os narradores, aí incluído Euclides da Cunha, oscilam pateticamente, o que desequilibra a prosa e emperra enredo e caracterizações. Seria aqui o ressentimento dando conta do que Roberto Schwarz (2000a) assinalou como inconsistência forte em *Senhora*, de Alencar: "Ora, o revezamento de pressupostos incompatíveis quebra a espinha à ficção" (p. 61). Nossos radicais, com seu ressentimento historicamente induzido na periferia do processo, padeceriam de um zigue-zague narrativo que vai do encômio raciocinado e argumentado à crítica impensada, da sátira devastadora ao lirismo piegas, do que decorreram impasses formalizados nas obras, os quais remetem a certa inconsistência social e intelectual vigente no país.

A literatura como missão, devidamente empenhada, faz o inventário das desgraças nacionais, da miséria degradante do cortiço à corrida desvairada e amoral atrás do lucro, sem falar no abuso militarista do poder, mas pode incorrer em uma adesão que se agrava na medida mesmo em que denuncia o procedimento a ser combatido.

O caso Policarpo

Triste fim de Policarpo Quaresma organiza-se em torno dos ideais autênticos e patrióticos do protagonista Policarpo, que se dispõe a salvar o Brasil mediante cultura popular e indígena, ou agricultura racionalizada, ou ainda intervenção militar, nesta ordem. Um conjunto de iniciativas que vai de encontro à pasmaceira tropical do favor, autoritarismo e negociação. Não por acaso quem apoia Quaresma é Olga, descendente de imigrantes relativamente isolada das parentelas brasileiras dispostas a oscilar entre favor e arbitrariedade; mesmo assim, talvez ela entenda um pouco melhor do que ele como o país funciona.

Veja-se o circuito acanhado e interesseiro da família Albernaz. O velho General Albernaz celebra suas glórias imaginárias na Guerra do Paraguai, ao passo que sua esposa, dona Maricota, gere o lar e a disposição casadoura do bando de filhas. Dentre elas, destaca-se o drama de Ismênia que fenece depois de abandonada pelo noivo. É ainda desse conjunto de relações o contato com o Major Inocêncio Bustamante, frequentador do clã Albernaz, que organiza um batalhão de voluntários para defender o governo durante a Revolta da Armada. Quando Quaresma já tiver caído em desgraça, Bustamante se recusará a sequer considerar a possibilidade de auxiliá-lo. E assim por diante, isto é, a teia de favores e interesses específicos ou mesquinhos dita os termos da vida do enxame de funcionários, militares, parasitas, etc., enquanto Quaresma teima em avançar contra os supostos inimigos da pátria — a falsa cultura e tola erudição, a agricultura abandonada, etc.

Ainda na primeira parte do romance, quando Quaresma escreve sua famigerada petição visando instituir o tupi-guarani como "língua oficial e nacional", a repercussão na cidade do Rio de Janeiro é forte, com o personagem tornando-se motivo de chacota universal. A proposta, dirigida ao Congresso Nacional, é mesmo patética e ingênua e estabelece um perfil idealista e risível de Quaresma perante a comunidade, na anotação do narrador:

> Os pequenos jornais alegres, esses semanários de espírito e troça, então! Eram de um encarniçamento atroz com o pobre major. Com uma abundância que marcava a felicidade dos redatores em terem encontrado um assunto fácil, o texto vinha cheio dele: o Major Quaresma disse isso, o Major Quaresma fez aquilo (Barreto, 1983, p. 48).

Quaresma teria caído, assim, na vala dos personagens satirizados pela opinião pública (ou talvez a opinião pública possível), em razão de idealismo ingênuo e nacionalismo exacerbado. Mas, em procedimento típico nessa narrativa um tanto desnivelada formalmente, vem o comentário entre esclarecedor e didático:

> Tudo isto irritava profundamente Quaresma. Vivendo há trinta anos quase só, sem se chocar com o mundo, adquirira uma sensibilidade muito viva e capaz de sofrer profundamente com a menor cousa. Nunca sofrera críticas, nunca se atirou à publicidade, vivia imerso no seu sonho, incubado e mantido vivo pelo calor dos seus livros. Fora deles, ele não conhecia ninguém; e, com as pessoas com quem falava, trocava pequenas banalidades, ditos de todo dia, cousas com que a sua alma e o seu coração nada tinham que ver. [...]
>
> Desinteressado de dinheiro, de glória e posição, vivendo numa reserva de sonho, adquirira a

> candura e a pureza d'alma que vão habitar esses homens de uma ideia fixa, os grandes estudiosos, os sábios, e os inventores, gente que fica mais terna, mais ingênua, mais inocente que as donzelas das poesias de outras épocas.
>
> É raro encontrar homens assim, mas os há e, quando se os encontra, mesmo tocados de um grão de loucura, a gente sente mais simpatia pela nossa espécie, mais orgulho de ser homem e mais esperança na felicidade da raça (Barreto, 1983, p. 49).

Se a proposta de Quaresma de alteração do idioma pátrio era ingênua e desastrada, quase idiota, a intervenção do narrador aqui não fica atrás, com sua caracterização unilateral (candura e pureza d'alma) e o clichê do gênio incompreendido. Como se não bastasse, incide-se no apelo à simpatia pela espécie, orgulho pela condição humana e esperança, tudo isso deflagrado pela disposição aguerrida e ingênua de personagem principal. O narrador alinha-se, portanto, entre os escassos admiradores de Quaresma, em franca oposição à campanha promovida pela imprensa ou à opinião de amigos e desafetos; a solidariedade com o protagonista faz a perspectiva oscilar entre pelo menos duas posições: o elogio do idealismo e a sátira da obsessão beirando a insânia. Uma inconsistência estrutural que prejudica o livro, embora simplifique o debate e torne Quaresma simpático aos olhos do leitor de bom coração, o que se refletirá na fortuna crítica da obra.

Vale mencionar que na literatura brasileira uma atitude diametralmente oposta fora assumida pelo narrador de Machado de Assis ao explorar a dedicação à ideia fixa e a obsessão pelos estudos. Longe de solidarizar-se consigo mesmo, Brás Cubas faz piada escarninha com as boas intenções científicas. Espero que a comparação ajude a esclarecer os polos opostos ocupados pelos personagens, que revelam o limite da pretensão contestadora do republicano inflamado Quaresma e o alcance da ironia autoinfligida por Brás Cubas. Com o cidadão patriota de Lima Barreto, a disposição crítica é evidente ainda que estúpida; com o oligarca inventado por Machado de Assis, assistimos à exposição dos interesses da elite sem que a superação ou alternativa se apresente, daí uma das razões para o niilismo de que o autor será acusado.

Depois de tentar a redenção do Brasil pela cultura popular/folclórica/originária em que comparecem modinha, folclore, língua e costumes indígenas, numa saída que pode ser chamada de culturalista, Quaresma padece seis meses de internamento no hospício, por sua própria iniciativa. Depois disso, o herói parte em busca de outra ideia fixa, novo fetiche, que agora é a modernização agrária. Entre inúmeros percalços, Quaresma será alcançado pela política paroquial de Curuzu, pequena cidade em cuja vizinhança comprou seu sítio. Ao recusar-se a se aliar a qualquer facção no jogo clientelista e coronelista, Quaresma sofre intrigas por todos os lados. O narrador trata de esclarecer que a miséria a que está submetida a população rural é produto de política consciente de grupos que há séculos detêm terra e poder, e para os quais reformas significariam limites ou destruição de seus esquemas de dominação política e social. Mais uma vez Quaresma toma o partido esclarecido e reformista, em consonância com a denúncia do narrador, enquanto o resto dos personagens, à exceção de Olga, ignora as iniciativas bem pensantes e combativas e segue no arreglo e/ou sob dominação espoliadora.

No encerramento desse pouco bucólico período rural, teremos Quaresma promovendo alguma autocrítica. O ex-subsecretário do Arsenal agora considera ingênuas suas propostas de cultura popular e nacional e de incremento da produção agrícola; a saída, a nova ideia fixa, é pela ruptura política. Um governo forte, com reformas profundas e leis compatíveis e inteligentes. Por uma coincidência a calhar, chegam notícias da revolta da esquadra brasileira, que exige a renúncia do Marechal Floriano Peixoto, presidente em exercício. O ex-subsecretário não vacilará e envia telegrama ao Rio de Janeiro: "Marechal Floriano. Rio. Peço energia. Sigo já. Quaresma". Patético e apoteótico, o pobre Quaresma receberá patente e vai se dedicar com afinco às tarefas que lhe cabem. Incansável, o obsessivo Quaresma entrega a um contrafeito Floriano Peixoto um extenso memorial em que expõe as medidas necessárias para modernizar a estrutura agrária do país. Piada marota de Lima Barreto: Floriano rasga a primeira folha para escrever um bilhete. Mais uma ideia fixa que se desmente no ramerrão oligárquico, em período de conflagração e instalação do novo regime.

O Rio de Janeiro, assediado pela Armada, não se distingue tanto assim da cidade pacífica da primeira parte do romance. Quaresma estuda e se esforça, os outros tocam a vida e negociam a favor de suas carreiras; enquanto o agora Major Quaresma dedica-se à pátria, Bustamante dá-lhe ordens na condição de tenente-coronel. O General Albernaz conversa com o Almirante Caldas, que ouve a peroração positivista e autoritária do Tenente Fontes. O marido de Olga trata de reescrever em linguagem rebuscada artigos supostamente científicos. Mas Quaresma persevera, é ferido em batalha, convalesce, volta ao posto militar e, com a revolta dominada, torna-se carcereiro de marinheiros pobres abandonados por seus oficiais. Quando vêm os verdugos com ordens de execução sumária dos pobres-diabos, Quaresma protesta por escrito e sela seu destino, sendo ele também condenado à morte. Em um andamento algo acelerado fica comprovado o caráter impoluto de Quaresma, que no cárcere antes de morrer reavalia amargamente suas ideias, propostas e ilusões.

Quaresma paga o preço de seu idealismo patriótico na sociedade brasileira dominada pelo favor e pelo autoritarismo, sem dúvida, mas o narrador não se distancia, como se viu ali atrás. Antes denuncia, às vezes comicamente, outras vezes a sério (veja-se o perfil de Floriano Peixoto), o jogo bruto ou aliciatório predominante. Daí a caricatura que emerge nas obsessões de Quaresma ou nos tipos interesseiros que desfilam suas mazelas e peculiaridades, o que imprime ao romance um caráter quase de tese em que o subsecretário e major acumula funções de contestação e afirmação, daí derivando para a mania, sem que os demais personagens assumam maior relevo, até porque não há o que contestar no bom Quaresma.

Seu reino não é desse mundo: a narrativa está estruturada de tal forma que o herói envereda por um lado, e os demais personagens se dirigem placidamente para outro, com o narrador insistindo no contraste, mas simplificando e caricaturando o circuito de interesses e favores, em que se figura o país encalacrado. Quaresma troca uma ideia fixa por outra e investe contra os inimigos mais ou menos abstratos da pátria com uma simpatia às vezes perversa que, no entanto, apela para o tom elevado e sentencioso, com pretensões líricas, para dar conta dos dilemas de seu personagem. Policarpo preso faz a crítica da noção de pátria, e sua reflexão se mistura à do narrador no indireto livre.

> Mas, como é que ele tão sereno, tão lúcido, empregara sua vida, gastara o seu tempo, envelhecera atrás de tal quimera? Como é que não viu nitidamente a realidade, não a pressentiu logo e se deixou enganar por um falaz ídolo, absorver-se nele, dar-lhe em holocausto toda a sua existência? Foi o

> seu isolamento, o seu esquecimento de si mesmo; e assim é que ia para a cova, sem deixar traço seu, sem um filho, sem um amor, sem beijo mais quente, sem nenhum mesmo, e sem sequer uma asneira!
>
> Nada deixava que afirmasse a sua passagem e a terra não lhe dera nada de saboroso (Barreto, 1983, p. 153).

A disposição lamentosa contrasta forte com as atitudes e falas objetivas dos personagens que se alinham a favor do governo e da ordem, todos se recusando a interceder a favor de Quaresma. Seus únicos aliados no final do romance — aliados para tentar livrá-lo da morte, não para alcançar seus objetivos vitais — serão o cancionista popular e marginal Ricardo Coração dos Outros e Olga, a filha de imigrante. Uma aliança improvável, mas verossímil armada por Lima Barreto, na medida em que o representante da cultura popular está quase isolado do circuito de favores e interesses da pequena-burguesia, assim como Olga, imigrante de segunda geração, também desconhece o sistema tácito de alianças, favores e empenhos que emperra o país. Olga inclusive esboçará a resistência contra o poder patriarcal ao contestar a vontade do marido, que procura evitar que ela interceda pelo já condenado Quaresma. Em um rompante um tanto inesperado para o desempenho da personagem ao longo da narrativa, vem o grito de orgulho individualista e contestador que a opõe ao chefe da casa.

> — É isto! "Eu", porque "eu", porque "eu" é só "eu", para aqui, "eu" para ali... Não pensas noutra coisa... A vida é feita para ti, todos só devem viver para ti... Muito engraçado! De forma que eu (agora digo "eu" também) não tenho direito de me sacrificar, de provar a minha amizade, de ter na minha vida um traço superior? É interessante! Não sou nada, nada! Sou alguma coisa como um móvel, um adorno,

> não tenho relações, não tenho amizades, não tenho caráter? Ora!... (Barreto, 1983, p. 157).

Policarpo, personagem de perfil dramático inserido em uma comédia ideológica abrutalhada, reivindica conflito e solução em contexto de negociação e arreglo. As bordas do romance, os personagens secundários e marginais, desdizem e riem das obsessões patéticas de Quaresma, que, no entanto, tem a simpatia e a atenção de Lima Barreto. Onde Machado de Assis encontra a fórmula que comenta e desdiz das pretensões do conjunto da sociedade, eventualmente com o apelo à piada macabra, Lima Barreto empreende a denúncia séria e satiriza o conjunto. Em *Triste fim de Policarpo Quaresma*, o protagonista vai para um lado e afirma o conflito, enquanto os interesses do mundo social aderem à ordem e encaminham a negociação. Daí a inusitada semelhança com o andamento do enredo de *Senhora*, de José de Alencar, na percepção de Roberto Schwarz:

> Um só romance, mas dois efeitos de realidade, incompatíveis e superpostos — eis a questão. Aurélia sai fora do comum; seu trajeto irá ser a curva do romance, e as suas razões, que para serem sérias pressupõem a ordem clássica do mundo burguês, são transformadas em princípio formal. Já à volta dela, o ambiente é de clientela e proteção. O velho Camargo, Dona Firmina e o Sr. Lemos, o decente Abreu e o honesto Dr. Torquato, a família de Seixas, as facilidades que este encontra para arranjar sinecuras —, são personagens, vidas, estilos que implicam uma ordem inteiramente diversa. Formalmente, o privilégio cabe à ordem do enredo. Artisticamente, tal privilégio não se materializa, pois Alencar não completa a preeminência formal dos valores burgueses com a crítica da ordem do favor, de que é admirador e amigo. Assim, a forma não só fica sem rendimento, como é restringida em sua vigência: o sinal negativo

> que por lógica e ainda tacitamente ela aporia à matéria de que diverge, é desautorizado, contrabalançado pelas boas palavras. *Ora, o revezamento de pressupostos incompatíveis quebra a espinha à ficção* (Schwarz, 2000a, p. 60–1, grifo meu).

O paradoxo permite que o desacerto estético reúna o supremo amigo da solução patriarcal e escravista, José de Alencar, ao crítico acerbo do patriarcalismo caboclo, Lima Barreto; da obra de um e de outro emergem as dificuldades de se escrever literatura de combate com baixo teor reflexivo e autocrítico. No Brasil, onde as posições críticas tendem a trocar rápido uma ilusão progressista por outra proposta avançada qualquer, o impasse formal de dois autores antagônicos é assemelhado, com conflito reiterado no centro da narrativa e desmentido na periferia, cujos personagens povoam o romance da nota brasileira que o escritor não aproveita formalmente. O conformismo de Alencar, admirador e amigo do favor, é oposto ao inconformismo de Lima Barreto, que, no entanto, condena o clientelismo e a ordem do favor sem alcançar um narrador que aponte a posição em falso do ilustrado e idealista Quaresma sem aderir a ela, isto é, sem cair na mesma armadilha em que ingenuidade, boa vontade, lucidez crítica e ressentimento se alternam. O narrador de Lima Barreto circula entre estas várias posições padecendo, agora no âmbito contestador e republicano, da síndrome de inconsistência detectada por Schwarz no procedimento de Alencar, conformado-inconformista e liberal escravocrata. Um caso a mais de revezamento de pressupostos incompatíveis a danificar a estrutura do romance e a desequilibrar o andamento da prosa realista no país — isto é, na periferia do capitalismo, o avanço do realismo no romance.

Daí a fragilidade estrutural e, no limite, enfadonha do contínuo contraste entre as propostas e arrancos de Quaresma e os expedientes conciliatórios dos personagens circundantes, o que deságua na caricatura amarga, de baixo índice irônico, do cardume de interesses clientelistas e autoritários. É como se a Policarpo coubesse a tarefa de osso e tutano na geleia brasileira encarnada naquele Leonardinho de *Memórias de um Sargento de Milícias*, numa tentativa de estancar a dialética entre ordem e desordem a bem da nação, ou de ao menos estabelecer um ponto fixo que permitisse algum saneamento.

Ainda o contraste machadiano[7]

Tanto Rubião, criação de Machado de Assis em *Quincas Borba*, como Policarpo Quaresma são homens livres na ordem oligárquica estabelecida em uma sociedade burguesa, mas também patrimonial clientelista. Ambos desconhecem o tipo de negociação cabível na sociedade oligárquica e hierarquizada brasileira e pagam com a sanidade e/ou a vida. Rubião se deixa levar por delírios de grandeza e pelo amor de Sofia, que quase corresponde. Policarpo trata de correr atrás de valores autênticos e nacionais (a cultura popular e o tupi, a pujança agrícola, a intervenção militar) que o conduzem à morte por fuzilamento depois de protestar contra a execução arbitrária de prisioneiros. Num sentido amplo e universal, são ingênuos condenados pela perversidade do mundo, mas, na cena brasileira, são representantes da categoria dos homens livres que tentam sua trajetória na hierarquizada sociedade carioca. Rubião ascende mediante a herança deixada pelo

7. Reproduzo daqui em diante parte do texto do primeiro ensaio deste volume, "A propósito de *Quincas Borba*".

filósofo pancada Quincas Borba, enquanto Quaresma corre atrás de seu ideal patriótico sem futuro.

Machado leva o leitor a acreditar que Carlos Maria, o enfatuado galã, e Sofia, paixão nem tão secreta de Rubião, têm um caso amoroso, graças ao ponto de vista do narrador e seus comentários. No meio do romance vem a rasteira do narrador que desdiz as pistas que vinha armando e acusa o leitor de ter acreditado em ilusões românticas, ou pior, em pistas de romance sentimental em que a traição da mulher casada está prevista, em que abordagem amorosa rende adultério. Machado brinca com o leitor e chega a presumir que nós estejamos esperando o romance sentimental ou uma acusação aos desmandos burgueses à moda de Eça de Queirós, em *Primo Basílio*. Em suma, um romance de traição e vício, e Rubião tanto acredita nisso que vira um megalomaníaco de hospício no trópico, depois de descobrir que suas desconfianças de traição romanesca-europeia não se confirmam. Um trauma que ecoa o do leitor de boa vontade que vai ter que assimilar a rasteira de Machado de Assis e prosseguir acompanhando a dilapidação patrimonial e desagregação mental de Rubião, em que o ciúme da bela Sofia tem uma atuação marcante. Ou seja, Machado prometeu o romance de adultério convencional e não cumpriu, além de rir de quem acreditou na promessa.

E no pega pra capar generalizado, Rubião é o ingênuo que não conhece as regras do jogo, nem do jogo da sedução perpetrado por Sofia (sedução e ostentação burguesa, fique claro), nem do jogo capitalista da preservação e ampliação do patrimônio, com suas despesas e receitas. Ele que era um dependente, um homem livre pobre, candidato a cunhado, e depois enfermeiro agregado de Quincas Borba, agora caiu dentro de uma feroz arena de disputas, em que a sobrevivência do mais forte ou mais apto é lei geral. Isto é,

Rubião torna-se vítima da lei que enunciava sem conhecer seu significado. Darwin versão Spencer, mediante síntese biruta de Quincas Borba: *ao vencedor, as batatas*.

Ao vencido que é Rubião, alguma compaixão ou ódio, tal como na fábula enunciada pelo filósofo amalucado Quincas Borba no capítulo 6, em que se refere também *Dom Quixote*, livro brandido por Quincas Borba.

Ao vencido, ódio ou compaixão; ao vencedor, as batatas.

> — Mas a opinião do exterminado?
>
> — Não há exterminado. Desaparece o fenômeno; a substância é a mesma. Nunca viste ferver a água? Hás de lembrar-te que as bolhas fazem-se e desfazem-se de contínuo; e tudo fica na mesma água. Os indivíduos são essas bolhas transitórias.
>
> — Bem; a opinião da bolha...
>
> — Bolha não tem opinião. Aparentemente, há nada mais constritador que uma dessas terríveis pestes que devastam um ponto do globo? E, todavia, esse suposto mal é um benefício, não só porque elimina os organismos fracos, incapazes de resistência, como porque dá lugar à observação, à descoberta da droga curativa. A higiene é filha de podridões seculares; devemo-la a milhões de corrompidos e infectos. Nada se perde, tudo é ganho. Repito, as bolhas ficam na água. Vês este livro? É Dom Quixote. Se eu destruir o meu exemplar, não elimino a obra que continua eterna nos exemplares subsistentes e nas edições posteriores. Eterna e bela, belamente eterna, como este mundo divino e supradivino (Machado de Assis, 2008, p. 766–767).

A referência ao Quixote antecipa a trajetória e demência de Rubião, que, armado de ilusões românticas, investe contra a bela Sofia, que o engambela e trata de explorar, numa operação de que a moça retira não pouco prazer erótico. Talvez toda a fantasia sobre adultério entre Sofia e Carlos Maria, que está no miolo do livro, venha a constituir um artefato literário/moinho de vento montado para expor a ilusão e a tolice do ignaro Rubião e do leitor. No caso de Rubião, é praticamente aí que é deflagrado o processo de alienação que culminará na insânia sem volta. Rubião e leitor são levados pelas evidências de mistério folhetinesco e acabam com cara de bobos, para prazer (perverso?) do narrador.

Vale a pena lembrar que os narradores típicos do romance machadiano, depois de *Memórias póstumas de Brás Cubas*, são protagonistas de um certo perfil, isto é, são respeitáveis representantes da elite escravista e ilustrada brasileira, o que não é o caso de Rubião. Rubião não é um burguês escravocrata de nascença, ele é um homem livre, isto é, um despossuído que se agrega à casa de Quincas Borba para prestar serviços de enfermeiro, sempre sonhando com algum tipo de retribuição na herança. Ora, enquanto a elite pode aderir aos procedimentos de autoengano para na sequência denunciá-los cinicamente ou manipulá-los para seus fins, um tipo como Rubião, homem livre na ordem escravocrata, deixa-se levar pelos delírios compensatórios até virar, literalmente, um Napoleão de hospício. Tudo isso sob o olhar entre melancólico e sarcástico do narrador machadiano que se compraz em dissecar as marchas e contramarchas da consciência (e inconsciência) de um pobre diabo, de um ex-agregado que não tem mais a quem se agregar, sem ter também as condições mínimas para agregar o próximo. Uma figura destinada, portanto, ao limbo das almas nem servis nem servidas, o que paradoxalmente seria uma definição de cidadania em uma sociedade em que tal categoria fizesse sentido, um lugar sem dúvida longe do Império escravista tropical, do Brasil brasileiro que vai dar samba no século XX.

Mero acaso que o único romance de Machado maduro que tem por protagonista um homem livre tenha esse andamento? Acho que não. E John Gledson, na introdução de *Machado de Assis: ficção e história,* arrisca uma interessante caracterização do procedimento narrativo de *Quincas Borba*:

> Na superfície, a trama tem muito pouco a ver com grandes questões históricas, mas existe aqui uma intensa ironia, porque Machado simplesmente — e, em certo sentido, de maneira *realista* — decidiu adotar o ponto de vista de personagens como Palha, para quem as questões radicais têm pouca importância, e apresentar as questões reais através do veículo distorcido da loucura de Rubião (Gledson, 1986, p. 22).

Estaríamos diante do romance de um homem pobre enriquecido em uma sociedade em que riqueza se articula a uma mascarada de domínio público, mas de uso privado, do qual Rubião está excluído. Um jogo cujas regras ele sequer intui, e menos ainda domina. Uma espécie de José Dias que não tem a quem adular, quase uma impossibilidade ontológica no Brasil oitocentista, configurando uma experiência que evolui com alguma graça e muita desgraça para o manicômio e a morte.

Euclides da Cunha e Simão Bacamarte empenhados no diagnóstico

Doente grave, só lhe pode ser aplicado o conceito da paranoia, de Tanzi e Riva.

Em seu desvio ideativo vibrou sempre, a bem dizer exclusiva, a nota étnica. Foi um documento raro de atavismo.

Euclides da Cunha sobre Antônio Conselheiro

Há um personagem que faz as vezes de narrador e cuja idiossincrasia se parece a dos narradores dos romances de Victor Hugo: presente, visível, egocêntrico, exibicionista: o narrador todo poderoso dos romances românticos, neste caso o próprio Euclides da Cunha, que entra constantemente a opinar, exortar, polemizar com o leitor.

Mario Vargas Llosa, *Dicionário amoroso da América Latina*

Euclides da Cunha, em sua disposição de combate e de debate científico, pode ser considerado um representante tardio da célebre Geração de 1870; talvez ele em *Os sertões* alcance a síntese tardia da rapaziada que foi saudada e ironizada por Machado de Assis em seu ensaio "A nova geração" (que por sinal é sobre poesia). Não é exagero considerar que Euclides também exibe uma sensibilidade romântica e radical reformista. Mesmo o famoso trecho de caracterização do sertanejo é repassado por um arrepio empenhado e sentimental que se associa ao romantismo brasileiro; que o sertanejo seja antes de tudo um forte faz paralelo provocador com os mestiços neurastênicos do litoral, sendo que a oposição entre sertão e litoral insinua a concepção de Brasil em jogo.

> O sertanejo é antes de tudo, um forte. Não tem o raquitismo exaustivo do mestiço neurastênico do litoral.
>
> A sua aparência, entretanto, ao primeiro lance de vista, revela o contrário. Falta-lhe a plástica impecável, o desempeno, a estrutura corretíssima das organizações atléticas.
>
> É desgracioso, desengonçado, torto. Hércules-Quasímodo, reflete no aspecto a fealdade típica dos fracos. O andar sem firmeza, sem aprumo, quase gingante e sinuoso, aparenta a translação dos membros desarticulados. Agrava-o a postura normalmente abatida, num manifestar de displicência que lhe dá um caráter de humildade deprimente (Cunha, 2016, p. 141).

O parágrafo alonga-se a explicar o sertanejo em chave negativa para alcançar a cavidade retórica: "Reflete a preguiça invencível, a atonia muscular perene, em tudo: na palavra remorada, no gesto contrafeito, no andar desaprumado, na cadência langorosa das modinhas, na tendência constante à imobilidade e à quietude" (Cunha, 2016, p. 141–142).

O leitor de *Os sertões* lembrará que a próxima linha vem com adversativa enfática:

> Entretanto, toda esta aparência de cansaço ilude.
>
> Nada é mais surpreendente do que vê-la desaparecer de improviso. Naquela organização combalida operam-se, em segundos, transmutações completas. Basta o aparecimento de qualquer incidente exigindo-lhe o desencadear das energias adormidas. O homem transfigura-se. Empertiga-se, estadeando novos relevos, novas linhas na estatura e no gesto; e a cabeça firma-se-lhe, alta, sobre os ombros possantes, aclarada pelo olhar desassombrado e forte; e corrigem-se-lhe, prestes, numa descarga nervosa instantânea, todos os efeitos do relaxamento habitual dos órgãos; e da figura do tabaréu canhestro, reponta, inesperadamente, o aspecto dominador de um titã acobreado e potente, num desdobramento surpreendente de força e agilidade extraordinárias (Cunha, 2016, p. 142).

Da atonia desmilinguida na abertura do texto ao apogeu dos parágrafos seguintes, o ensaísta acumula tensões e contradições que não cessam de se desdobrar, concedendo uma dinâmica arrebatadora ao texto. O que não chega a alterar, penso eu, que esse sertanejo seja, no seu feixe de contrastes, também uma fantasia racista em que se mesclam brancos aventureiros (paulistas?) e índios, com rala contribuição negra. Em contraste aos mestiços litorâneos neurastênicos, temos aqui um bom selvagem, quase um Peri, só que não é obediente, subordinado e conformista, mas sim, sob as ordens de Conselheiro, insubordinado, desobediente, etc.

Sua ação, saudada por Euclides, é a crítica prática e belicosa às forças armadas e ao litoral com civilização de empréstimo. Sem ter obtido o empréstimo da civilização europeia, aquele Hércules-Quasímodo sertanejo vira o cerne da raça combatente que é derrotada pelo litoral civilizado mas também bárbaro. É Euclides da Cunha quase retomando

José de Alencar, mas de sinal invertido, isto é, elabora uma fórmula fundamentalista com base racial para atacar o Brasil republicano, que é uma república que mantém os vícios combatidos pelo Euclides, que é republicano.

O conjunto um tanto disparatado de fatalismo e disposição rebelde compreende uma teoria racial peculiar em *Os sertões*, de acordo com a historiadora Luciana Murari. Mesmo a fórmula contraditória e altissonante de Hércules-Quasímodo é funcional ao referir a síntese do sertanejo capaz de resistir ao ímpeto civilizatório da artilharia (boa parte dela fornecida pela Krupp alemã) do Exército Brasileiro.

> Para o escritor, essa raça do norte, *oriunda de elementos convergentes de todos pontos, porém diversa das demais deste país* é, por excelência, a síntese do que poderia ser o Brasil como nação. Ela seria, num futuro provável, a única etnia sólida o bastante para assimilar de forma coerente a civilização. A raça sertaneja seria, portanto, a base para a formação da nacionalidade brasileira. Aos nossos *patrícios retardatários* vislumbra-se, portanto, uma possibilidade de futuro totalmente negada aos homens do sul do país. Esta sua teoria está longe de ser *um divagar pouco atraente*, como o definiu o escritor, revezando duas qualificações que, se a princípio parecem concorrentes, são, na verdade, complementares: força heroica e anacronismo. Euclides da Cunha dedica sua análise a desfazer aparências, através, por exemplo, da conhecida imagem do *Hércules-Quasímodo*, valiosíssima para que se tornasse compreensível a espantosa resistência dos sertanejos às forças republicanas durante a guerra de Canudos. É curioso observar como o escritor, na verdade, não se contradiz neste ponto da narrativa, se consideradas suas ilações acerca da formação racial do povo brasileiro. Não há incoerência entre a afirmação de que não havia *naquele momento* um

> tipo antropológico definido no Brasil, e o postulado de que a raça sertaneja seria *virtualmente capaz* de constituir uma raça definida e estável, no futuro. Na verdade, o que o escritor pretende apontar é um paradoxo, que, para ele, está na realidade (Murari, 2007, p. 129–130).

A raça sertaneja, hoje retardatária anacrônica, pode vir a ser raça definida e estável, enquanto o mestiço neurastênico do litoral mantém intercâmbio precário com civilização e oscila ao tentar se inserir em progresso que mal compreende. O juízo melancólico e altissonante permite a generalização equivocada, mas que mantém a dicotomia que dá nervo à narrativa, até porque projeta uma tendência que emerge dos sertões. A argumentação científica parece aqui desaguar em profecia de um visionário, o que corrobora a concepção de Antonio Candido, apresentada adiante.

Outra evidência da sensibilidade romântica de Euclides é a grandiloquência de "A terra", em que se confundem teorias geológicas e retórica retorcida e emocionada sobre o mar do sertão, cujos paradoxos abrigaram a grande tragédia/conflagração de Canudos. Roberto Ventura, em *Os sertões* (publicado em 2002 pela Publifolha, Coleção Folha Explica), aponta que o procedimento de abertura em "A terra" é um imenso e aéreo *travelling* que percorre grande parte do Brasil e desce sobre o sertão. O autor registra que tal efeito é análogo ao de Castro Alves em *O navio negreiro*, que sobrevoa léguas de oceano para então parar e mergulhar na cena do crime. Para Castro Alves era o crime do tráfico escravista concentrado simbolicamente no navio que carrega suas vítimas; para Euclides é o crime do massacre perpetrado pelo braço armado do litoral civilizado por empréstimo, e o cenário são os sertões em causa. A favor desse paralelo, cabe lembrar que *O navio negreiro* termina com apelo saneador, entre grandiloquente e beirando a cafonice patriótica, aos heróis da América.

> Fatalidade atroz que a mente esmaga!
> Extingue nesta hora o brigue imundo
> O trilho que Colombo abriu nas vagas,
> Como um íris no pélago profundo!
> Mas é infâmia demais!... Da etérea plaga
> Levantai-vos, heróis do Novo Mundo!
> Andrada! arranca esse pendão dos ares!
> Colombo! fecha a porta dos teus mares![8]

Ora, "A terra" se encerra com Euclides propondo uma política de expansão de garantia hídrica pelo deserto, com poços artesianos e desvio de rios para que a aridez seja combatida, política que remete às providências francesas no Norte da África, isto é, à metrópole civilizadora que trata de alterar a paisagem colonial.

> Por fim a Tunísia, onde haviam aproado os filhos prediletos dos fenícios, mas que até então se reduzira a um litoral povoado de traficantes ou númidas erradios, com suas tendas de tetos curvos branqueando nos areais como quilhas encalhadas — se fez transfigurada, a terra clássica da agricultura antiga. Foi o celeiro da Itália; a fornecedora, quase exclusiva, de trigo, dos romanos.
>
> Os franceses, hoje, copiam-lhes, em grande parte os processos, sem necessitarem alevantar muramentos monumentais e dispendiosos. Represam por estacadas, entre muros de pedras secas e terras, à maneira de palancas, os oueds mais bem dispostos, e talham pelo alto de suas bordas, em toda a largura

8. Disponível em domínio público em: http://www.dominiopublico.gov.br/download/texto/bv000068.pdf.

> das serranias que os ladeiam, condutos derivando para os terrenos circunjacentes, em redes irrigadoras.
>
> [...] E a histórica paragem, liberta da apatia do muslim inerte, transmuda-se volvendo de novo à fisionomia antiga. A França salva os restos da opulenta herança da civilização romana, depois desse declínio de séculos (Cunha, 2016, p. 86–87).

Aqui chegamos ao outro elemento definidor de Euclides: nacionalista crítico, ele tem a ciência e o progresso como método, daí que seu mito fundador sertanejo seja derivado de um raciocínio evolucionista com ecos de racismo científico, assim como sua proposta de redenção do deserto sertanejo emerge da política da racionalista metrópole francesa. Não é preciso muito esforço para perceber a contradição entre elogiar a força sertaneja que se abastece do combate contra o hábitat e a proposta de acabar com o hábitat, isto é, acabar com o sertão árido que molda e garante a força sertaneja. Estamos diante de um autor que leva às últimas consequências seus argumentos e contradições, o que guarda relação direta com a retórica monumentalizante inçada de antítese, oxímoro e ironia (nos termos de Leopoldo Bernucci, que, no entanto, atribui o excesso de paradoxos a um genérico caráter barroco de Euclides, sem atentar para o perfil histórico do autor).

> As inúmeras expressões ligadas ao drama — anfiteatro, cenário, palco, tragédia, atores, plateia, espectadores — permitem a Euclides desenvolver uma ideia central em sua escrita: a inversão de papéis. Decorrem de tal inversão, conforme notou Leopoldo Bernucci, no prefácio à edição anotada de *Os sertões* (2001), as principais figuras de linguagem e pensamento do livro, como a antítese, o oxímoro e a ironia, que mostram a ilusão e o avesso das coisas e estabelecem correspondências momentâneas entre os objetos, que logo se tornam ilusões ou paradoxos,

> a exemplo da visão do céu que se transforma em inferno, ou do deserto que cria a miragem do mar (Ventura, 2002, p. 65).

Ora, a mistura de romantismo patriótico e pretensão científica já contém paradoxo suficiente, mas Euclides trata de multiplicá-la em escala monumental. Daí também a caracterização algo delirante e elitista de Euclides ao tratar Antônio Conselheiro como um demente com talento, que foi para história como poderia ter ido para o hospício. Contudo devemos registrar que o raciocínio que leva do hospício à história inicia em chave abstrata e grandiloquente remetendo a "camadas profundas de nossa estratificação étnica".

> É natural que estas camadas profundas de nossa estratificação étnica se sublevassem numa anticlinal extraordinária — Antônio Conselheiro...
>
> A imagem é corretíssima.
>
> Da mesma forma que o geólogo interpretando a inclinação e a orientação dos estratos truncados de antigas formações esboça o perfil de uma montanha extinta, o historiador só pode avaliar a altitude daquele homem, que por si só nada valeu, considerando a psicologia da sociedade que o criou. Isolado, ele se perde na turba dos nevróticos vulgares. Pode ser incluído numa modalidade qualquer de psicose progressiva. Mas posto em função do meio, assombra. É uma diátese, e é uma síntese. As fases singulares de sua existência não são, talvez, períodos sucessivos de uma moléstia grave, mas são, com certeza, resumo abreviado dos aspectos predominantes de mal social gravíssimo. Por isto o infeliz, destinado à solicitude dos médicos, veio, impelido por uma potência superior, bater de encontro a uma civilização, indo para a história como poderia ter ido para o hospício. Porque

> ele para o historiador não foi um desequilibrado. Apareceu como integração de caracteres diferenciais — vagos, indecisos, mal percebidos quando dispersos na multidão, mas enérgicos e definidos, quando resumidos numa individualidade.
>
> Todas as crenças ingênuas, do fetichismo bárbaro às aberrações católicas, todas as tendências impulsivas das raças inferiores, livremente exercitadas na indisciplina da vida sertaneja, se condensaram no seu misticismo feroz e extravagante (Cunha, 2016, p. 177–8).

Para o historiador ensaísta, o líder dos fortes e bravos sertanejos é "um gnóstico bronco" que explora o primitivismo dos sertanejos e os agrega na Tróia de Taipa, na *urbs* monstruosa: Euclides, portanto, enviaria Antônio Vicente Maciel para a Casa Verde, tal como Machado satiriza o cientificismo autoritário em "O alienista". Isto é, Antônio Conselheiro, para Euclides/Bacamarte, deveria ter sido internado em um hospício, mas resultou virando assunto do historiador e escritor. E Euclides Bacamarte da Cunha, glorioso representante de elite ilustrada, é também o feroz dissidente que critica a pátria por não ter enviado escolas para Canudos, mas rifles e canhões. Bem, se os bravos sertanejos estavam submetidos à autoridade do insano Conselheiro, por que acreditar em solução não repressiva? A cabeça cientificista e positivista de Euclides saúda a intervenção militar enérgica, enquanto o coração romântico se divide entre cantar a glória do primitivo ou contratar professores para acabar com o primitivo.

Mas até aqui ainda estamos expondo os dilemas e impasses da consciência dilacerada da boa vontade cientificista republicana, que, no entanto, configuram os lances mais datados do livro. Se as balizas estéticas e ideológicas são estas — isto é, uma oscilação entre nacionalismo romântico com sertanejo forte, etc., e determinismo científico em transe reformista —, a composição retórica, as associações abruptas, os contrastes furiosos levam a outro resultado, de extraordinária substância artística e mimética. Em síntese que mereceria ser mais divulgada, Antonio Candido alegou (a palestra é de 1947) que Euclides opera uma combinação paradoxal e genial que oscila entre o narrador cientista e o iluminado/visionário, que submete seus personagens a "fatores" de meio e raça contra os quais os personagens lutam, vivem, resistem, e aos quais sucumbem. As abstrações de meio e raça de fato constrangem e organizam, mas são forças superiores a serem combatidas pela contingência jagunça, o que detona as tensões explosivas e o apelo emocional. O trecho de Antonio Candido é extenso, mas de grande valia:

> Com tudo isso, porém, e talvez por causa disso tudo, a sua interpretação não é menos genial. Muito mais que sociólogo, Euclides é quase um iluminado. As simplificações que operou, na síntese das grandes visões de conjunto, permitem-lhe captar a realidade mais profunda do homem brasileiro do sertão. Por isso há nele uma visão por assim dizer trágica dos movimentos sociais e da relação da personalidade com o meio — físico e social. Trágica, no sentido clássico de visão agônica em que o destino humano aparece dirigido de cima. O homem euclideano é o homem guiado pelas forças telúricas, engolfado na vertigem das correntes coletivas, garroteado pelas determinações biopsíquicas: — e no entanto, elevando-se para pelejar e compor a vida na confluência destas fatalidades. Semelhante visão não se confunde com o mecanicismo de muitos deterministas do seu tempo ou anteriores a ele. Em Ratzel, ou em Buckle, não há tragédia: há jogo mútuo quase mecânico entre o homem e o meio. Em Euclides, porém, seu discípulo, podemos falar de sentimento trágico, porque nele as determinantes do comportamento humano, os célebres fatores

> postos em foco pela ciência, no século XIX, são tomados como as grandes forças sobrenaturais, que movimentam as relações dos homens na tragédia grega. Só o compreenderemos, pois, se o colocarmos além da sociologia — porque de algum modo subverte as relações sociais normalmente discriminadas pela ciência, dando-lhes um vulto e uma qualidade que, sem afogar o realismo da observação, pertencem antes à categoria da visão (Candido, 2002, p. 181–182).

Mas se Euclides pode oscilar entre sociólogo, letrado cientificista e quase xamã possuído por visão trágica da Campanha de Canudos, também é razoável registrar que "A luta" é a terceira parte de *Os sertões*, que narra a sequência e a articulação do conflito no sertão baiano, o que faz muita diferença no conjunto.

E mais uma vez apelo a Antonio Candido, agora em seu "De cortiço a cortiço", publicado em 1991. Eu arrisco dizer que, quando explode a hora e vez de "A luta", ocorre algo análogo ao que se apresentou em *O cortiço*, segundo Antonio Candido no ensaio instigante e memorável: a estrutura e o andamento da narrativa derrotam as viseiras ideológicas do autor Aluísio Azevedo. Euclides, artista e intelectual superior, expõe as virtudes e a fúria da população de Belo Monte, aqueles conselheiristas que são as vítimas da barbárie de sua (dele, Euclides) amada república. Trata-se de uma coletividade rural composta de gente pobre que resiste inexplicavelmente ao cerco de um exército cuja superioridade técnica e estratégica é irremediável. Resistência inexplicável pelas coordenadas mentais de Euclides, diga-se. Ao chegar à narrativa da resistência e destruição do arraial, o autor arremessa à caatinga suas fantasias fundamentalistas românticas e sua crendice racista científica para prosseguir narrando os fatos de um massacre inexorável e inadmissível, que põe a nu a força e as misérias daquele povo abandonado ao próprio azar no seio amoroso do Brasil. "A luta", a maior parte do livro, para nossa sorte, desmente e derrota o arcabouço teórico e ideológico do texto, até porque incorpora à prosa, com antítese e oxímoro, o desastre intelectual do autor preparado e progressista. Euclides Bacamarte da Cunha, lido a partir da estrutura do livro, enfia a carapuça e se percebe internado na Casa Verde republicana brasileira.

No âmbito do fetichismo craniométrico e da saga odienta republicana, há uma nota patética e grotesca a unir o Conselheiro a Euclides da Cunha, ou melhor, a unir as duas cabeças. Em seu excelente livro a historiadora Luciana Murari informa que o cadáver de Antônio Conselheiro foi exumado (ele morreu antes do fim da guerra) e decapitado, sendo sua cabeça enviada ao Rio de Janeiro, onde foi espetada em uma lança e exibida em parada militar. O infatigável Raimundo Nina Rodrigues, médico baiano renomado, tratou de examinar o crânio, que foi mantido na Faculdade de Medicina da Bahia até ser destruído em um incêndio no início do século XX. Nina Rodrigues, considerado o maior estudioso de antropologia criminal no Brasil, depois de exame criterioso, emitiu o parecer que mereceria o talento de um Zé Celso Martinez Correa misturado com Chico Anísio para ser atualizado: "O crânio de Antônio Conselheiro não apresentava nenhuma anomalia que denunciasse traços de degenerescência: é um crânio de mestiço onde se associam caracteres antropológicos de raças diferentes (...) É, pois, um crânio normal (...)" (Rodrigues, 1939 *apud* Murari, 2007, p. 199–200). Embora o sábio tome a precaução de acrescentar: "Antônio Conselheiro era realmente muito suspeito de ser degenerado, na sua qualidade de mestiço" (p. 200). Talvez nem Simão Bacamarte chegasse a tanto.

Luciana Murari também anota que o cérebro de Euclides da Cunha em 1909 foi retirado por Afrânio Peixoto, outro renomado médico baiano (estabelecido no Rio de Janeiro), e enviado para estudos ao Instituto Médico-Legal. Mais tarde foi removido por Edgard Roquette-Pinto para o setor de Arqueologia do Museu Nacional, até que em 1983 foi trasladado para a sua cidade natal, Cantagalo, e mantido em um sacrário(!). Afrânio Peixoto, depois de improvisar o romance *A Esfinge*, virá a ocupar a vaga de Euclides na Academia Brasileira de Letras, em merecida apoteose por serviços prestados às Letras pátrias. É o mesmo enérgico Afrânio que negociará com autoridades francesas em 1923 a doação do prédio, imitação do Petit Trianon de Versalhes, que até hoje abriga a Academia Brasileira de Letras. A construção foi erguida e financiada pela França por ocasião das festividades do Centenário da Independência do Brasil.

ARREDORES

Ressentimento do mundo: provocação e reflexão na poesia de Drummond nos anos 1950

O fazendeiro do ar ajusta contas

Nos anos 1950, a melancolia desceu sobre a inspiração de Carlos Drummond de Andrade, embora não lhe tenha roubado nenhuma vitalidade ou ímpeto experimental, apesar dos boatos em contrário nos arraiais vanguardistas. Melancólico e vertical, o poeta inspiradíssimo ousou ritmos clássicos e verso livre, patrocinados pelo *ennui* referido na epígrafe de *Claro enigma*, livro de 1951, para alcançar uma poesia que oscilava entre melancolia, elevação e deboche; uma oscilação de tom e dicção que qualifica e reorienta a célebre guinada classicizante do poeta na década de 1950. Vale recordar que John Gledson, no livro dos anos 1970, já objetava contra a avaliação que indicava o caráter elevado e classicizante da poesia cinquentona de Drummond, e a leva atual de reexame do poeta pode servir para uma retomada do debate. Se Davi Arrigucci Júnior (2002) define um perfil de Drummond reflexivo e sentimental do início ao fim da carreira, em Jerônimo Teixeira (2005) a nota brasileira é mais intensa ao referir uma cordialidade algo pérfida.

Para Vagner Camilo (2001), que discute a inserção histórica de Drummond, vale estabelecer as mediações que permitam avaliar a passagem da *rosa do povo* à *rosa das trevas* de *Claro enigma*. Para nossos fins trata-se de discutir em que condições estéticas e históricas o poeta público traiu as expectativas de seu suposto público bem pensante, e derivou perigosamente para aquele hermetismo injurioso referido por Merquior (1976) ao analisar *Claro enigma*. A tentativa aqui é de expor com ênfase o inconformismo da poesia supostamente classicizante dos anos 1950, que retoma e remodela o sentimento do mundo, inclusive a ironia e a provocação que estavam em Drummond desde *Alguma poesia*. Sendo assim, o fazendeiro do ar ajusta contas com seu próprio empenho solidário e progressista e abre voo reflexivo, negativo e melancólico, até mesmo enunciando os dilemas bem brasileiros de uma formação nacional pifada. Que ele tenha referido assim o jeito de ser brasileiro, na década de 1950, quando tantas promessas democráticas e industrializantes apontavam para um destino melhor para o país, não deixa de soar profético para quem contempla o processo mais de cinquenta anos depois.

Vejam-se os versos iniciais de um poema famoso do livro *Fazendeiro do ar*, de 1954.

Eterno

E como ficou chato ser moderno.
Agora serei eterno.

Eterno! Eterno!
O Padre Eterno,
A vida eterna,
O fogo eterno.

(Le silence éternel de ces espaces infinis m'effraie.)

O que é eterno, Yayá Lindinha?
Ingrato! é o amor que te tenho.

Eternalidade eternite eternaltivamente
eternuávamos
eternissíssimo
A cada instante se criam novas categorias do eterno.[9]

Na sequência posterior do poema, o tom muda e Drummond encadeia períodos longos e majestosos para levar adiante uma reflexão ambiciosa sobre eternidade, nada mais, nada menos. Mas vale a pena comentar o trecho citado. O enunciado abrupto e coloquial ("chato") tem certo efeito humorístico ao descartar-se das pretensões de ser moderno. Por que o moderno é descartável? Desfrutável? Fácil? O humor explora o absurdo da pretensão à eternidade, como se de uma penada se alcançasse o estatuto de eterno. *Agora serei eterno* é uma frase que afirma um desejo e desautoriza, pelo voluntarismo patife, quem afirma tal coisa.

A estrofe seguinte, com as exclamações de pregão autopromocional (de feira? de bolsa de valores?), alinha as referências sucintas, sem verbo, à mitologia cristã sobre a transcendência, sempre com eterno na expressão, que vai da autoridade suprema ("padre") ao fogo inextinguível que aguarda os pecadores, passando pela promessa de redenção e vida após a morte ("a vida eterna"). A sequência abrupta com o adjetivo eterno repetido tem algo de piada que denuncia o caráter mecânico e obsessivo de quem busca a eternidade, ao mesmo tempo em que afirma a irrelevância pretensiosa do esforço.

---

9. Daqui em diante, todas as citações de poemas de Drummond neste livro são da sua *Poesia completa*, publicada em 2002 pela Nova Aguilar.

E tudo isso é só a abertura do poema. A partir daí o poeta solta sua veia reflexiva em andamento majestoso para alcançar, entre outros achados luminosos, versos como: "Naufragamos sem praia; e na solidão dos botos afundamos. / É tentação e vertigem; e também a pirueta dos ébrios".

Naufragar sem praia, com ponto-e-vírgula, não é para qualquer um. Em "Eterno", diga-se, a disposição galhofeira da abertura do poema revela a capacidade de ironizar a tradição, inclusive a moderna. Chega de saudade, por que não aspirar a algo mais nobre? Se o eterno, depois dos efeitos dessublimizantes do ziguezague irônico de Drummond, vira aspiração entre patética e ridícula, o moderno não passa de mais uma rubrica de avaliação, tão datada quanto o eterno. Não deixa de ser uma provocação contra o conformismo de quem queira enquadrá-lo: moderno, universal, regional, etc. Talvez mesmo uma piada sobre quem quiser rotulá-lo de maior poeta brasileiro.

No exercício implacável do humor vale moer no mesmo artefato lírico a fé católica, a filosofia cosmopolita e a cor local machadiana, para alcançar um efeito estético e ideológico cheio de ambivalências. Recusa do conformismo escolar da busca da transcendência? Variação rítmica e imagística de virtuose? Provocação pura e simples ao leitor? Não é difícil perceber tudo isso no texto desse poema. Mais interessante é tentar o esforço interpretativo para dar conta do impacto extraordinário dos versos.

A polêmica em torno do par moderno/eterno equivaleria a um ajuste de contas de Drummond com as pretensões um tanto edificantes do Modernismo brasileiro de primeira hora, tão engajado em estabelecer o moderno a partir do critério nacional, em franca oposição ao cosmopolitismo beletrista e parnasiano então hegemônico. Nesse sentido, estaria em causa o lado mais patriótico e localista de *Macunaíma*, de

Mário de Andrade, ou da *Poesia pau-brasil*, de Oswald, mas o que mais interessa, como é de se esperar em Drummond, é o ajuste de contas consigo mesmo ao recusar-se ao desrecalque localista ingênuo ou ao apelo à solidariedade anticapitalista de *Sentimento do mundo*.

Claro, talvez, seja mesmo uma retomada da ironia niilista de *Brejo das almas,* mas em andamento melancólico e debochado posterior ao tédio da epígrafe valéryana de *Claro enigma*. Uma poesia de fato enigmática, mas que merece ser lida por uma lente que evidencie os golpes maliciosos e mesmo perversos de um poeta sempre atento e disposto a enunciar o "emperramento da formação nacional", como procura demonstrar Alexandre Pilati em tese de doutorado recente (2009).

Um livro instigante

Em *Da rosa do povo à rosa das trevas* (2001), livro dedicado à poesia de Drummond, Vagner Camilo alcançou um avanço notável na discussão estética e histórica da lírica modernista brasileira. Mediante o conceito de campo literário de Bourdieu (1997), parece-me que Camilo tem a intuição sobre a alteração civilizatória ocorrida no Brasil, inclusive no impacto dela sobre o talento absurdo de Drummond, na condição de exigente poeta nacional. A especialização do trabalho artístico ocorrida nos anos 1940 a 1950 teria levado os poetas a redimensionarem suas ambições, mas também enquadrou o amadurecimento de Guimarães Rosa, Clarice Lispector e Murilo Rubião. Mesmo os prosadores abandonaram em parte a tarefa de representar o Brasil e seus dilemas a serem mapeados regionalmente, porque isso já tinha sido feito pelo romance de 1930 e pelo entusiasmo de país novo dos modernistas.

Desde a década de 1930 começa a se definir maior alcance para as obras literárias em geral, do que resulta o estabelecimento de um público ampliado e nacional, abastecido por editoras também nacionais, como José Olympio, Globo e Companhia Editora Nacional. A melhor síntese sobre o assunto, para variar, é de Antonio Candido, que enuncia a precaução cabível.

> Não se pode, é claro, falar em socialização ou coletivização da cultura artística e intelectual, porque no Brasil as suas manifestações em nível erudito são tão restritas quantitativamente que vão pouco além da pequena minoria que as pode fruir. Mas levando em conta esta contingência, devida ao desnível de uma sociedade terrivelmente espoliadora, não há dúvida que depois de 1930 houve alargamento de participação dentro do âmbito existente, que por sua vez se ampliou.
>
> Isto ocorreu em diversos setores: instrução pública, vida artística e literária, estudos históricos e sociais, meios de difusão cultural como o livro e o rádio (que teve desenvolvimento espetacular). Tudo ligado a uma correlação nova entre, de um lado, o intelectual e o artista; do outro, a sociedade e o Estado — devido às novas condições econômico-sociais [...] (Candido, 1987, p. 182).

Não se trata, de forma alguma, de alfabetização em massa e de redimensionamento do tamanho do público em geral, portanto. De resto, quando o sistema literário está pronto para incorporar leitores em um país que, no pós-guerra, reencontra as promessas da democracia, os meios de comunicação em massa tratam de atrair boa parte da população para o entretenimento auditivo. As pretensões da formação da literatura brasileira em contribuir para o avanço civilizatório sofrem a concorrência do entretenimento popular com radionovela e muita, muita canção — de Noel Rosa a Caymmi, Ary Barroso, etc. Não se trata aqui de avaliar a amplitude ou a dimensão da *mass media* já na década de 1940, ou de entrar no debate fascinante sobre o papel da música popular na cultura brasileira, o que implicaria algum tipo de exame dessa mercadoria específica, que é a canção, e seu impacto no gosto popular e nas atividades de intelectuais, poetas, etc. A questão que me interessa é examinar a crise da consciência letrada, mais ou menos empenhada em melhorar o país, ao perceber que a contribuição da literatura para a melhoria é irrelevante, diante dos planos dos economistas e burocratas, diante dos apelos da mercadoria disseminada, diante do samba, samba-canção, bolero, entre outros, onipresentes e reincidentes.

Ao que tudo indica o lugar disponível para o sistema literário, pelo menos nas suas pretensões formativas de contribuir para o debate, viu-se drasticamente reduzido. E a especialização do campo literário é uma resposta evidente à modernização em curso, mas a especialização pode ser incorporada esteticamente sem maiores restrições como também pode vir a ser reelaborada esteticamente como problema. No caso do ambicioso poeta nacional Drummond, o baque da crise nas pretensões formativas teria provocado uma resposta estética em que tédio valéryano e ressentimento, muito requintado formalmente, são componentes cruciais. Vale notar que João Cabral de Melo Neto, poeta mais jovem e sempre atento aos movimentos de Drummond, responderá ao quadro de especialização inventando para si mesmo as duas águas de sua poesia; os poemas em voz alta para público em geral e os poemas cerebrais para leitura silenciosa dos *happy few*.

Enfim, o campo literário autônomo, com seu consequente formalismo e especialização do trabalho artístico, estabelece uma relação tensa com certa consciência do fim do mundo letrado. Consciência que contribui com força para definir o caráter histórico do *ennui* de *Claro enigma*, com o poeta exibindo enorme liberdade estética num país impulsionado pela modernização capitalista, em breve com andamento juscelinista/desenvolvimentista de cinquenta anos em cinco. Daí uma parte não negligenciável do ressentimento do poeta sofisticado e plenamente inserido na tradição literária, mas condenado a escrever para o escasso público de poesia em um país de analfabetos em uma língua desconhecida do resto do mundo. O Brasil urbano dos apelos do rádio e do incipiente consumismo, outrora um país em que a literatura fora crucial para discussão e estabelecimento do destino nacional, vê surgir a poesia exigente de *Claro enigma*, numa virada da ambição estética que deflagra a fatura de poemas longos e complexos e que é coletiva na poesia (veja-se a *Invenção de Orfeu* de Jorge de Lima, o *Ouro Preto* de Murilo Mendes, o *Romanceiro* de Cecília Meireles). Em Drummond, as circunstâncias rendem o tédio de provocação, a eventual agressão ao leitor, a atitude irônica que busca a parceria alerta, faca só lâmina, mas também rendem a exigência estética renovada que inclui o hermetismo injurioso e o ajuste de contas entre nostálgico e irônico com o passado latifundiário e patriarcal.

Drummond, o lírico reconsidera seu empenho

Para examinar o gume estético da guinada antipúblico do grande poeta público, na expressão de Otto Maria Carpeaux, vale acompanhar e debater a análise empreendida por Vagner Camilo da primeira seção de *Claro enigma*, intitulada "Entre lobo e cão", mais especificamente a análise de alguns sonetos do início da seção.

Confissão

Não amei bastante meu semelhante,
não catei o verme nem curei a sarna.
Só proferi algumas palavras,
melodiosas, tarde, ao voltar da festa.

Dei sem dar e beijei sem beijo.
(Cego é talvez quem esconde os olhos
embaixo do catre.) E na meia-luz
tesouros fanam-se, os mais excelentes.

Do que restou, como compor um homem
e tudo que ele implica de suave,
de concordâncias vegetais, murmúrios
de riso, entrega, amor e piedade?

Não amei bastante sequer a mim mesmo,
contudo próximo. Não amei ninguém.
Salvo aquele pássaro — vinha azul e doido —
que se esfacelou na asa do avião.

Para Camilo, em *Claro enigma* elimina-se justamente a possibilidade do apaziguamento ou amenização, que estavam presentes em vários momentos de *A rosa do povo*. Nesse sentido, "Confissão" é um momento particularmente sintomático. Camilo nota que

> o *penitente* começa por confessar sua infração ao segundo grande mandamento sagrado, de acordo com Mateus 22:39 ("Amarás o teu próximo como a ti mesmo"), ao que segue, e se relaciona, sua omissão diante do mais prosaico sofrimento alheio: "não catei o verme nem curei a sarna" (Camilo, 2001, p. 257).

Encerrando o quarteto, o eu lírico, a seco, anuncia que se limitou a proferir palavras melodiosas depois da festa. Palavras melodiosas assim proferidas necessariamente conotam a poesia, o exercício da arte, que aqui aparece em contraste com a ação piedosa ou solidária. As duas orações justapostas no quarteto, pela contiguidade do enunciado, parecem referir certo desconforto de um eu lírico hedonista (boêmio?) que tarde, depois da festa, se abandona ao estado de devaneio. Assim, essa persona poética nega de forma quase agressiva a atividade e a atitude de piedade ou solidariedade. Como nota Camilo, trata-se mesmo de alheamento em relação à dor alheia.

A segunda estrofe anuncia a impossibilidade e alguma hipocrisia, talvez mesmo a mentira de quem dá sem dar e beija sem beijo. Uma inautenticidade que reforça a hipótese de leitura da primeira estrofe como uma autodenúncia de culpa de quem é um individualista que encontra seu prazer apesar da desgraça alheia. E esse dado do esteticismo culposo não é levado em consideração por Camilo, embora ele anote magistralmente que o alheamento e a distância, enunciados no primeiro quarteto, no segundo quarteto remetem à impossibilidade de qualquer entrega. Vale notar o caráter íntimo de dar e beijar que antecedem a menção ao catre:

> Mas o desmerecimento não se limita apenas à poesia, ou, melhor, às *palavras melodiosas* proferidas pelo eu ao sair da festa. Ele se estende a todo e qualquer gesto que dele parta em direção ao outro. É o que se vê na 2ª estrofe, que denuncia o vazio de intenções ou a falta de convicção nos gestos de entrega e afeto do eu dirigidos ao outro: "dei sem dar e beijei sem beijo". O paradoxo diz assim do gesto que é pura aparência, convenção em que o eu não se coloca ou se doa por inteiro (Camilo, 2001, p. 259).

O terceiro quarteto consiste num longo período indagativo que pergunta como constituir um homem na fragilidade de suas emoções e afetos. A amplitude sintática ecoa a amplitude filosofante da questão, que, à luz da desconsideração do eu lírico, desqualificado e denunciado nas estrofes anteriores, não pode ser respondida. A autodesqualificação bloqueia a boa-fé da pergunta, que se torna mera questão retórica, repleta de melancolia. O quarteto final é arrasador no confessionalismo autoacusatório que não apela para a absolvição depois da contrição: "Confessar-se abertamente nesses termos já é uma forma de punição, para a qual, entretanto, não há perdão. E se assim ocorre, é porque o *desamor* não se refere apenas ao outro, mas, antes de tudo, a si próprio" (Camilo, 2001, p. 261).

O eu lírico confessa amor somente pelo pássaro "azul e doido", que para Camilo é um símbolo do ideal "distante". Animal flagrado em pleno voo que se destroça contra o avião. Para o crítico, trata-se do ideal de liberdade (como o acalentado outrora, nos idos de 1940) que se choca e se destrói contra o avião (realidade da técnica, encarnada pelo pássaro mecânico). Parece-me evidente que aqui nosso autor forçou um pouco ao encontrar um sentido unívoco que remete àquele ideal de liberdade coletiva. Mas se a leitura de Vagner ficou unilateral, não deixa de ser sintomático que o tal pássaro misterioso se destrua contra uma realidade simbolizada por um produto de sofisticada tecnologia, o avião. Por associação, contra a sociedade brasileira modernizada à moda bossa nova, em compasso singular, desigual e combinado.

Contra o mundo moderno que finalmente chega ao Brasil, urbanizado e massificado, lugar em que os ideais de liberdade não fazem sentido, muito menos se proferidos por alguém que chega tarde, ao voltar da festa. Se não abuso na interpretação, temos novamente o poeta expondo certa amargura, mas com maestria e supremo apuro, em face de uma sociedade e de um público leitor que, fascinados pela técnica e pelo conforto, são impermeáveis até mesmo às provocações mais ferozes e injuriosas.

Diga-se que o pássaro azul e doido parece ser mais o símbolo da liberdade artística, azul e doida, pessoal e intransferível. A imaginação artística sem peias, que, no entanto, é ridicularizada nas palavras melodiosas do primeiro quarteto, como se a melancolia e o ressentimento atuais tivessem reduzido as pretensões do poeta e sua fé em sua própria arte. Seria o pássaro o ideal de potência poética e a disposição participante que dá lugar a pretensões muito mais modestas no aqui e agora do quase soneto? Vistos à luz do esteticismo desenganado da atualidade, tanto o ideal libertário coletivo quanto o poético e individual se tornam azuis e doidos, utópicos ou mentirosos.

Afinal, os anseios libertários levavam, em vários momentos, a uma poesia de amenização da culpa e de celebração de uma aliança de classe autocongratulatória, talvez mesmo fraudulenta. Assim, o hermetismo do poeta e do seu pássaro pode acusar a fraude subjacente ao pacto com o leitor e com as pretensões a uma aliança livre de culpa que apagasse o conflito. Nesse sentido, temos o intelectual exigente e dubitativo que se recusa a aderir a uma causa sem revelar seu distanciamento e desamor. A distância em relação aos acontecimentos, como quer Valéry na epígrafe do livro *Claro enigma*, é condição para a introspecção e para a crítica das soluções apaziguadoras de outros momentos.

Agora não há mais desculpas que pudessem comparecer nas fantasias de solidariedade coletiva na preparação da jornada rumo ao socialismo, em mais um momento tardiamente empenhado de nossa literatura. Ao enfrentar o enigma de um público virtual que pode ignorar seus apelos à solidariedade, ou então ler sua poesia como arregimentação autoritária, ou ainda reduzir tal poesia a "pasto de vulgares", a persona drummondiana trata de elaborar a autocrítica mediante ironia melancólica. O poeta recolhe-se ao hermetismo melancólico para se fitar amargamente e sem concessões e a partir daí fazer as exigências cabíveis ao público, sem concessões também. Sua poesia ficará crispada por renovados paradoxos e impasses.

Tudo isso é uma resposta à especialização literária em curso? Ao surgimento de um campo literário vincado, também ele, pela luta política, pela intolerância e pela censura stalinista? Estas variáveis são parte da equação, mas convém examiná-las na sua relação com o processo social, isto é, a percepção do poeta de que a modernização brasileira conservadora, com seu ritmo desigual e combinado, está dando à luz uma sociedade tecnificada, de massas e urbana. Um quadro pouco propício à lírica solipsista, participante, erótica ou qualquer outra, o que torna mais ou menos irrelevante o caráter empenhado da literatura. Aí se compreende melhor, acho eu, o ressentimento e a melancolia do poeta num mundo banalizado pela mercadoria, ressentimento e melancolia que resultariam no hermetismo e na agressão (aquele hermetismo injurioso enunciado por José Guilherme Merquior).

O ódio a si mesmo e a indiferença em relação ao público, mais as acusações nem tão veladas assim ao quadro social degradado, indicam que o poeta reelabora a especialização técnica no campo literário e a estupidez e o sectarismo jdanovista da política cultural do Partidão para dar conta de um impasse maior. As promessas do país novo falharam e as possibilidades massificantes da modernização já mostram sua cara; de qualquer modo, a literatura, que sempre foi fenômeno de elite, parece perder terreno mesmo junto à elite para a ciência. Deixa de ser central e passa a coadjuvante sem ver cumpridas as promessas formativas de um Brasil mais integrado e menos desgraçado.

Enfim, se fosse para profissionalizar-se e especializar-se, caberia simplesmente o apuro técnico e o esforço metafísico, sem ironia, assim como a resposta ao partido poderia ser apenas a recusa aos acontecimentos e a autoacusação. Ao alcançar os extremos do conflito (acompanhados de momentos de conciliação intensos ainda que ambíguos: veja-se a celebração da família mineira), o poeta reelabora os dilemas de um intelectual brasileiro na periferia convulsionada do capitalismo, e daria forma literária, na sua poesia intimista, reflexiva e paradoxal, aos impasses da dinâmica social hostil à lírica e à literatura em geral. Um poeta público que investe contra o público. Mais um paradoxo entre tantos.

Legado

Que lembrança darei ao país que me deu
tudo que lembro e sei, tudo quanto senti?
Na noite do sem-fim, breve o tempo esqueceu
minha incerta medalha, e a meu nome se ri.

E mereço esperar mais do que os outros, eu?
Tu não me enganas, mundo, e não te engano a ti.
Esses monstros atuais, não os cativa Orfeu,
a vagar, taciturno, entre o talvez e o se.

Não deixarei de mim nenhum canto radioso,
uma voz matinal palpitando na bruma
e que arranque de alguém seu mais secreto espinho.

De tudo quanto foi meu passo caprichoso
na vida, restará, pois o resto se esfuma,
uma pedra que havia em meio do caminho.

Na abertura da seção “Entre lobo e cão”, esse é o terceiro soneto, imediatamente anterior a “Confissão”. Do ponto de vista métrico, trata-se de um raro soneto em alexandrinos, o que reforçaria seu caráter cosmopolita e classicizante. Ele abre com uma pergunta que ocupa os dois primeiros versos, pergunta que é anticosmopolita, fazendo praça do localismo. Em uma leitura mais estrita, trata-se de uma questão nacionalista acerca da sobrevivência da poesia: "Que lembrança darei ao país que me deu / tudo que lembro e sei, tudo quanto senti?". Sem forçar a nota, trata-se de perguntar como o público reagiria à obra em um futuro não muito distante. A resposta implacável apresentada pelo próprio poeta é de que a obra sofrerá o esquecimento e irrisão, ou melhor, de que o incerto valor (medalha) da obra será esquecido e que o nome do poeta deflagrará o riso.

O segundo quarteto também abre interrogativo: por que o poeta mereceria mais do que os outros poetas? Em termos gerais e sucintos, o poeta pode estar se referindo ao conjunto dos poetas de valor incerto ou aos poetas em geral, bons e maus. Nota Vagner Camilo que a indagação inicial, a do primeiro quarteto, ao mencionar tudo o que o poeta recebeu de seu país, revela um certo mal-estar da dívida não resgatada, aquela dívida tão evidente para o poeta consciente de seu papel social e que o teria impelido para a poesia participante dos anos 1940: "Em escala mais ampla, ela pode mesmo ser vista como variante explícita daquele *senso de missão* que, segundo Antonio Candido, sempre norteou uma literatura *empenhada* como a nossa" (Camilo, 2001, p. 186).

Ou seja, a preocupação com o público seria componente inescapável da consciência exposta pela persona poética, que afirma sua dívida já no quarteto inicial. Vagner Camilo não nota, mas vale lembrar que se trata de um senso de missão tardio, uma vez que a formação da literatura brasileira já se encerrara na segunda metade do século XIX. Assim, de acordo com o célebre argumento exposto em *Formação da literatura brasileira,* a literatura brasileira fora empenhada, no sentido de que os escritores quando escreviam suas obras abrigavam "a consciência, ou a intenção, de estar fazendo um pouco de nação ao fazer literatura", mas tal se deu nos séculos XVIII e XIX, no âmbito daqueles momentos decisivos que foram o Arcadismo e o Romantismo.

Por outro lado, como o próprio Candido reconhece em entrevista recente, em matéria de formação, o encerramento ou a continuidade dependem da perspectiva adotada. Difícil é negar a permanência do senso de missão a mover Euclides da Cunha, Lima Barreto, a vanguarda paulista de 1920, o conjunto do romance de 1930 e a vanguarda concreta dos anos 1950, entre outros autores e obras da literatura brasileira. Para além propriamente do período de *Formação*, em que a jovem nação tratava de disputar seu lugar no concerto das nações, o caráter empenhado permanecia em evidência.

Era uma disposição emancipadora e progressista de débito para com o país? A má-consciência de letrados, gente que teve acesso à cultura em país de analfabetos e que se volta contra as circunstâncias acabrunhantes? Uma disposição de denúncia modernizadora que se vale da ficção e da poesia para expor a distância que separa o país do ideal civilizatório europeu? Da provável mistura destes elementos emerge a força e a limitação de autores os mais variados.

Na abertura de *Claro enigma*, "Entre lobo e cão" é um ajuste de contas entre feroz e melancólico (entre lupino e canino?) com as boas intenções formativas, que passa necessariamente por uma autocrítica irônica e acerba: "E mereço esperar mais do que os outros, eu? / Tu não me enganas, mundo, e não te engano a ti". Contra as pretensões conciliatórias a apelar ao público e ao próprio eu rebelde do poeta, vem a constatação entre amarga, consolatória e autoindulgente, mas também irônica, devidamente embutida na interrogação "e mereço esperar mais...". Com disposição provocativa, o poeta, que iniciara o poema com o dado local e/ou nacionalista, apela agora para o mito grego, Orfeu, o poeta supremo. E Orfeu é mencionado para ser renegado, uma vez que o mundo moderno ("monstros atuais") é inacessível aos seus poderes, porque o próprio Orfeu vagaria agora taciturno entre o talvez e o si/se.

Teríamos aqui um Orfeu impotente e dubitativo, uma encarnação da atitude do intelectual moderno diante da opacidade do mundo. Um ressentimento agravado aqui pelo anterior empenho/engajamento e sua *busca* de um pacto positivo com o leitor que por sua vez levasse a um país melhor. Nesse sentido, uma negatividade assaz determinada historicamente, cujo alvo oculto, mas nem tanto, seria a disposição edificante da *Formação*. Ainda Vagner Camilo:

> Diante de um mundo que se afigura tão instável e volúvel, o eu acaba por adotar uma atitude correlata, com a oscilação de Orfeu, a "vagar taciturno entre o talvez e o si". Ela tem parentesco naquela indecisão tributada à classe média, que, de pura indecisão, Drummond converteria positivamente em atitude armada, alerta e desconfiada (Camilo, 2001, p. 187).

O mundo moderno, "esses monstros atuais", pode ser mais restrito do que nossa leitura aponta. Para Vagner Camilo são propriamente as ameaças do presente, do fascismo à guerra, do anonimato urbano à saudade de Minas. E dessa incapacidade para lidar com tais monstros proviria a

> recusa em legar qualquer espécie de lenitivo, de consolo ou esperança — como outrora fizera, em meio à guerra, com a utopia *luminosa* e *radiosa* da "cidade do amanhã" e do "claro dia espanhol" — às dores de um mundo insensível ao canto, que o condenou ao esquecimento:
>
> > Não deixarei de mim nenhum canto radioso,
> > uma voz matinal palpitando na bruma

e que arranque de alguém seu mais secreto espinho
(Camilo, 2001, p. 187).

Trata-se de uma disposição em quase tudo oposta àquela enunciada em "Canção amiga", do livro *Novos poemas*. Os termos são mesmo de uma canção inamistosa, que declara no terceto final que o legado possível é o impasse no qual a persona do poeta se encontra mergulhada. Reafirma-se a famigerada pedra modernista do primeiro livro do poeta, que já ressurgira em "O enigma" para conotar a posição do intelectual moderno e seus impasses; "A máquina do mundo", no desfecho de *Claro enigma,* é enunciado por um poeta perplexo, também ele associado à posição e à perspectiva do eu lírico intelectualizado.

A atitude do eu lírico, identificado com Orfeu, é do "vagar taciturno", nota Camilo, entre a indefinição ("talvez") e a misantropia e o autoexame melancólico e irônico em "si/se", oposto ao "ti" do mundo. O resto se esfuma e resta a pedra no meio do caminho, a simbolizar imobilismo e impasse. Para desgosto de Haroldo de Campos, uma retomada classicizante que inclui o verbo haver e o pouco coloquial "em meio do caminho" em chave de ouro alexandrina. O que Haroldo não levou em conta é o caráter desidealizante do trabalho poético afirmado aqui, a que Vagner Camilo acrescenta a representação do encalhe estetizante a que seria confinada uma poesia "destituída de um impulso utópico que alimente o anseio de comunhão social" — a representação, segundo nosso autor, do encalhe em que teria dado a lírica moderna com a geração de 45, encalhe que Drummond evitaria ("acaba por se furtar", na perífrase elegante e drummondiana de Camilo) justamente ao configurar e enunciar e denunciar a atitude estetizante,

> justificando-a ainda como consequência dramática da incompreensão e do fracasso de seu anseio de comunicação e comunhão social [...], o que acabou por redundar na atitude oscilante, melancólica e fantasmática de Orfeu, a "vagar taciturno entre o talvez e o si" (Camilo, 2001, p. 189).

Se não estou enganado, Vagner Camilo argumenta que a autoconsciência irônica teria salvo Drummond do esteticismo, uma vez que o problematiza. Sendo inegável que a autoconsciência é peça fundamental da equação, parece-me que o próprio Camilo concordaria que é uma solução interpretativa assaz frágil para a potência do conflito identificado no soneto. No que me diz respeito, o dado crucial é que a atitude estetizante de Drummond, com sua audácia a misturar localismo e mito cosmopolita enunciada em dois quartetos alexandrinos, talvez componha algum "impulso utópico a alimentar o anseio de comunhão social". Só que esse impulso utópico agora perdeu a ingenuidade e inclui a denúncia da empatia lírica, do transe emotivo a que se abandonava o poeta e que engolfaria o leitor. Trata-se de, mediante a ironia e a reflexão sobre a precariedade e transitoriedade da arte, retomar aquele efeito que Baudelaire praticou em suas *Flores do mal*, assumindo a dicção classicizante e estetizante para denunciá-la de dentro, com provocações que incluíam a celebração de um pacto rebaixado com o leitor ("*Hypocrite lecteur, mon semblable, mon frère*") e a exaltação da perversidade sem redenção.

Drummond partiu, assim, para a provocação que propõe ao leitor posição crítica e questões difíceis, para muito além da empatia conciliatória em nome dos ideais a serem alcançados. Ao denunciar suas pretensões à imortalidade artística e ao enunciar a eventual indiferença do público, o poeta/persona expõe a fratura no pacto e faz a exigência.

Um eu lírico brasileiro, que com alguma má-consciência pergunta sobre o legado a ser deixado ao país, para encerrar o poema enunciando o impasse e a dúvida, que passam a ser também patrimônio do distinto público. Um poeta público consequente, enfim. Tão consequente que investe contra as expectativas do público. Drummond expõe os impasses da pretensão empenhada, na medida em que ela facilitava a tarefa do poeta e do leitor, apaziguando as contradições de um e de outro. Um desenlace complexo, moderno, nacional e negativo para o sentido de missão, herdado dos momentos decisivos da formação da literatura brasileira.

Ao analisar "Oficina irritada", Vagner Camilo é obrigado a lidar com a agressão explícita no poema. Para tanto remete a Baudelaire e seu poema dedicatória, notando que, segundo Dolf Oehler, o poema representa uma

> [...] iniciação concreta do leitor sob a forma de um exercício que o coloca em contato com a língua e o tom dessa poesia. [...] Quando Baudelaire volta-se diretamente ao público, a indicação de leitura transforma-se facilmente em provocação, obrigando-o a escolher entre rejeitar o livro ou mergulhar nele, entre tornar-se um adversário ou um cúmplice (Oehler, 1999 *apud* Camilo, 2001, p. 201).

A persona drummondiana reelabora parte dessa disposição provocativa, que deixa para trás as boas intenções e os apelos conciliatórios e incorpora a tensão contínua e os paradoxos, sob o signo do tédio e da melancolia irremediáveis. Seria um retorno ao desencanto tão acentuado em *Brejo das almas*, a coletânea anterior a *Sentimento do mundo*? De volta ao atoleiro e à tensa imobilidade ali presente, ou então uma renovada ênfase no negativismo e ironia que nunca abandonara a maior parte da poesia de Drummond, mesmo nos momentos de maior apelo solidário.

Daí que os achados críticos formidáveis de Vagner Camilo resultem numa formulação elegante, mas deficiente, em que a melancolia de *Claro enigma* revelaria a perda do ideal revolucionário ligado a um projeto futuro (socialista) que impulsionava a lírica participante dos anos 1940 (Camilo, 2001, p. 162).

Se o desencanto com a participação política faz parte relevante dos assuntos e ritmos de *Claro enigma*, a renovada ênfase no ressentimento e na melancolia do poeta está enquadrada pelo esgotamento da disposição empenhada da literatura brasileira, ou seja, pela crise da síndrome formativa, e pela percepção do surgimento de uma sociedade de massas, urbana e industrial. O problema da gênese política imediata do desencanto e da melancolia de Drummond parece esconder a dinâmica e os impasses de um lírico contemplando os resultados da modernização recuperadora da qual ele foi agente privilegiado, na condição de chefe de gabinete de Gustavo Capanema, ministro da Educação e Saúde.

Não que a avaliação e a crítica aos ideais participantes e solidários sejam desprovidas de relevância no enunciado melancólico e irônico drummondiano. Eu argumentaria mesmo que a ironia madura guarda certa semelhança com a de Machado de Assis, também esta inscrita em contexto de modernização, surto modernizador pateticamente restrito. Machado, na segunda metade do século XIX, avalia os limites das pretensões progressistas, as promessas da *nova geração* e as atitudes cientificistas da rapaziada dos anos 1870, entusiasmada com o republicanismo, abolicionismo, positivismo, darwinismo, etc. Nesse caso, o efeito formal análogo revelaria impasses semelhantes na pretensão de desemperrar a formação do país. Se para Machado o dispositivo formal rendeu a crítica e a paródia do narrador realista, em Drummond a crítica incide sobre o próprio poeta, todo retorcido e autoirônico. Nos dois casos os escritores intuíram que, mais do que tentar abordar diretamente a matéria brasileira, era necessário analisar e denunciar o ponto de vista mediante o qual se empreendia a abordagem. Em Drummond tal coisa equivalia a responder de forma crítica e machadiana aos apelos de Mário de Andrade, que reconhecia o gênio de Machado de Assis, mas não sabia o que fazer com a obra.[10]

Seja como for, a ênfase no desencanto político torna a leitura da poesia feita por Camilo um tanto desatenta para os efeitos de provocação de poemas como "Legado" e "Confissão", cuja autoironia e autodenúncia incluem a traição das expectativas do respeitável público, talvez um tanto viciado pela disposição empenhada — e não necessariamente de esquerda — propagada da formação da literatura brasileira. Em "Remissão", que junto com os outros dois citados e mais alguns constitui o pórtico de *Claro enigma,* a avaliação é implacável.

Remissão

Tua memória, pasto de poesia,
tua poesia, pasto dos vulgares,
vão se engastando numa coisa fria
a que tu chamas: vida, e seus pesares.

Mas, pesares de quê? perguntaria,
se esse travo de angústia nos cantares,
se o que dorme na base da elegia
vai correndo e secando pelos ares,

10. "Machado de Assis é um fim, não é um começo e sequer um alento novo recolhido em caminho. Ele coroa um tempo inteiro, mas a sua influência tem sido sempre negativa. Os que o imitam, se entregam a um insulamento perigoso e se esgotam nos desamores da imobilidade. [...] Machado de Assis não profetizou nada, não combateu nada, não ultrapassou nenhum limite infecundo" (Andrade, 1974, p. 107).

e nada resta, mesmo, do que escreves
e te forçou ao exílio das palavras,
senão contentamento de escrever,

enquanto o tempo, em suas formas breves
ou longas, que sutil interpretavas,
se evapora no fundo de teu ser?

Se a poesia virou pasto dos vulgares, onde ficou a disposição de apelo ao homem do povo e ao público em geral? Desqualificando o leitor possível, o poeta exprime desamor pelo próximo e também por si mesmo, mas a poesia de sintaxe maleável, rigor métrico e argumentação mais ou menos abstrata faz a exigência à capacidade do leitor, assim como demonstra a perícia do poeta. Os procedimentos classicizantes e as metáforas herméticas desmentem a desqualificação, que a rigor já vinha carregada de ironia e paradoxo. Um impasse configurado na forma literária, aqui tensionada na semântica, na fonética, na sintaxe, etc. Essa solução estética requintada se alinha mal com o raciocínio armado por Vagner Camilo, para quem o poeta, acossado pela melancolia das ilusões perdidas do engajamento, teria reagido através de certo formalismo e hermetismo poéticos ao barateamento panfletário do realismo socialista, mas escapado da convenção estreita da geração de 45 mediante a tematização reiterada do risco alienante da torre de marfim.

E a própria análise levada a cabo por Vagner Camilo renega o enunciado esquemático. O crítico demonstra no detalhe que nesse poeta a tensão entre ritmos e sons e a dimensão semântica remetem a um conflito que está muito além da reiteração de um tema, mesmo que inescapável. A própria denúncia dos perigos alienantes da torre de marfim provavelmente implica mais um efeito irônico com a pretensão emancipatória que se apresentara aqui e ali em *Sentimento do mundo* e *A rosa do povo*. Disposição emancipadora que era do poeta? De uma persona lírica entre outras e denunciada por uma das outras? Do suposto público? Dos críticos que o condenavam ou elogiavam por ser fraternal e socialista?

Do conjunto de questões emerge o impasse do poeta que acreditara abandonar o brejo das almas ao incorporar o sentimento do mundo e nos anos 1950 parece voltar ao atoleiro aquele, mas com sobriedade classicizante e provocação irônica e melancólica de fazendeiro do ar. A persona poética agora se permite oscilar entre Pascal e Yayá Lindinha machadiana para objetar e flertar com os termos eterno e moderno, e o resultado entre sarcástico e brincalhão compõe problemas e provoca perplexidade. Teríamos então a poesia complexa e negativa a emergir da circunstância em que o papel civilizatório da literatura é testado no seu limite, inclusive no sentido brasileiro formativo, para permitir a pesquisa estética muito agressiva e meditada. Função literária em baixa, mas ambição estética em alta. Um paradoxo brasileiro e civilizatório que produz grandes resultados, se não erro muito aqui.

Saída à francesa: poetas franceses e dilemas brasileiros na poesia de Drummond nos anos 1950

Mas fazer o inútil sabendo
que ele é inútil, e bem sabendo
que é inútil e que seu sentido
não será sequer pressentido,
fazer: porque ele é mais difícil
do que não fazer, e dificil-
mente se poderá dizer
com mais desdém, ou então dizer
mais direto ao leitor Ninguém
que o feito o foi para ninguém.

João Cabral de Melo Neto

O problema brasileiro e os poetas franceses

Já se encontram bem estabelecidas as linhas de contato entre Carlos Drummond de Andrade e João Cabral de Melo Neto. O próprio João Cabral parafraseou a "Quadrilha" drummondiana no seu poema "Os três mal-amados", de 1943, e reconheceu o impacto da poesia de Drummond sobre sua poesia. Já é razoavelmente claro que a experimentação de João Cabral nos anos 1950 pode ganhar uma avaliação mais substanciosa se levarmos em conta a obra de Drummond. Seria a partir da poderosa síntese irônica, melancólica e brasileira do poeta mineiro que o poeta pernambucano teria estabelecido sua dicção antilírica e descarnada.

Também é possível perceber em João Cabral a postulação explícita de um leitor com um perfil específico, um leitor virtual capaz de atender às exigências de uma poesia que se pretende distante do lirismo confessional e emotivo, de tão forte presença na literatura de língua portuguesa. Tal postulação do leitor cabível encontra-se desenvolvida, em larga medida, no poema "Uma faca só lâmina", de 1955. Ora, o poeta Drummond, a partir de *Claro enigma* (1951), articula sua já célebre ironia modernista com uma disposição introspectiva repleta de melancolia e ambivalência, um novo momento em que se percebem com força os ecos de Baudelaire e Valéry no esforço de autoanálise e de compreensão do mundo. Enquanto Drummond, o nosso grande poeta público, na expressão de Otto Maria Carpeaux, dava as costas ao público, João Cabral trata de explicitar suas exigências ao público possível, agora já sem pretensões a uma aliança emancipatória e libertária, tal como aquelas evidenciadas por Drummond em *Sentimento do mundo* (1940) e *A rosa do povo* (1945).

Claro enigma é um livro escrito sob o signo da melancolia, que cria forte contraste com a disposição polêmica e solar de *A rosa do povo*, o grande livro de 1945. O título já sugere a contradição e certa ambivalência: no mistério que se apresenta de forma clara num enigma que seria obscuro, se me é permitida esta paráfrase que está longe de esgotar a polissemia do título. E sob o negro sol da melancolia Drummond retoma a forma soneto, mas também se vale do experimentalismo sem alarde.

Os exemplos são eloquentes.

Para desestabilizar as certezas e talvez mesmo as dúvidas, vem "Cantiga de enganar":

Silêncio: que quer dizer?
Que diz a boca do mundo?
Meu bem, o mundo é fechado,
se não for antes vazio.
O mundo é talvez: e só.
Talvez nem seja talvez.
O mundo não vale a pena,
mas a pena não existe.
Meu bem, façamos de conta.
De sofrer e de olvidar,
de lembrar e de fruir,
de escolher nossas lembranças
e revertê-las, acaso
se lembrem demais em nós.

Nesse poema, o possível diálogo carinhoso e quase erótico (meu bem) não chega a ser diálogo, é um jogo de provocações em que o poeta vai construindo o mundo em nossa frente para o desmontar na frase seguinte, numa dança feérica de ditos e desditos. De especial pungência, é o punhado de poemas dedicado a Minas Gerais, pátria e província desse mineiro solidamente estabelecido no Rio de Janeiro. Dentre eles, destaca-se longo e majestoso "Os bens e o sangue", em que os antepassados se dirigem ao poeta urbano e crítico: "Mais que todos deserdamos / deste nosso oblíquo modo / um menino inda não nado / (e melhor não fora nado) / que de nada lhe daremos / sua parte de nonada / e que nada, porém nada / o há de ter desenganado".

O poema prossegue e, lá pelas tantas, Drummond responde aos terríveis e irônicos antepassados:

Ó monstros lajos e andridos que me perseguis com
vossas barganhas
sobre meu berço imaturo e de minhas minas me
expulsais.
Os parentes que eu amo expiraram solteiros.

Os parentes que eu tenho não circulam em mim.
Meu sangue é dos que não negociaram, minha alma é
dos pretos".

Renegando seu passado e afirmando seu vínculo tenso e irremediável com ele, o poeta alcança, aqui e no conjunto do livro, um patamar de provocação e beleza que altera a cena da literatura brasileira.

Porém, ao que parece, a nova disposição do eu lírico drummondiano implica distanciamento da disposição empenhada, a qual teria caracterizado a formação da literatura brasileira, segundo a tese consagrada de Antonio Candido, e permanecido entre nós mesmo depois do sistema já constituído. Examinar os resultados formais da nova disposição permitiria avaliar também a posição específica de Drummond no sistema literário brasileiro, cujo grau de especialização e organicidade naquela quadra pode ser melhor caracterizado se nos valermos do conceito de campo literário, nos termos de Pierre Bourdieu.

Mediante o conceito de campo literário e de sistema literário, podem se revelar dilemas e impasses da forma literária em Drummond em diálogo e polêmica com as tensões e rupturas da cultura brasileira. Para escândalo dos nacionalistas mais estritos, torna-se necessário e possível captar dados estruturais da experiência brasileira na forma literária justamente quando a poesia se torna mais cosmopolita e exigente, quando Drummond reelabora e reconfigura a melancolia e a ironia de Baudelaire, a ambição classicizante e dilacerada de Valéry, a disposição elevada e estoica de Supervielle, este último tratado adiante. Sendo assim, trata-se aqui de procurar uma versão de literatura comparada desenvolvida a partir de questões brasileiras que refratam e reelaboram dinâmicas emanadas da complexa cultura francesa.

O efeito Paul Valéry

São notáveis os ecos de "O cemitério marinho", de Paul Valéry, em "Relógio do Rosário", poema de *Claro enigma*, mas o jogo intertextual entre os dois poetas está longe de se esgotar aí. John Gledson, em *Influências e impasses: Drummond e alguns contemporâneos*, chama atenção para a célebre epígrafe de *Claro Enigma*, "*Les événements m'ennuient*", que define certo estado de espírito drummondiano nos anos 1950 a aproximá-lo dos ideais da *poésie pure* valéryana, embora a identificação com os momentos mórbidos de Drummond tenham traços tipicamente baudelairianos, de que tratarei adiante. De resto há várias pistas a serem seguidas e pesquisadas na obra de Valéry que podem iluminar a posição peculiar de Drummond nos anos 1950; mesmo a comparação entre as pretensões valéryanas de João Cabral também rende razoável esclarecimento da posição de Drummond, no que os dois poetas brasileiros têm de contato e atrito.

No caso específico de *Claro enigma*, John Gledson é enfático ao apontar que se trata de um momento de crise na consciência poética de Drummond, a qual contara, pelo menos desde a coletânea *Sentimento do mundo* (1940), com a afirmação da comunidade, ainda que dilacerada, na vida dos homens. Uma disposição participativa que bloqueava os ímpetos mais estetizantes, irônicos e agressivos do poeta. Com a guinada classicizante de *Claro enigma*, a qual vem acompanhada de forte dose de ceticismo e ironia, a afirmação quase heroica da atividade poética, tal como entendida por Valéry e outros, apresenta-se como alento renovado na hora da crise.

> O flerte aberto e flagrante com o pessimismo filosófico, numa forma tão declarada e até perigosa, é sinal de uma dificuldade em conciliar a poesia e sua justificação. A escrita é produzida por simples prazer — "contentamento de escrever" — e o egoísmo dessa

> posição produz seu próprio sentimento de culpa. Os problemas formal e lingüístico estão ligados a isso. Os poemas não mais se formam através da experiência, que em si é a garantia de contato com a realidade; o poeta começa a sentir menos confiança em sua própria expressão e a utilizar o pensamento de outros para exprimir o seu próprio. Devemos notar, entretanto, que os poetas escolhidos por Drummond — Valéry, Rilke e Pessoa são os que mencionamos — são todos heróis da "profissão", que ou superaram períodos de silêncio, ou viveram sua vida em função da poesia. Sua fé na validade e na necessidade de sua arte foi, podemos ter certeza, uma inspiração para Drummond (Gledson, 2003, p. 168).

Uma inspiração não isenta de resistência, já que Drummond se sente pouco à vontade no solipsismo racionalista de Valéry, com o mineiro tratando de desequilibrar a influência construtiva e harmônica do francês. Se, como querem Antonio Candido e Leda Tenório da Mota, há presença forte de Baudelaire em *Claro enigma*, este seria um livro em que a disposição para a harmonia classicizante viu-se subvertida pela verve insubordinada modernista, temperada pelo *ennui* baudelairiano. Se Gledson não vê Baudelaire aí, nem por isso deixa de mencionar a culpa que atormenta o poeta, afastado de sua pretérita crença de elaborar seus poemas no contato solidário com a vida do país. Voltaremos a Baudelaire enunciado por Antonio Candido em breve, mas cumpre notar que os achados de John Gledson dão continuidade a comentários e análises de João Guilherme Merquior, Luiz Costa Lima e Silviano Santiago, que estão longe de esgotar o assunto.

A memória e a ironia do fazendeiro do ar

Ainda no capítulo das influências e parentesco espiritual, o poeta Jules Supervielle também deveria ser estudado mais atentamente, em particular no tratamento dispensado à poesia que tem por tema a memória e a família, que são assuntos reincidentes no poeta mineiro. John Gledson esboça esse paralelo, que merece também maior atenção e desenvolvimento em um ensaio que trate de contrastes e aproximações com a poesia francesa. De resto, propriamente no âmbito da memória brasileira, com Drummond e João Cabral, vemos algo do apogeu de "fazendeiro do ar", título inspirado do livro de 1954, mas também expressão adotada por Roberto Schwarz:

> Uma figura tradicional da literatura brasileira deste século é o "fazendeiro do ar": o homem que vem da propriedade rural para a cidade, onde recorda, analisa e critica, em prosa e verso, o contato com a terra, com a família, com a tradição e com o povo, que o latifúndio lhe possibilitara. É a literatura da decadência rural (Schwarz, 1992, p. 92).

Vale notar que o pacto autobiográfico em Drummond e João Cabral, necessariamente, passaria por uma definição de persona poética, para além da autobiografia pessoal. O experimentalismo verbal, o sarcasmo e a ironia de tais poetas denunciam o caráter inventado e ficcional de suas memórias. Daí o necessário cuidado para não reduzir seus poemas e escritos a testemunho autobiográfico, uma vez que nos dois autores há mediação literária muito requintada.[11]

---

11. Reproduzo daqui em diante parte do texto do ensaio anterior deste volume, "Ressentimento do mundo: provocação e reflexão na poesia de Drummond nos anos 1950".

Explorando as presenças francesas e a dimensão provocativa enfática, é possível demonstrar o inconformismo da poesia supostamente classicizante e conservadora do autor. Isto é, o "fazendeiro do ar" repensa seu próprio empenho solidário e progressista e arma um salto negativo e melancólico que lhe proporciona enunciar os impasses de uma formação nacional frustrada. Que Drummond tenha enunciado assim o jeito de ser brasileiro, na década de 1950, quando tantas promessas democráticas e industrializantes apontavam para um destino melhor para o país, pode soar profético e certeiro para quem contempla o quadro cinquenta anos depois.

A presença francesa vai numa raríssima citação direta, que é seguida de outra citação local em um poema célebre de *Fazendeiro do ar* (1954).

Eterno

E como ficou chato ser moderno.
Agora serei eterno.

Eterno! Eterno!
O Padre Eterno,
a vida eterna,
o fogo eterno.

(*Le silence éternel de ces espaces infinis m'effraie.*)

— O que é eterno, Yayá Lindinha?
— Ingrato! é o amor que te tenho.

Eternalidade eternite eternaltivamente
eternuávamos
eternissíssimo
A cada instante se criam novas categorias do eterno.

[...]

O poema se estende em uma sequência espantosa de achados, mas cujo exame nos deixaria longe dessa abertura à francesa, digamos. Vale registrar nela o quanto o enunciado curto e coloquial (chato) rende um efeito humorístico ao descartar-se das pretensões à vanguarda e/ou ao moderno. Talvez porque o moderno tenha se tornado mesmo descartável ou fácil. A seguir a piada vai para a pretensão à eternidade, como se bastasse a reivindicação ("agora serei eterno") para se alcançar a imortalidade. A própria frase, curta e grossa, afirma o desejo e o desautoriza, dada sua desfaçatez. A próxima estrofe ostenta as exclamações de pregão autopromocional (de feira? de bolsa de valores?) que antecedem a mitologia cristã sobre a transcendência: o padre, a vida e o fogo. A sequência crua com a incidência maliciosa do adjetivo eterno insinua o caráter mecânico e obsessivo da tal busca da eternidade, além de apontar a irrelevância pretensiosa do esforço.

Enfim chegamos à estrofe francesa, com sua rara citação, à qual se segue a segunda citação; a primeira citação, no original francês, é de Pascal (1623–1662), a outra é de Machado de Assis, que era leitor e admirador do filósofo em causa. Se "o silêncio eterno desses espaços infinitos me apavora", a entrada de Yayá Lindinha e seu interlocutor provocam riso e talvez certo alívio. Depois da frase em tom elevado enunciada pelo filósofo canônico, vem o trecho de diálogo coloquial e despretensioso, que é o desfecho de um conto razoavelmente obscuro de Machado de Assis: "Eterno!", da coletânea *Páginas recolhidas*, de 1889. Então ficamos aqui entre o epigrama francês, lapidar e elevado, e a prosaica, mas não necessariamente trivial, repreensão amorosa desfechada pela brasileiríssima Yayá Lindinha. O desnível entre os versos é parte da estratégia de provocação do poeta, que diz e desdiz, em drible das expectativas de quem lê.

Vale notar a perícia do lance: Drummond desencavou o octossílabo no idílio apatifado machadiano, sem falar que a frase de Pascal é conhecidíssima, enquanto o conto é pouco conhecido. Nesse poema, a influência francesa anotada por John Gledson vai na língua original, o que acentua o caráter cosmopolita e abstrato (eterno, espaços infinitos) para contrastar com a eternidade sentimental e local de Yayá. Como se vê, a saída à francesa de Drummond está longe de se esgotar em epígrafe e também pode conduzir ao contraste irônico e à provocação galhofeira.

Estamos lidando aqui com forma literária de grande complexidade, que justamente por isso tem capacidade de desvelamento de tensões históricas, o que abre um debate interessante no âmbito da sociologia da literatura, que pode aproximar as perspectivas de Pierre Bourdieu e de Antonio Candido.

Campo literário e sistema

Resumindo um problema complexo, é argumentável que, a partir do campo literário tal como definido por Pierre Bourdieu, Vagner Camilo, em *Da rosa do povo à rosa das trevas*, procura estabelecer o alcance da alteração civilizatória ocorrida no Brasil nos anos 1950, com o paulatino aumento da urbanização e da industrialização e o surgimento do mercado intelectual mais especializado. A especialização do trabalho artístico ocorrida nos anos 1940 a 1950 seria um dos fatores a contribuir para a guinada classicizante dos poetas, mas também para o surgimento da prosa experimental de Guimarães Rosa, Clarice Lispector e Murilo Rubião. Mesmo os prosadores deixaram de assumir a responsabilidade por representar o Brasil e seus impasses passaram a ser mapeados regionalmente, talvez porque tal tarefa já tivesse sido executada pela afirmação do país novo dos modernistas e pelo chamado romance de 30 (Jorge Amado, José Lins do Rego, Érico Veríssimo, etc.).

No pós-guerra começa a se definir um quadro de mercado nacional para as obras literárias em geral, um público que também é nacional e, finalmente, editoras nacionais (José Olympio e Globo, no mínimo) que tratam de se dedicar ao mercado interno a ser explorado. Paradoxalmente, a literatura deixa de ter relevância porque o entretenimento que se firma popularmente é o do rádio, da radionovela e da canção popular (sambas, boleros, marchas, etc.), ou o apelo mais ou menos popularesco dos jornais. Isto é, quando há editoras para abastecer mercado interno finalmente unificado, o público da literatura é reformulado na voragem dos meios de comunicação em massa e o prestígio da literatura junto à elite também se reduz, paulatinamente substituído pelo discurso mais ou menos especializado dos burocratas, dos cientistas, dos tecnocratas, etc. Sem mencionar que surge, enfim, uma elite pós-letrada que pode valorizar mais a canção popular ou o cinema do que propriamente a expressão literária.

Crucial, para nossos fins aqui, é perceber que o campo literário autônomo, com seu consequente formalismo e especialização do trabalho artístico, está fortemente relacionado à crise da disposição empenhada na literatura brasileira, para referir a fórmula de Antonio Candido em *Formação da literatura brasileira*. Crise essa que é um dado relevante para a definição do *ennui* mencionado na citação de abertura de *Claro enigma*, aquele momento em que Drummond, dubitativo e repleto de aporias, trataria de invocar o auxílio luxuoso de poetas como Valéry, Fernando Pessoa e Rilke, segundo o argumento de John Gledson.

Daí viria boa parte dos dilemas do poeta altamente qualificado que escreve para o escasso público de poesia em um país de analfabetos em uma língua desconhecida do resto do mundo. O Brasil está se preparando para deixar de ser predominantemente agrário, e esse país, em que a literatura fora crucial para a discussão e o estabelecimento do destino nacional, vê surgir a poesia suprema de *Claro enigma*, no bojo da guinada classicizante que é coletiva na poesia (veja-se *Invenção de Orfeu*, de Jorge de Lima, *Ouro Preto*, de Murilo Mendes, e o *Romanceiro da Inconfidência*, de Cecília Meirelles). No caso da poesia de Drummond, tal guinada classicizante convive com o tédio, a provocação e a eventual agressão ao leitor, além de agregar a disposição irônica que busca a parceria alerta — faca só lâmina —, a suprema exigência que inclui o hermetismo injurioso e o ajuste de contas sem nostalgia, entre patético e irônico, com o passado latifundiário e patriarcal.

Com relação à memória e à história, a seção de poemas "Selo de Minas", em *Claro enigma*, registra que o passado mineiro é enfrentado sem condescendência, o que permite o contraste com os demais poetas. É um momento específico da dinâmica cultural brasileira que reavalia o passado:

> É interessante no caso contrastar a posição heterodoxa de *Claro Enigma* ao tipo de posição mais oficialista ou, no limite, patriótica mesmo, assumido pelo *Romanceiro* ceciliano. A comparação é nos quase imposta pelo fato de que nessas duas obras máximas enfrenta-se a questão de Ouro Preto. Na primeira metade dos anos 50, já como resultado do acúmulo de saberes e práticas culturais impulsionado pelo Serviço de Patrimônio Histórico, cria-se a situação, aqui anteriormente mencionada, em que a poesia dispõe-se a assumir sua responsabilidade histórica. Ouro Preto apresenta-se como tema ou mote privilegiado.
>
> A cidade, declarada monumento histórico, é simbólica. A Inconfidência é um referencial heróico.

> Nos anos 50, Ouro Preto desempenha o papel que depois do tropicalismo veio a ser desempenhado pela Bahia. Relíquia viva, fonte e foco da nacionalidade. Assim como o *Romanceiro* de Cecília e os poemas de Drummond, há *Contemplação de Ouro Preto*, de Murilo, há sonetos de Bandeira e há seu pioneiro *Guia* daquela cidade, há, enfim, a poesia de Henriqueta Lisboa (Moriconi, 2002, p. 91).

Do que resulta uma poesia ambiciosa que renega o caráter empenhado — sem perder o gume crítico, muito pelo contrário —, que viria desde os autores do século XIX e da formação da literatura brasileira, para se configurar um salto de qualidade e exigência. Assim o conceito de campo intelectual, na linha de Bourdieu, ilumina a posição peculiar do poeta, mas necessitaria passar pela noção de sistema literário, tal como enunciado por Antonio Candido, para desvendar a cena literária no país de andamento combinado e desigual em relação ao centro capitalista. Até porque em Antonio Candido temos, antes de mais nada, um crítico literário que também é sociólogo e historiador, para quem, portanto, o juízo estético é fundamental para se avaliarem historicamente as obras. Para Pierre Bourdieu, o interesse propriamente estético e a avaliação da forma são relativamente secundários, o que tornaria fecundo um debate entre a perspectiva de um e outro. No mínimo porque para Bourdieu as noções de mercado, hierarquia e disputa simbólica são muito mais precisas do que aquelas esboçadas por Antonio Candido em *Formação da literatura brasileira*.

O fazendeiro do ar repassa Baudelaire

De resto, cabe situar historicamente a culpa detectada pelo citado Antonio Candido no famoso ensaio "Inquietudes na poesia de Drummond".

Na obra de Drummond a inquietude com o eu vai desde as formas ligeiras do humor até à autonegação pelo sentimento de culpa — que nela é fundamental como tipo de identificação da personalidade, manifestando-se por meio de traços duma saliência baudelairiana:

> Tenho horror, tenho pena de mim mesmo
> e tenho muitos outros sentimentos
> violentos.
> ("Estrambote melancólico" – *Fazendeiro do ar*)

> As manifestações indiretas são talvez mais expressivas, como a freqüência das alusões à náusea, à sujeira, ou o mergulho em estados angustiosos de sonho, sufocação e, no caso extremo, sepultamento, chegando ao sentimento da inumação em vida. Este tema, que se poderia chamar de emparedamento, manifesta uma opressão do ser que chega a assumir a forma de morte antecipada —, visível na fase mais recente da sua obra (Candido, 1995, p. 118–119).

E em nota de rodapé, no ensaio citado, o crítico indica poemas de *Claro enigma* e de *Fazendeiro do ar*, do que se conclui que a fase mais recente é a dos anos 1950 e início de 1960. Levando adiante os achados de Gledson e Vagner Camilo, caberia argumentar que no pós-guerra Drummond alcança, para além dos dilemas metafísicos, uma consciência aguda das aporias da cultura e da sociedade brasileira; consciência a enunciar uma culpa que inclui a disposição mórbida e agressiva a aproximá-lo de Baudelaire, no comentário certeiro de Antonio Candido.

Depois da militância humanista próxima do Partido Comunista vem um relativo afastamento da cena contemporânea, mas que não deve ser exagerado. Sem dúvida o desencanto com a participação política faz parte relevante dos assuntos e ritmos de *Claro enigma*, mas o ressentimento e a melancolia do poeta estão enquadrados pelo esgotamento, ainda que circunstancial, da disposição empenhada da literatura brasileira, ou seja, pelo enfraquecimento da síndrome formativa e pela percepção do surgimento de uma sociedade de massas, urbana e industrial.

E o desencanto e a ironia não dispensam os efeitos de provocação de poemas como "Legado" e "Confissão", cuja autoironia e autodenúncia podem provocar a recusa das expectativas do respeitável público, talvez um tanto viciado pela disposição empenhada — e não necessariamente de esquerda — herdada da formação da literatura brasileira. Em "Remissão", que, junto com os outros dois poemas citados e mais alguns, constitui a abertura de *Claro enigma*, a avaliação é implacável.

Remissão

Tua memória, pasto de poesia,
tua poesia, pasto dos vulgares,
vão se engastando numa coisa fria
a que tu chamas: vida, e seus pesares.

Mas, pesares de quê? Perguntaria,
se esse travo de angústia nos cantares,
se o que dorme na base da elegia
vai correndo e secando pelos ares,

e nada resta, mesmo, do que escreves
e te forçou ao exílio das palavras,
senão contentamento de escrever,

enquanto o tempo, em suas formas breves
ou longas, que sutil interpretavas,
se evapora no fundo de teu ser?

Se a poesia virou pasto dos vulgares, onde ficou a proposta de apelo ao homem do povo e ao público em geral? Desqualificando o público, o poeta exprime desamor pelo próximo e também por si mesmo, mas a poesia de sintaxe maleável, rigor métrico e argumentação mais ou menos abstrata faz exigência à capacidade do leitor, assim como demonstra a perícia do poeta. Os procedimentos classicizantes e as metáforas herméticas bloqueiam a desqualificação, que a rigor já vinha carregada de ironia e paradoxo. Um impasse configurado na forma literária aqui tensionada na semântica, na fonética, na sintaxe, etc. Uma solução estética muito refinada que estaria reverberando culpa de classe, consciência artística e crise do tardio empenho formativo. Assim, é possível esboçar uma redefinição do diagnóstico apresentado por Vagner Camilo, para quem o poeta, acossado pela melancolia das ilusões perdidas da participação, teria reagido através de certo formalismo e hermetismo poéticos ao barateamento panfletário do realismo socialista, mas também teria escapado da convenção estreita da geração de 45 por meio da tematização reiterada do risco alienante da torre de marfim.

Se a culpa está aqui presente, como nota Antonio Candido, cabe estudá-la em sua dinâmica de morbidez e de autonegação sem confundir tal dinâmica com um abstrato pessimismo. O Drummond ressabiado e cultor de Valéry da década de 1950 faria uma síntese poderosa com os procedimentos de Baudelaire, também ele mórbido, irônico e complexo a ponto de poder ser reivindicado pelo marxismo visionário de Walter Benjamin, pelo esteticismo espiritualista de Jean Pommier, ou ainda, pela rebeldia existencialista de Sartre. Como se vê, uma discussão de razoável complexidade e que está demandando o exame da obra de Baudelaire e de pelo menos parte de sua vasta fortuna crítica a fim de que seja melhor avaliado seu impacto sobre a poesia de Drummond.

Providências cabralinas

O antilírico na periferia da periferia do capitalismo — Cabral se diz poeta pernambucano, não propriamente brasileiro — tem que tomar severas providências para garantir autoridade a sua voz. Para tal, há que se fazer um duro enfrentamento com a realidade nordestina e sua aridez e daí extrair lições que auxiliem no projeto de buscar o impossível de poema referido em "Antiode". Assim, aridez pernambucana e pesquisa da realidade se casam sem atrito com a denúncia do poema e suas boas intenções, fazendo com que Cabral torne-se um poeta particularmente mal-intencionado, no sentido da desconfiança pregada por Walter Benjamin e assumida numa escala quase inédita na literatura brasileira, com a exceção provável de Machado de Assis. Alguns dos traços malignos e escarninhos do narrador machadiano estão também no humor de Cabral, um admirador, assim como Machado, da ironia e do humor setecentista inglês. Consulte-se, em *A educação pela pedra*, o poema "The country of the Houyhnhnms".

A peculiaridade da dicção cabralina necessariamente passa pelo reaproveitamento de temas que despontam em momentos da poesia brasileira. A obsessão cabralina pela pedra, que será deflagrada nos anos 1960, ilumina a distância entre Cabral e seus contemporâneos, para não mencionar a tradição que remonta no mínimo a Cláudio Manuel da Costa. Em *Geometria da composição (1997)*, Ivo Barbieri invoca exemplos ilustres, indo das penhas de Cláudio, passando por *O gigante de pedra* de Gonçalves Dias, versos de *As metamorfoses* de Murilo Mendes e, claro, chegando à pedra no meio do caminho de Drummond.

Barbieri nota que, já em Cláudio Manuel da Costa, as pedras são elementos típicos da paisagem nativa do poeta, segundo o comentário já clássico de Antonio Candido em *Formação da literatura brasileira*. Em Gonçalves Dias o esforço de caracterização da natureza nacional vem acompanhado de grandiloquência que dignifica a solidez e a resistência do fenômeno geológico, que não estaria sujeito às vicissitudes do tempo (Barbieri, 1997, p. 92). O excesso verbal de Gonçalves Dias revelaria, por contraste, a eficácia da contenção de Cabral.

A recorrência da pedra na obra de Drummond, por sua vez, assinalaria momentos cruciais na trajetória do poeta: de "No meio do caminho", de *Alguma poesia*, 1930, passando por "Legado", em *Claro enigma*, 1951, e por *Lição de coisas*, 1962. Em Drummond a pedra registra, mais ou menos, o não dito, algo que não se pode, a rigor, nomear, enquanto em Cabral a pedra tende à saturação e à concretude do explícito.

> A imaginação da pedra, que atravessa três séculos de poesia no Brasil, assume nele a função de imagem modeladora de uma nova concepção poética e de uma ascética concepção da vida. Imagem do concreto por excelência, a pedra ensina a linguagem da dureza, e do dizer compacto, tenacidade daquele que, impermeável à diluição da fluência e à anulação na passividade, permanece sempre incisivo e ativo (Barbieri, 1997, p. 92).

Incisividade e estado de alerta que se condensam na pedra, mas que têm um ilustre antecedente na ideia fixa da faca só lâmina, que talvez tenha sido um patamar necessário para que Cabral se voltasse para a imaginação da pedra da tradição brasileira. Para requalificar a imagem da pedra e alcançar uma provocação e um alerta ao leitor, que não deixa de ser uma crítica ao próprio sistema literário, Cabral faz um percurso que é nosso assunto neste trabalho e que inclui uma definição das exigências a serem feitas ao público.

A ironia do antilírico estabelece o dispositivo poético que denuncia e aciona o leitor ao mesmo tempo. Já notamos que não parece ser por acaso que a suprema exigência feita ao público é contemporânea do poema que mais concessões faz ao público: o auto de natal *Morte e vida severina*, encantatório, harmonioso e marcado pela compaixão. A disposição democrática que põe em cena o nordestino destituído e explorado corresponde a um período em que opções artísticas estão inseridas num clima de polêmica política. Assim é que os esforços de João Cabral coincidem, em larga medida, com a redemocratização depois do Estado Novo, as promessas do desenvolvimentismo e os debates conexos, ambiente que abriga e alimenta aquela já citada consciência catastrófica do atraso, diagnosticada por Antonio Candido. Um período de debates, cuja história e avaliação ainda está por ser feita, que acompanha o período democrático iniciado com o fim da ditadura Vargas, em 45, e encerra-se com o golpe de 64, deflagrador da ditadura mais recente.

O auto de natal pernambucano foi escrito por encomenda de Maria Clara Machado, do grupo Tablado, que jamais encenou a peça; *Morte e vida severina* só chegaria aos palcos na década de 1960 com música de Chico Buarque de Holanda, alcançando sucesso que também ecoa a politização ambiente e específica do mundo teatral. Em oposição ao convencionalismo do Teatro Brasileiro de Comédia (TBC), haviam surgido o Arena e o Oficina. O dramaturgo e ator Gianfrancesco Guarnieri condenava os valores "burgueses" do TBC, demandava um teatro popular capaz de atingir as massas, mas reconhecia ser inalcançável a meta no contexto em que se vivia. Augusto Boal, dramaturgo e teórico de esquerda, chegou a distinguir três fases na história do teatro nacional: o teatro alienado, o autêntico e o popular. O TBC era a súmula da alienação a agradar a plateia burguesa e a recusar-se a discutir as questões nacionais; o Arena discute e politiza, mas se limita ao público de "classe média", é autêntico. É o teatro autêntico que deveria encontrar o caminho das massas mediante um novo meio de expressão e divulgação. Em mais de um sentido, tal missão será assumida pelo Centro Popular de Cultura (CPC) da União Nacional dos Estudantes (UNE).

Renato Ortiz, em 1994, ao referir o debate, trata de notar que a questão do público é central; dependendo da proposta, a plateia deve responder aos apelos da ostentação burguesa, do nacionalismo radical de classe média ou das propostas revolucionárias de interesse popular. Se a plateia popular e radicalizada não comparece, o público bem pensante e inserido no debate trata de garantir a recepção das mensagens anti-imperialistas, socialistas e afins. O golpe de 1964, diga-se, não interrompeu o debate. Tendo se voltado basicamente para a intervenção em sindicatos, repressão na zona rural, dissolução de partidos políticos e de organizações estudantis, etc., poupou a "presença cultural da esquerda".

> Apesar da ditadura da direita há relativa hegemonia cultural da esquerda no país. Pode ser vista nas livrarias de São Paulo e Rio, cheias de marxismo, nas estreias teatrais, incrivelmente festivas e febris, às vezes ameaçadas de invasão policial, na

> movimentação estudantil ou nas proclamações do clero avançado. Em suma, nos santuários da cultura burguesa a esquerda dá o tom. Esta anomalia — que agora periclita, quando a ditadura decretou penas pesadíssimas para a propaganda do socialismo — é o traço mais visível do panorama cultural brasileiro entre 64 e 69 (Schwarz, 1992, p. 62).

Uma hegemonia de âmbito assaz restrito, o que em parte determina a estridência e exasperação das manifestações:

> [...] trata-se de grupos diretamente ligados à produção ideológica, tais como estudantes, artistas, jornalistas, parte dos sociólogos e economistas, a parte raciocinante do clero, arquitetos, etc. — mas daí não sai, nem pode sair, por razões policiais. Os intelectuais são de esquerda, e as matérias que preparam de um lado para as comissões do governo ou do grande capital, e do outro para as rádios, televisões e os jornais do país, não são. É de esquerda somente a matéria que o grupo — numeroso a ponto de formar um bom mercado — produz para consumo próprio. Esta situação cristalizou-se em 64, quando grosso modo a intelectualidade socialista, já pronta para prisão, desemprego e exílio, foi poupada (Schwarz, 1992, p. 62).

Este o destino melancólico do debate alimentado pelo período democrático, comprimido agora pelas forças militares e conservadoras que tomaram a si a tarefa de mais um salto na modernização recuperadora de periferia. Restrito e acuado, trata-se de mais um "autopúblico", no batismo certeiro de Antonio Candido ao analisar os impasses da vida intelectual colonial e sua organização em academias e grêmios de escassa ressonância social. Ao repetir o isolamento da vida bem-pensante duzentos anos depois, é de se argumentar que alguma farsa era inevitável, mesmo que entremeada do heroísmo de quem enfrentava a brutalidade descomunal da direita paramilitar ou oficial. Por acaso nenhum, os grupos "raciocinantes" são as vítimas preferidas de Nelson Rodrigues, que nas suas estupendas crônicas e no calor da hora tratou de imortalizá-los satiricamente no Padre de passeata, na Estagiária de Jornalismo de calcanhar sujo, na Grã-Fina de narinas de cadáver, etc. Uma síntese estética que explode na grande imprensa do país e inclui autonomia intelectual, deboche carioca, retórica maledicente e um ouvido afinadíssimo para a língua falada, do qual o autor, é claro, já dera notícia em sua consagrada obra teatral.

Se esse é o desfecho do processo entre melancólico, cômico e grotesco sob a ditadura militar, é bom não perder de vista que a redemocratização do país pós-45 detonara um esforço na área cultural que, em São Paulo, rendeu a fundação do Museu de Arte de São Paulo (1947), do Museu de Arte Moderna (1948), do já citado Teatro Brasileiro de Comédia (1948) e da Bienal. Um conjunto de realizações notáveis que inclui a criação da companhia cinematográfica Vera Cruz, na qual a burguesia paulista, suficientemente endinheirada para gastos suntuários de monta, busca afirmação e legitimação no domínio da cultura. Até certo ponto trata-se de tentar cinema "sério" de padrão hollywoodiano contra a chanchada carioca, que era cinema popular, humorístico e paródico, o que pode ser interpretado como mais um lance da força econômica paulista contra a hegemonia cultural da ainda capital política e administrativa do Brasil.

No quadro da música popular há uma área que reivindica maior rigor e inovação, o que deflagra a bossa nova, a valorizar o *long-play* para além dos singles ocasionais, a incluir a influência do *jazz* na batida do samba — uma síntese alcançada por João Gilberto, um intérprete que recompõe o que canta e toca — e a caprichar até na apresentação gráfica das capas dos discos. Inovações que, mais do que atender às demandas da elite urbana informada e cosmopolita, respondem ao debate sobre as possibilidades de modernização da sociedade. Daí a racionalização e economia que retira até os artigos dos títulos dos LPs: “Samba Nova Canção”, “Novas Estruturas”, “Esquema 64”, etc., cujo caráter conciso ecoa a linguagem das agências de publicidade. E Júlio Medaglia nota que há nomes que expõem o desejo de renovação e vanguardismo: “Avanço”, “Revolução”, “Impacto”.

O livro *Balanço da bossa e outras bossas*, de Augusto de Campos, contém, de resto, um conjunto muito valioso de informações a apontar aproximações possíveis entre a vanguarda musical erudita e alguns resultados da bossa nova, com ênfase nos procedimentos de reelaboração virtuosística de João Gilberto. O conjunto de ensaios e comentários revela a disposição crítica e combativa de Augusto de Campos, que generosamente saúda a bossa nova e o Tropicalismo, mas não se priva de comentar a Jovem Guarda e o conjunto da música popular brasileira.

Ao associar à batida do samba o *jazz* e as harmonias sofisticadas que ecoam experiências eruditas, em parte filtradas já pelo cancioneiro norte-americano, a bossa nova incorpora novas informações à música popular brasileira, a ponto de ser acusada, pelos tradicionalistas, de desfigurar nosso patrimônio. De fato, as reinterpretações de João Gilberto não podem deixar de soar sacrílegas aos ouvidos de um crítico como José Ramos Tinhorão, inclusive porque respondem por uma nova inserção da inspiração nacional no mercado internacional. Júlio Medaglia, um conhecedor do assunto, avalia que finalmente chegou-se àquele ponto almejado por Oswald de Andrade de uma arte de exportação brasileira, em termos a que não falta certo ufanismo ingênuo.

Os argumentos informados, mas celebratórios de Augusto de Campos e Medaglia têm um quê de abrupto a ressoar os "cinquenta anos em cinco" do período juscelinista, um salto qualitativo que é incorporado naturalmente ao otimismo que acompanha o debate das possibilidades do país. Inserida no ambiente repleto de promessas, a receita cabralina de poesia prosaica tributária da tradição espanhola e nordestina é de um curioso arcaísmo, como se o poeta desse um passo atrás e tratasse de pôr as barbas de molho, em contraste altamente revelador com a posição assumida pelo concretismo, para mencionar um movimento que incluiu Cabral entre seus antecessores:

> precursores: mallarmé (un coup de dés, 1897): o primeiro salto qualitativo: "subdivisions prismatiques de l'idée"; espaço ("blancs") e recursos tipográficos como elementos substantivos da composição. pound (the cantos): método ideogrâmico. joyce (ulysses e finnegans wake): palavra-ideograma; interpenetração orgânica de tempo e espaço. [...]
>
> no brasil: oswald de andrade (1890–1954): "em comprimidos, minutos de poesia". joão cabral de melo neto (n. 1920) — o engenheiro e a psicologia da composição mais antiode): linguagem direta, economia e arquitetura funcional do verso (Teles, 1997, p. 403–404).[12]

Apostando várias fichas nas possibilidades desalienantes da destruição da sintaxe e da reorganização da palavra, explorada em sua concretude física e "verbivocovisual", os concretos aderem à proposta oswaldiana de chegar a uma poesia de exportação, em dia com a pesquisa de ponta e atenta aos experimentos de última geração. É muito natural que tal

---

12. Publicado originalmente em Noigandres 4, em 1958, São Paulo, assinado por Augusto de Campos, Haroldo de Campos e Décio Pignatari.

vanguarda dê por encerrado "o ciclo histórico do verso". Mas o que isso tem a ver com a cerrada armação sintática, em verso, de Cabral? João Cabral investe no polo crítico, que denuncia e se autodenuncia; enquanto os concretos estão com a disposição pragmática que adere e celebra a cena contemporânea e a eles mesmos. Em Cabral a desconfiança, de si e dos outros, nos concretos a confiança e a autoconfiança dos portadores da boa nova.

Se cabe a João Cabral fazer a crítica de sua própria obra, de suas próprias pretensões de autor, se a ele cabe pôr em questão o sistema literário, não se espera de Cabral que pretenda munir o Brasil de uma poesia de exportação digna de constar entre as várias benesses do mundo moderno, tais como a indústria automobilística e a agitada vida urbana. A João Cabral cabe antes perguntar de que serve a poesia em uma sociedade assim estabelecida.

A concretude física e verbivocovisual rompe com a sintaxe e com o que seria expectativa amestrada e automatizada do sujeito urbano. A suprema vanguarda transgressora trata, portanto, de fornecer à literatura uma dimensão cosmopolita e *up to date*, literatura empenhada em munir o Brasil de atributos modernos cabíveis, mas não necessariamente disposta ao esforço crítico de examinar quais os limites de seu público e de sua própria linguagem. Nesse sentido a vanguarda concretista toma para si a missão de contribuir para a glória do sistema, em mais uma tentativa de prover de uma benfeitoria moderna o país que se renova.

O movimento que se pretende herdeiro da ruptura modernista acaba incumbido de missão análoga à dos árcades e românticos, só que em um contexto histórico um tanto adverso, pois a ruptura agora já é a regra ditada pelo mercado e pela publicidade agressiva. A literatura, por sua vez, longe de ser o centro da vida cultural, é só mais um dado, não necessariamente relevante, no âmbito da indústria cultural. Mais pitoresco ainda é que tal vanguarda lança mão da função poética jakobsoniana para defender a utilização de meios sofisticados de expressão que apontam para a autonomia da arte, ao mesmo tempo em que defende o caráter utilitário de uma arte que atenda as demandas do sujeito urbano de sensibilidade transformada. No comentário agudo de Iumna Maria Simon sobre a depuração formal dos poemas concretos da fase heroica:

> como organização interna, os poemas mantêm um refinamento formal e estético de certo modo estranho à ideia de arte popular, pronta para sair pelas ruas da cidade e ser compreendida pelos transeuntes assoberbados e distraídos. Os dispositivos modernizadores põem em funcionamento microestruturas formais (as chamadas estruturas "verbivocovisuais") que nada mais são do que a plenitude material dos eternos mecanismos poéticos. O poema concreto apresenta uma sistematização plástica dos procedimentos que se encontram dispersos e rarefeitos no poema em verso de todos os tempos (rima, paronomásia, assonância, aliteração, anáfora, elipse, assíndeto, entre outros tantos). [...] Aquele mesmo trabalho que está, digamos, em Homero, Dante, Camões e na poesia concreta, só que esta paradoxalmente é a que mais o valoriza na medida em que dispensa tudo aquilo que não sejam evidências materiais do esplendor da função poética da linguagem (Simon, 1990, p. 126–127).

"Como entender o fundamento de um plano de composição antiliterário que todavia se respalda no mais literário, no puro poético?" (Simon, 1990, p. 127). Um impasse que reúne o supremo esteticismo à participação entendida como consumo da poesia, a qual viria a se integrar ao cotidiano do público. Qual público? Qual sociedade? A sociedade brasileira sob modernização heterogênea, desigual e combinada é assunto a ser analisado ou criticado por tal poesia? No esforço de adesão ao desenvolvimentismo e de estabelecimento de uma poesia de ponta, a crítica à possibilidade da poesia e a dúvida sobre o papel da poesia na situação brasileira — questões recorrentes em Cabral — não comparecem.

> Tal paradoxo vale para os futuros desdobramentos desta vanguarda, os quais representarão esforços teóricos diferentes no sentido de incorporar ao projeto e à prática criativa as mudanças políticas, sociais e culturais ocorridas no Brasil e no mundo nas três décadas que virão. Assim é que nos anos 60 a poesia concreta se propôs a ser participante, pop, semiótica, do mesmo modo que mais recentemente se deu ao luxo de se proclamar pós-utópica (pós-modernismo envergonhado?), contanto que sua linguagem fique preservada como um ideal absoluto e aistórico de modernidade (Simon, 1990, p. 127).

Digamos que seja o preço a ser pago por quem se dispõe a dotar o Brasil da poesia que ele merece, do ponto de vista construtivo e um tanto provinciano de quem pretende ter acesso à modernidade, por mais que a modernização social do país não alcance os ideais civilizatórios desejáveis. O paradoxo do esteticismo participante acaba saudado como solução pelos concretos e não tomado como problema, enquanto Cabral, mediante um verso que se aproxima da prosa, incorpora e reelabora o problema e talvez critique o próprio sistema literário, o que, no contexto, equivale a recusar-se a contribuir para mais um esforço autocongratulatório de celebrar a contribuição do Brasil ao concerto das nações.

Na década de 1970, em *Museu de tudo*, é de se registrar a disposição desencantada e agressiva com relação ao leitor, não obstante o estoicismo irônico da autorreferência:

Fazer o que seja é inútil.
Não fazer nada é inútil.
Mas entre fazer e não fazer
mais vale o inútil do fazer.
Mas não, fazer para esquecer
que é inútil: nunca o esquecer.
Mas fazer o inútil sabendo
que ele é inútil, e bem sabendo
que é inútil e que seu sentido
não será sequer pressentido,
fazer: porque ele é mais difícil
do que não fazer, e difícil-
mente se poderá dizer
com mais desdém, ou então dizer
mais direto ao leitor Ninguém
que o feito o foi para ninguém.[13]

A dificuldade do fazer é enunciada e exibida na elaboração do poema, com suas rimas aos pares entre palavras idênticas, sem que a repetição dos termos impeça o desenvolvimento da argumentação implacável. Enunciado e elaboração são uma demonstração de perícia, do fazer difícil, que é aconselhado/argumentado no infinitivo sem que o poeta determine quem dá ou recebe o conselho/argumento. Não há um sujeito, um eu lírico a expor abertamente suas intenções, embora seja argumentável que enunciado e elaboração tratam de evidenciar, com um toque de malícia, o narcisismo da persona poética de Cabral, a qual de novo reincide no seco, agressivo e antilírico do conjunto da obra como que a reivindicar, em *tour de force*, o lugar comum da crítica nem sempre benévola.

---

13. Daqui em diante, todas as citações de poemas de Cabral neste livro são da sua Obra completa, publicada em 1994 pela Nova Aguilar.

Para Marta Peixoto — e no interior de *Museu de tudo* que contém vários poemas voltados para a produção artística alheia —, a autocrítica chega a lembrar os impasses de *Fábula de Anfion*:

> O artista inconfessável, que não pode ou não deve confessar-se, no entanto confessa dúvidas que atingem fundo à prática cabralina de dar valor incontestável ao fazer como maneira de assegurar a comunicação. Mesmo o construir fechado de *A Educação pela Pedra* se justifica por impor obstáculos que incentivam a leitura atenta. Em "O artista inconfessável", em circuito problemático que faz lembrar a "Fábula de Anfion", dissipa-se tanto o otimismo construtor quando a crença numa provável comunicação com o leitor (Peixoto, 1983, p. 204).

De fato, algumas "crenças" cabralinas são denunciadas pelo poema, que, no entanto, exige uma leitura menos linear e mais desconfiada do que a proposta por Marta Peixoto. O caráter inconfessável do artista também parece ser uma espécie de zombaria com os feitos alcançados e com a alegada recusa do confessional, inconfessável plenamente "confessado" ou figurado no infinitivo verbal que se repete de alto a baixo no poema. A reincidência no inútil do que é feito é falsamente redundante e acentua o procedimento necessário de quem desde muito insiste em "Vinte palavras sempre as mesmas / de que conhece o funcionamento / a evaporação, a densidade / menor que a do ar".

Agora a perícia está a serviço do comentário autoirônico e da recusa do leitor, que não é exortado mediante a função conativa, mas referido com todas as letras. O desdém configura o desprezo um tanto aristocrático de quem domina sua arte para além da compreensão dos tapados que não captam o sentido ("e que seu sentido / não será sequer pressentido") de sua arte.

A ausência da função conativa ocorre quando leitor é nomeado e recusado, portanto é razoável crer que equivale a uma disposição negativista a expelir o leitor daquele dispositivo tão arduamente pesquisado na obra cabralina até *Uma faca só lâmina*, mas não só até ali. Um sinal de que, em alguma medida, cancelou-se a pretensão construtiva que fazia parte da agressão de João Cabral. Por outro lado, só o leitor ingênuo aceitaria o desprezo "confessado" pelo poeta sem retrucar que quem desdenha também deseja ser lido. Do contrário, para que publicar? Sendo assim, o dispositivo expulsa e inclui, morde e assopra, em alternância desconcertante para quem lê, que parece denunciar certa exasperação de quem escreveu.

De volta aos anos 1950, nota-se que João Cabral se recusa à adesão aos planos otimistas dos contemporâneos voltados para o futuro, mas também não se dispõe a lançar o olhar desencantado para o passado, na perspectiva dos fazendeiros do ar Drummond, Bandeira, Jorge de Lima, etc. Sem memória e sem edificação progressista, para Cabral restam a ironia e o distanciamento e talvez a justificativa da provocação. O dispositivo poético montado estabelece a posição do poeta no próprio sistema literário e no debate cultural, que se nutre das possibilidades democráticas inclusive para a crítica radical, como se vê na discussão sobre o público do teatro e de arte em geral. Em João Cabral, o dispositivo poético responde também a esse debate e permite uma reavaliação da poesia brasileira ao associar-se à economia e contenção da poesia espanhola e aos efeitos ásperos da poesia popular nordestina para garantir um ritmo prosaico no verso que se quer rítmico mas sem a melodia do lirismo português.

Uma disposição crítica do poeta análoga, como já foi dito na introdução, à consciência catastrófica do atraso que, além de render certa urgência meio cômica no debate (bossa nova *versus* samba autêntico, TBC burguês *versus* voluntarismo radical do Arena, Vera Cruz *versus* Atlântida *versus* Cinema Novo, etc.), também alimenta o surto mais recente e muito informado e elaborado das Formações: *Formação econômica do Brasil*, de Celso Furtado, de 1959, *Os donos do poder: formação do patronato político brasileiro*, de Raymundo Faoro, de 1958, e *Formação da literatura brasileira*, de Antonio Candido, de 1959. Nesta última, expõe-se com notável acuidade crítica a perspectiva materialista de que a literatura enquanto sistema é um circuito que inclui autor, obra e público, noção que corresponde aos termos da pesquisa cabralina na caça à sua definição de poesia, que de resto pode ser incluída na tendência à "nova austeridade" surgida depois da Segunda Guerra, segundo Michael Hamburger.

Em João Cabral encontra-se, assim, uma austeridade que lhe permite fazer o novo na poesia brasileira reelaborando a tendência cosmopolita a partir de um debate que amadurecia no país. Daí a possibilidade de expor o ponto fraco do sistema literário, o escasso público, que nem por isso será poupado de exigências, público que é parte da literatura segundo o ponto de vista da *Formação*, cuja publicação é posterior, no entanto, à pesquisa cabralina. Antonio Candido e João Cabral pesquisam paralelamente o mesmo problema, até por partilharem a "consciência catastrófica do atraso", que pode pôr em contraste o vigor da tradição literária e o descalabro social e daí, no ambiente de discussão ensejado pela redemocratização pós-Estado Novo, estabelecer um ponto de vista de avaliação exigente.

Lançando o olhar ainda mais longe, se a harmonia bossanovista do final dos anos 1950 era garantida pelas promessas modernizantes e fazia um fundo musical que ecoava o processo de maneira amena e contínua, cabia a Cabral a antimelodia da prosa; o que não significa que o poeta não tivesse ritmo, muito pelo contrário. E é defensável aproximar a antiênfase e economia de João Cabral da dicção e dissonâncias da bossa nova, embora seja inconcebível qualquer contato do confessionalismo às vezes piegas e patético do amor, da flor e do barquinho com o dispositivo poético armado pelo poeta.

De fato a beleza das dissonâncias e as promessas das letras da bossa nova estão em dia com as exigências de um público de classe média urbana cada vez mais informado, em geral, e interessado em *jazz*, em particular; público implicado naquela modernização prometida por Juscelino. Mas a aspereza de João Cabral é mais aparentada com a bossa nova de "protesto", já da década de 1960, como registrou Augusto de Campos no livro já citado:

> Também o clima "intimista" ou "participante" não influi decisivamente no estilo. Nara Leão, Carlos Lira, Edu Lobo ou Chico Buarque (como intérpretes), e mesmo o Geraldo Vandré de Canção Nordestina, não fogem a uma fundamental enxutez interpretativa, característica da Bossa Nova. E a própria música popular nordestina, cuja influência se tem feito sentir mais recentemente nos caminhos da Bossa Nova, não está alheia a essa problemática. Berimbau x violino, carcará x rouxinol, a dura aspereza do Nordeste encontra a doce secura da bossa citadina e com ela se harmoniza naturalmente. Do "lobo bobo" ao "carcará" a música nova parece ter uma constante da qual não pode e não deve fugir, sob pena de perder muito de sua força e agressividade. Essa constante poderia ser definida com palavras de João Cabral de Melo Neto, em seu poema "A Palo Seco". Como diz Cabral, "se diz a palo seco/ o cante sem guitarra;/o cante sem; o cante;/o cante sem mais nada". (Campos, 1978, p. 57)

É um sinal dos tempos que as amenidades iniciais da bossa nova tenham derivado, entre outros resultados, para a contestação do regime e para a denúncia do imperialismo e do latifúndio.

É só então que *Morte e vida severina*, pronto desde meados dos anos 1950, virá a ser encenado e a alcançar justo sucesso nos anos 1960, isto é, no quadro de acirramento dos antagonismos despertados pela inserção, em marcha forçada, do Brasil no âmbito capitalista de padronização e de consumo, isto é, quando se deflagra a crise do populismo e ressurge o autoritarismo em escala nacional. O adeus às ilusões do desenvolvimento econômico autônomo vem acompanhado, no plano cultural, do ritmo cepecista adequado ao sucesso de *Morte e vida severina*.

A denúncia das barbaridades de um Brasil distante dos efeitos benéficos da modernização que alteram o complexo urbano desde 1930 — a denúncia do latifúndio, em suma, é um dos eixos da crítica ao estado de coisas antes e depois de 1964, e nada mais adequado que o auto de João Cabral seja tão bem recebido em tal contexto. Pelo menos até que as trevas do AI-5 desçam sobre o país em 1968, quando qualquer exercício mais ou menos público de vida inteligente tornou-se suspeito perante as autoridades. Que o sucesso de *Morte e vida severina* perpetue o equívoco, de resto por inúmeros críticos denunciado, de que João Cabral é grande poeta quando registra mazelas nordestinas, mas que se torna cerebral e hermético em outros momentos da obra, é outro problema. Em parte tal problema foi rastreado aqui e o que se batizou de dispositivo poético cabralino é uma poderosa fórmula que permite ao poeta escrever poesia exigente e sofisticada sem abrir mão de certos compromissos com o público e com a sociedade.

Desconfiança, desconfiança e mais desconfiança. Trata-se de um investimento maciço no esforço crítico, uma pesquisa aturada e obsessiva que vem a deflagrar um dispositivo poético que atenda às exigências do poeta, desperte o leitor e esteja à altura dos desafios que as circunstâncias históricas apresentam, do que resulta a inclusão peculiar, autolimitada e ativa do poema cabralino no sistema literário.

Um parlamento em ritmo senador: João Cabral satírico e macabro

Para falar dos Yahoos, se necessita
que as palavras funcionem de pedra:
se pronunciadas, que se pronunciem
com a boca para pronunciar pedras.
E que a frase se arme do perfurante
que têm no Pajeú as facas-de-ponta:
faca sem dois gumes e contudo ambígua,
por não se ver onde nela não é ponta.

2

Ou para quando falarem dos Yahoos:
furtar-se a ouvir falar, no mínimo;
ou ouvir no silêncio todo em pontas
do cacto espinhento, bem agrestino;
aviar e ativar, debaixo do silêncio,
o cacto que dorme em qualquer não;
avivar no silêncio os cem espinhos
com que pode despertar o cacto não.

João Cabral de Melo Neto, "The Country of the Houyhnhnms"

"Dois parlamentos" é parte dos poemas em voz alta, segundo classificação feita pelo próprio João Cabral de Melo Neto. O poema foi publicado em seu livro de maior número de reedições, *Morte e vida severina e outros poemas em voz alta.* Na explicação sucinta e eficiente, muito cabralina, mas não assinada, que consta no meu exemplar:

> Este livro, de poemas que talvez funcionem em voz alta (para a meia-atenção ou quarta parte de atenção que, em geral, é quanto pode receber o poema que se ouve), contém: um auto (*Morte e vida Severina*), um monólogo (*O Rio*), dois poemas que, ao serem publicados, o autor apelidou "parlamentos", e outros poemas menores que, com esses dois, por implicarem mais de uma voz, parecem, senão pedir, ao menos suportar uma leitura a vozes e consequentemente, em voz alta (Neto, 1985, p. 6).

Na razoavelmente áspera autocrítica do autor, seriam poemas que exigiriam menos do leitor, mas também levariam o traço estrutural de pedirem mais de uma voz. Entre eles, "Dois parlamentos" é de 1958 a 1960, portanto, posterior a *Morte e vida severina* (1954–1955). Mais que isso, nele estão os dois poemas longos em que João Cabral volta ao assunto regional. Sertão e Zona da Mata são as paisagens exploradas aqui. Ou seja, a zona árida e a zona úmida do Nordeste. O primeiro parlamento é "Congresso no Polígono das Secas" (ritmo senador; sotaque sulista), o segundo parlamento é "Festa na casa-grande" (ritmo deputado; sotaque nordestino).

A disposição humorística, que ganhará em tom macabro a seguir, é evidente no subtítulo entre parênteses, mas a malícia já está no título. Congresso no Polígono das Secas trata de referir a boa vontade burocrática governamental que inventou um nome para a região assolada pela seca, a região de clima semiárido, definida e batizada desde 1951. O polígono, criado com vistas às ações governamentais de combate aos efeitos da seca, inclui todos os estados do Nordeste, mas também o norte de Minas Gerais. O conjunto de poema, que parte da definição burocrática, é uma alegação da ausência de qualquer medida, que não retórica, para alterar o quadro desolador.

O "ritmo senador; sotaque sulista" comenta a paisagem atravessada pela morte, o que equivale a dizer que João Cabral está assumindo o ponto de vista distanciado do senador sulista para dar conta da matéria local. Para efetuar a sátira, portanto, valeria à pena adotar o ponto de vista do inimigo, ou, digamos, do satirizado. Já é tempo de chamar a atenção para o João Cabral humorista e satírico, cujo talento rende poemas como "Velório de um comendador", o livro *Serial,* ou tantos outros poemas de *A educação pela pedra,* livro em que o poeta teoriza sobre riso e sátira ao refletir sobre o exemplo de Swift em "The country of the Houyhnhnms". *Dois parlamentos* antecede estes momentos da verve satírica de João Cabral.

Além do mais, *Dois parlamentos* é um conjunto satírico concebido enquanto unidade por João Cabral, e na sua obra isso é uma singularidade sem precedentes e sem prosseguimento. O poeta lança um olhar entre mórbido e provocador sobre a matéria de *Morte e vida severina*, o auto de natal patético e compassivo que fez sucesso nos anos 1960 com a música de Chico Buarque. Seria então um ajuste de contas cerebral e instigante com o próprio *Morte e vida severina*? Afinal, trata-se de adotar o ponto de vista de cima, da elite, que trata de enunciar inclusive seus preconceitos e repugnância pela miséria generalizada e mortífera.

No comentário de João Alexandre Barbosa, trata-se da

> [...] desmontagem das visões "do alto" — como já ocorria no poema "Alto do Trapuá", de *Paisagens com Figuras* — da realidade nordestina, seja ela "ritmo senador; sotaque sulista" [...] seja ela "ritmo deputado; sotaque nordestino", como na segunda parte, "Festa na Casa-Grande" (Barbosa, 1986, p. 126).

Segundo João Alexandre, tanto em "Congresso no Polígono das Secas" quanto em "Festa na casa-grande" evidencia-se a impossibilidade de ambos os sotaques, marcados por posições de mando ou "do alto", enunciarem morte/cemitério e homem/cassaco. Examinando a paisagem à distância e com certa desatenção conivente, o ponto de vista poético deforma e atenua (até certo ponto) os cemitérios gerais e os cassacos de engenho, os quais resultam, contudo, mais agressivos e pungentes sob a retórica argumentativa e reiterativa que denuncia a deformação conivente e atenuante. Caberia ao poeta, a partir da separação alienante entre fala (sotaque) e condição (cemitério, cassaco), "ironizar as posições de mando, na verdade de desmandos, da classe dominante" (Barbosa, 1986, p. 126). A ironia de Cabral prospera, assim, mediante a inadequação entre a linguagem e o ponto de vista adotados em relação ao mundo severino em pauta.

A estrofe de abertura do poema não poderia ser mais explícita:

— Cemitérios gerais
onde não só estão, os mortos.
— Eles, são muito mais completos
do que todos os outros.
— Que não são só depósito
da vida que recebem, morta.
— Mas cemitérios que produzem
e nem mortos importam.
— Eles mesmos transformam
a matéria-prima que têm.
— Trabalham-na em todas as fases,
do campo aos armazéns.
— Cemitérios autárquicos,
se bastando em todas as fases.
— São eles mesmos que produzem
os defuntos que jazem.

O vocabulário técnico endossa a frieza com que o assunto morte entra aqui: "depósito", "importam", "produzem", "matéria-prima", "fases", "campos", "armazéns". E a definição consagradora: "Cemitérios autárquicos, / se bastando em todas as fases". Assim, o polígono das secas do título começa a ser trabalhado estruturalmente, ecoando na tecnicidade com que os cemitérios gerais são definidos e elogiados. Afinal eles são "muito mais completos / do que todos os outros". E configuram uma autarquia por estabelecerem uma cadeia de produção e não se limitarem ao depósito que é o cemitério comum. Os vivos estão incorporados aos cemitérios na condição de matéria-prima da matança. Detalhe não desprezível é a aproximação generalizante e abstrata que refere os mortos sem revelar a *causa mortis*. A matança técnica e burocraticamente discriminada não comporta matadores. Abstração que ressalta diante do caráter reiterativo que vai redefinindo os cemitérios gerais de estrofe para estrofe.

A estrofe 5, a segunda na sequência do poema, parte para a negação do caráter artístico convencional dos cemitérios em pauta.

> — Cemitérios gerais
> onde não é possível que se ache
> o que é de todo cemitério:
> os mármores em arte.
> — Nem mesmo podem ser
> inspiração para os artistas,
> estes cemitérios sem vida,
> frios, de estatística.

Se não servem de inspiração aos artistas, o que João Cabral está fazendo? Naturalmente, trata-se de marcar posição contra uma concepção de arte ornamental e desfrutável que concebe vida "afetiva" até mesmo a cemitérios. Na sequência dessa mesma estrofe o poeta investe contra a retórica parlamentar (de câmara política), a arte retórica que celebra de longe os cemitérios gerais, comentário sintetizado no magnífico "Longe da tumba toda". Não se reconhece nenhuma dignidade nos discursos apaixonados ou não que tomem por tema a miséria nordestina, especificamente a do citado Polígono das Secas. O ritmo senador e o sotaque sulista são ao mesmo tempo procedimentos de leitura dos "Dois parlamentos" e também objetos de sátira, o que no limite põe em questão o próprio ponto de vista adotado pelo poeta. A nona estrofe vai levar adiante a piada sobre burocracia e boa vontade política ao considerar o sertão um coletivista que barra as pretensões individualistas de quem deseje uma cova particular a ser visitada.

> — Cemitérios gerais
> onde não se guardam os mortos
> ao alcance da mão, ao pé,
> à beira de seu dono.
> — Neles não há gavetas
> em que, ao alcance do corpo,
> se capitalizam os resíduos
> possíveis de um morto.
> — A todos os defuntos
> logo o Sertão desapropria,
> pois não quer defuntos privados
> o Sertão coletivista.
> — E assim não reconhece
> o direito a túmulos estanques,
> mas socializa seus defuntos
> numa só tumba grande.

A graça perversa está na disposição socialista do Sertão, capaz de socializar a morte e a miséria e de desapropriar os defuntos. Levar a sério a política de redenção administrativa provinda do sul do país equivale a vestir a carapuça das figuras contra as quais o poema se volta. A assimilação da retórica da esquerda leva ao coletivismo macabro ("capitalizem os resíduos, desapropria, defuntos privados, Sertão coletivista") que não é comentado pelo poeta. Trata-se de retórica assimilada pela oligarquia que assola a região há centenas de anos? O sotaque sulista seria a indicação de que é um problema visto de fora, o que já havia sido indicado antes? Se enunciado de fora, o ponto de vista predominante seria da burocracia que se vale da retórica de esquerda para agir pela direita? Seja como for, esse Sertão "socializa seus defuntos numa só tumba grande", termos que encerram a estrofe de forma enfaticamente concreta. Para além das abstrações que foram incorporadas no vocabulário do poeta e que retiram a responsabilidade de quem quer que seja pela morte geral e irrestrita, restam os defuntos e sua tumba.

A estrofe seguinte volta ao tema da ausência de cercas para dar conta da impossibilidade de se estabelecer limites para o cemitério em questão. "De mortos tão gerais que não se pode apartação." E o saboroso termo apartação é de cunho regional e específico, concreto no sentido de separar reses para fins diversos. Levando adiante o coletivismo funerário do sertão, o poeta trata de ampliar a noção de morte para "bichos, plantas, tudo" e trata de consagrar cemitério toda a região. Na sequência (estrofe 2), virá um procedimento que é recorrente em João Cabral: depois de expandir o cemitério ao máximo, trata de expor a míngua, ao fechar o foco no morto para explicitar a morte por carência de água e nutrientes.

> — Nestes cemitérios gerais
> não há a morte excesso.
> — Ela não dá ao morto
> maior volume nem mais peso.

— A morte aqui não é bagagem
nem excesso de carga.
— Aqui, ela é o vazio
que faz com que se murche a saca.
— Que esvazia mais uma saca
aliás nunca plena.
— Ela esvazia o morto,
a morte aqui, jamais o emprenha.
— A morte aqui não indigesta,
mais bem, é morte azia.
— É o que come por dentro
o invólucro que nada envolvia.

No contínuo esforço de redefinição, afinal cada estrofe do poema inicia com "Cemitérios gerais" ou "Nestes cemitérios gerais", a especificidade da morte é estudada. Trata-se de morte pela carência. Não há excesso, antes o oco do oco, em que uma saca já murcha é esvaziada. Sem indigestão (digerir o que não se come?), é antes "morte azia" que prepara a rima com o dístico final da estrofe citada a pouco, dístico sentencioso e algo paradoxal. A estrofe seguinte parte para a sátira da morte "táctil, sensorial, / com aura, ar de banho morno" que se opõe à morte azia citada. A morte ao ar livre e coletiva não tem sabor "de Rilke ou de cravo", isto é, estes cemitérios recusam a morte com promessa transcendente, com "a presença / travosa de um defunto". Daí que seja a morte "escancarada, sem mistério, sem nada fundo".

Nesse sentido, trata-se de mais um capítulo da polêmica de João Cabral com a poesia dita profunda, escancarada com "Antiode (contra a poesia dita profunda)", escrito entre 1946 e 1947.

Poesia, te escrevia:
flor! Conhecendo
que és fezes. Fezes

como qualquer,

Gerando cogumelos
(raros, frágeis cogu-
melos) no úmido
calor de nossa boca.
Delicado, escrevia:
flor! (Cogumelos
serão flor? Espécie
estranha, espécie
extinta de flor, flor
não de todo flor,
mas flor, bolha
aberta no maduro.)

A recusa já antiga da poesia de pretensão órfica e revelatória agora, neste "Congresso no Polígono das Secas", comparece enquanto tema subordinado, que enfatiza a incompetência da poesia dita profunda para dar conta dos temas de interesse do poeta.

As próximas duas estrofes, 10 e 14, retornam para a definição coletiva e geral da morte no sertão. Com detalhismo burocrático o poeta compara as levas de morte à convocação de coletividades, classes ou circunscrições.

— Nunca ela vem para um só morto,
mas sempre para a classe,
assim como o serviço
nas circunscrições militares.

Depois de comentar o número maior de uma ou outra leva funerária, o detalhismo do poeta enfatiza o caráter periódico-anual da incidência da morte coletiva e encerra com eco shakespeariano ("de onde ninguém se viu voltando"). Uma receita complexa essa de Cabral, que mistura argumentação supostamente razoável, vocabulário burocrático e citação literária. Vale notar que "Setenta-e-sete" é uma anotação histórica muito específica de uma seca particularmente devastadora, a de 1877.

Assim como não há morte isolada (mote da estrofe 10), não há morte pessoal (mote da estrofe 14), todas respeitariam um modelo fixo, e estamos novamente no campo do coletivismo negativo e padronizador dos cemitérios gerais, sempre vazado em termos neutros e funcionais ("modelo seu, [...] / [...] morte padrão, / em série fabricada"). O fornecimento gratuito da morte padronizada parece ressaltar o caráter socializante, afinal a morte em série fabricada está próxima do modelo fordista, voltado para o lucro. Como que para combater a noção de que haja algum objetivo pecuniário (de quem? da morte? da região? dos cemitérios?), o poeta com detalhismo entre escarninho e esclarecedor anota a gratuidade. Inclusive mencionando uma supremacia:

> — Mas afinal tem suas vantagens
> esta morte em série.
> — Faz defuntos funcionais,
> próprios a uma terra sem vermes.

A estrofe seguinte (3) reincide na padronização, indo mais longe: "os mortos não variam nada". Seriam todos provenientes da mesma mãe, gêmeos, de mesmo porte, do mesmo ovário. Depois do registro da morte fabricada em série, vem a exposição pela biologia e anatomia, definindo pela série orgânica o que já está definido pela série inorgânica da fábrica. A mãe-morte que pare seus gêmeos irremediáveis e idênticos permite a Cabral o encerramento virtuosístico da criação vocabular: "— De qualquer forma, todos, / gêmeos, e mortinatos".

Se natimorto é aquele que morre ao nascer, mortinato seria o que nasce ao morrer, para assombrar os cemitérios gerais que são definidos e redefinidos pela obsessão do poeta. Levando em conta a abrangência da morte na região é possível que mortinato seja também uma denominação para os mortos vivos que se arrastam na miséria que se observa à distância. A população do Polígono que vegeta sem que as políticas tramadas à distância cheguem até os necessitados. O experimentalismo de João Cabral trata de formar uma palavra para dar conta da "tumba toda", uma vez que o "jeito é mesmo consagrar cemitério a região". Sempre levando em conta que se trata de expor o tétrico efeito igualitário alcançado pelos cemitérios gerais.

Reforçando o humor macabro, o foco em terceira pessoa agora detalha as condições em que são vestidos os cadáveres nos cemitérios gerais. Na abertura destaca-se o hábito de enterrar os mortos endomingados, para revelar que no sertão sequer mortalha é vestida, nem mesmo rede sobra para o morto, que é deixado ao relento, se houvesse relento no sertão. Mas é o próprio poeta que acentua a piada macabra ao encerrar a estrofe.

> — Por isso é que sobram de fora,
> sem entrar nos salões da terra,
> entre pedras, gravetos,
> no sereno da festa.

Sobrar de fora e não entrar nos salões da terra já é quase abusar do humor tétrico, juntando celebração e morte, mas sereno da festa é provocação. Os cadáveres ressecados e expostos à umidade inexistente encontram-se entre pedras e gravetos sem nem ter o direito a um enterro, excluídos da festa.

Teremos nas estrofes 11 e 15 um estudo da fisionomia e gestualidade dos mortos, com foco preparado para o exame de perto. Sem ar pisado, de quem sofreu dor, ou inteligente, do esgar da morte supostamente reveladora, nos cemitérios gerais o defunto não assemelha homem, mas pedra, e pedra burra, não transcendente.

— Se lembra algo, lembra é as pedras,
essas de ar não inteligente,
as pedras que não lembram
nada de bicho ou gente.

Na estrofe 15 vem o estudo do gesto sem surpresa, para quem a morte foi coisa rotineira. "Nenhum tem o ar de ter morrido / em instantâneo ou guilhotina". Todos padeceram uma morte anestésica "que adorme, não fulmina". Sem nunca mencionar diretamente fome e carência o poeta dá o retrato preciosista de séculos de inanição e conformismo compulsório. O encerramento, sempre enfático e formalista, rende o comentário estético: "Todos morrem em prosa, como foram, ou dormem". Por que, se fosse em verso, a morte poderia implicar alguma elevação ou transcendência? Por que em prosa a subjetividade submete-se à objetividade de um certo tipo de narração? O fato é que o poeta enuncia enfaticamente em verso a morte prosaica, o que não deixa de ser um gesto de distanciamento do fato. A morte coletiva e prosaica comentada em estrofes reiterativas cuja abertura volta sempre ao mesmo ponto ("Nestes cemitérios gerais..." ou "Cemitérios gerais...").

As estrofes 4 e 8, na sequência, exploram o tema da anulação promovida pelos tais cemitérios.

— Cemitérios gerais
que não exibem restos.
— Tão sem ossos que até parece
que cachorros passaram perto.

Com humor peculiar, o poeta comenta que os poucos sinais da morte contradizem a "propaganda" que se faz dos cemitérios gerais, reincidindo no tema da divulgação da morte e da miséria para fins variados (autoindulgência, denúncia, deslumbramento com a miséria?). Não excluída a possibilidade de que o poeta esteja zombando da disposição positiva de arrecadar verbas para combater a miséria do Polígono das Secas acompanhada da autopromoção de quem se reivindica benfeitor da região.

Ainda na estrofe 4 o humor negro vem acompanhado da referência erudita: "— Se pensa: não pensei que a morte / houvesse desfeito tão poucos". Em contraste com o inferno de Dante, onde a morte desfez tantos, sem falar na referência também por contraste à reelaboração em inglês de Dante por T. S. Eliot em "A terra gasta". Um contraste de efeito humorístico e talvez rebaixado em relação ao tom elevado e sério de Dante e de Eliot. Nos cemitérios gerais a morte é onipresente, mas não ganha configuração trágica; ao que tudo indica, prosseguindo na linha do prosaísmo já referido lá atrás.

Em Dante, "Inferno": "imensa turba o seguia, que o conceito / deu-me, numa visão medonha e abstrusa, / de quantos tinha a morte já desfeito" (Alighieri, 1998, canto III, versos 55–57). Em Eliot, na primeira parte de "A terra gasta", intitulada "O enterro dos mortos": "Cidade irreal, / Sob o escuro nevoeiro da aurora hibernai, / Fluía a multidão sobre a Ponte de Londres, tantos, / Jamais pensei que a morte tantos houvesse desfeito" (Eliot, 1985, versos 60–63).

E temos aqui mais um efeito esquisito de humor negro acompanhado de demonstração de erudição, efeito que reforça a ideia de provocação e sátira ao oscilar entre os registros elevado e baixo; embora seja argumentável que só a referência a Dante e Eliot seja propriamente elevada enquanto o registro de João Cabral seja no plano do humor macabro que requalifica o patético daqueles dois poetas. A rigor, a desqualificação predomina ao referir que um turista mais ou menos mal-intencionado (curioso da miséria alheia?

Cúmplice da oligarquia? Convidado por quem? Funcionário do governo supostamente interessado em combater a desgraça no Polígono das Secas?) não encontrará vestígios da morte esperada, sentir-se-á logrado. E chegará à constatação oposta à de Dante e de Eliot, ambos consternados com a excessiva quantidade de mortos.

Coerente com essa revisão do cânone, o poeta prossegue, agora explorando o efeito de anulação até o limite.

> — Aqui, toda aritmética
> dá o resultado nada,
> pois dividir e subtrair
> são as operações empregadas.
> — E quando alguma coisa
> é aqui multiplicada
> será sempre para elevar
> o resto à potência do nada.

A próxima e penúltima estrofe tratam de tornar explícito o caráter anulador da morte dos cemitérios gerais, já que neles não há espaço sequer para mal cheiro ou podridão, dada a ausência de umidade. Nem a vida microbiana permanece para dar algum testemunho dos mortos, que até nisso são anulados.

> — Só restos minerais,
> infecundos, calcários,
> se encontram nestes cemitérios,
> menos cemitérios que ossários.

A última estrofe abandona esse registro biológico e volta-se para o cerimonial cristão, referindo de alguma forma a alma: "Nem mesmo um pouco que se possa / encomendar ao céu ou ao inferno". Alma sobre cuja existência o poeta manifesta dúvidas, além de chamá-la ironicamente de resíduo e de conjeturar sobre sua resistência.

— Eles, todos os restos
da mesma forma tratam.
— Talvez porque os mortos que têm
não tenham tal resíduo, a alma.
— Talvez porque esta tem
consistência mais rala.
— E seja no ar fácil sorvida

como uma gota em outra de água.

O humor prossegue, portanto, ao tratar de forma materialista assunto espiritual e transcendente. E os versos finais desse parlamento abusarão do efeito de estranhamento ao realizarem uma operação metalinguística e autocrítica, que corrige o símile que o poeta acabara de usar.

— E seja no ar fácil sorvida
como uma gota em outra de água.
— Não há é por que usar,
aqui, a imagem da água.
— Melhor dizer: como uma gota
de nada em outra de nada.

A reafirmação do ressecamento geral bloqueia o símile líquido e reinsere o tópico da anulação sem retorno efetuada pelos sertões coletivistas, o qual encerra o poema com a repetição enfática "de nada em outra de nada". João Cabral literalmente não dá refresco. O segundo poema do conjunto é "Festa na casa-grande (ritmo deputado; sotaque nordestino)", que abandona o quadro coletivo para se concentrar no cassaco de engenho, o trabalhador de engenho e de usina de cana-de-açúcar. Depois de examinar o semiárido e seus cemitérios gerais, é a vez da zona tropical úmida, com direito a indireta para o primo Gilberto Freyre, o supremo ensaísta de *Casa-grande e senzala*. Encerrando por aqui, remeto o leitor ao poema para avaliar o tamanho da acidez que João Cabral extrai da produção de açúcar.

Poema extraído de romance experimental: João Miramar lírico e oligárquico

Aquela casa de nove andares comerciais
é muito interessante.
A casa colonial da fazenda também era...
No elevador penso na roça,
na roça penso no elevador.

Carlos Drummond de Andrade, "Explicação"

Ê bumba iê iê boi
Ano que vem, mês que foi
Ê bumba iê iê iê
É a mesma dança, meu boi

É a mesma dança na sala
No Canecão, na TV
E quem não dança não fala
Assiste a tudo e se cala
Não vê no meio da sala
As relíquias do Brasil
Doce mulata malvada
Um LP de Sinatra
Maracujá, mês de abril
Santo barroco baiano
Super poder de paisano
Formiplac e céu de anil
Três destaques da Portela

Carne seca na janela
Alguém que chora por mim
Um carnaval de verdade
Hospitaleira amizade
Brutalidade, jardim

Torquato Neto e Gilberto Gil, "Geleia Geral"

Memórias sentimentais de João Miramar, publicado em 1924, de Oswald de Andrade, consiste, apesar do experimentalismo formal e do arrojo narrativo, em um romance de formação, uma narrativa em que um protagonista, submetido a vicissitudes várias, caminha da infância até sua maturidade de acordo com a trajetória dos jovens burgueses brasileiros de sua época: estudos, viagem à Europa, aventuras eróticas e sentimentais, casamento, negócios, alguma atividade literária, etc. O tratamento "nervoso no estilo", como fica registrado ironicamente no fim do livro, pouco altera as evidências de que João Miramar segue uma linha de vida pautada por padrões sociais (e paulistas) bem definidos, permitindo-se por volta dos trinta anos um balanço que vem a ser a obra em causa. O experimento de Oswald também agrega humor agressivo e ironia pesada, o que é razoavelmente explícito mesmo para um leitor com dificuldades para atravessar as elipses e fragmentos que trabalham os curtos capítulos. Na trajetória miramariana, esse capítulo/poema 52, "Indiferença", ocupa posição estratégica, antecedendo imediatamente o embarque de volta ao Brasil depois da viagem juvenil mais ou menos convencional pela Europa (Munique, Milão, Roma, os Alpes, Londres e, por fim, Paris). Em Paris, há a clássica visita a Pigalle e Montmartre, com seus cabarés e boemia, depois uma escapada para conferir a festa de 14 de julho e, na sequência, chegamos ao capítulo 52, "Indiferença", reproduzido a seguir na íntegra:

Montmartre
E os moinhos do frio
As escadas atiram almas ao jazz de pernas nuas

Meus olhos vão buscando lembranças
Como gravatas achadas

Nostalgias brasileiras
São moscas na sopa de meus itinerários
São Paulo de bondes amarelos
E romantismos sob árvores noctâmbulas

Os portos de meu país são bananas negras
Sob palmeiras
Os poetas de meu país são negros
Sob bananeiras
As bananeiras de meu país
São palmas calmas
Braços de abraços desterrados que assobiam
E saias engomadas
O ring das riquezas

Brutalidade jardim
Aclimatação

Rue de La Paix
Meus olhos vão buscando gravatas
Como lembranças achadas (Andrade, 1990, p. 61).

O título pode indicar certo dandismo de filho de família chique em Paris que se vê obrigado a retornar ao país exótico e atrasado. Por que essa pressa no retorno? A Paris aqui, depois de referência um tanto turística, irônica e com toque de leviandade a 14 de julho, é a do bairro boêmio, Montmartre. O registro de Picasso, Satie e João (sic) Cocteau já havia sido feito no minicapítulo 51, "14 de julho". Os moinhos do frio parecem uma referência nem tão secreta ao Moulin

Rouge, cabaret lendário, embora o frio não compareça no julho europeu, em que Miramar transita em pleno verão. O último verso da estrofe enfatiza a orientação sexual e vanguardista, com escadas lançando almas ao *jazz* de pernas nuas. O *jazz*, anterior à Primeira Guerra em Paris, é assunto de vanguarda, restrito a grupos restritos e com tendências democráticas, a valorizar a música negra norte-americana. Depois de dois versos curtos, o terceiro verso é longo com assonâncias em "a" e um jogo semântico de impacto visual em que escadas, concretas e atuantes, atuam sobre almas que tem acesso ao *jazz* que inclui pernas nuas. No contexto, um jazz de mulheres acessíveis ou bailarinas, mas a prostituição é também um atrativo em Montmartre e talvez seja insinuada (Moulin Rouge, etc.).

A seguir há o pronome em primeira pessoa nesse poema em que o eu lírico/narrador é onipresente na construção, embora discreto em suas marcas morfológicas: "Meus olhos vão buscando..." frase crucial que se repetirá alterada no encerramento da peça, com olhos que buscam lembranças em contraste com gravatas. A leitura linear seria de que a topada com as gravatas deflagra as lembranças brasileiras que virão enunciadas em breve. Pode ser um momento que prepara o embarque, com gravatas sendo colocadas na mala, mas o charme desse indiferente João Miramar se prende aos lances arbitrários da consciência; as gravatas podem ser só o adereço necessário para sair do quarto e flanar mais um tanto pela douce ville antes da viagem de retorno ao Brasil, que é enunciada abruptamente no próximo minicapítulo 53, "Calmaria descrita por Homero".

As nostalgias, assim mesmo no plural, são moscas na sopa da viagem do jovem e irônico oligarca, cujos sentimentos sobre a pátria oscilam entre saudade, afeto e repugnância que impedem o bom andamento pelos itinerários. A viagem pela Europa está chegando ao fim e em Paris, quase tomando o navio de volta, Miramar, depois de procurar as lembranças, enuncia São Paulo, que até poderia ser o estado, mas a ênfase vai para os bondes amarelos que são da capital. Os bondes são também, no quadro, uma inovação de algum impacto, mas a referência à cor não deixa de ser um registro local com um leve sabor caipira. A cor dos bondes ou do metrô de Paris não é anotada, salvo engano. O desfecho com romantismos, no plural, como nostalgias e moscas, acena para o século XIX, Álvares de Azevedo, rubrica escolar com romantismo dividido por gerações, etc., sem falar no torcicolo cultural de quem aturava a vida na pacata cidade, mas gostaria de retornar a Paris sem jamais lá ter estado. Já Miramar, vanguardista instalado em Paris, se permite a condescendência de romantismos enunciados à distância e devidamente inserido na paisagem amena das árvores noctâmbulas. Na impossibilidade das árvores se deslocarem, a piada parece incidir de novo sobre os românticos que frequentavam a cidade — em particular a faculdade de direito — e que percorriam as ruas e praças à noite. A seu modo é uma canção de exílio que é anunciada pelo primeiro verso: "Nostalgias brasileiras".

Ao comentar o papel da viagem na imaginação de Oswald de Andrade, Antonio Candido cita o trecho e o aproxima da experiência romântica brasileira inicial.

> No entanto, estando longe sente que:
>
> "Nostalgias brasileiras
>
> São moscas na sopa de meus itinerários"
>
> Isto, é claro, porque a viagem era também um meio de conhecer e sentir o Brasil, sempre presente, transfigurado pela distância. Por isso, há nele pouco dos famosos exilés norte-americanos, seus

> contemporâneos na França, e muito dos estudantes fluminenses que no decênio de 1830 fundaram em Paris a revista Niterói e de lá entenderam melhor o que a nossa literatura precisava.
>
> Daí, na sua obra, certa reversibilidade Brasil-Europa, que esclarece o sentido da viagem como experiência do espírito e do sentimento nacional. (...)
>
> A viagem para ele foi isto: translação mágica de um ponto a outro, cada partida suscitando a revelação de chegadas que são descobertas. E o seu estilo, no que tem de genuíno, é movimento constante: rotação das palavras sobre si mesmas; translação à volta da poesia, pela solda entre fantasia e realidade, graças a uma sintaxe admiravelmente livre e construtiva. Estilo de viajante, impaciente em face das empresas demoradas; grande criador quando conforma o tema às iluminações breves do que ele próprio chamou o seu "estilo telegráfico" (Candido, 1995, p. 62-3).

A estrofe seguinte reelabora a célebre canção de Gonçalves Dias abusando da condescendência e autoironia; a meu ver, é o momento mais venenoso do poema. A sintaxe banal das três frases nominais define mais do que descreve, com seu tal coisa é tal coisa, mas o efeito de autoexposição da pose distanciada é devastador, embora enunciado com complacência, ou talvez justamente por constituir complacência. Os portos que são bananas negras sob palmeiras estabelecem a rima óbvia, de ressonância do vegetal patriótico gonçalvino, que vai ecoar nas duas bananeiras que comparecem a seguir. Só esse acúmulo de trópico entre palmeira e bananeira já define a fórmula de cromo exótico que aqui é parodiado, mas não propriamente desqualificado, como se o poeta chique no seu doce exílio europeu/parisiense piscasse o olho para a cordialidade brasileira.

Forçando um pouco a nota, a fórmula simples e repetida (os portos são, os poetas são, etc.) vira enfática e afirma o pitoresco da cena em espírito daquele ufanismo crítico anotado por Roberto Schwarz: o poeta/narrador cosmopolita afirma seu país vistoso e simples mobilizando arsenal vanguardista acumulado para atacar as complexidades da civilização burguesa. João Miramar, que não se confunde necessariamente com Oswald de Andrade, opera o contraste transatlântico que permite denunciar as moscas na sopa sem renunciar ao encanto dos bondes amarelos de sua província, assim como remeter ao legado escravista com ressonâncias plásticas de piada (bananas negras, negros sob bananeiras, etc.). É um procedimento de notável impacto em que o complexo de inferioridade brasileiro oferece uma versão entre simpática e abusada de seu país para pôr em causa as pretensões europeias de superioridade, às quais faltariam impacto, simplicidade, ingenuidade e mesmo lirismo.

O olhar de longe associa os portos do país a bananas negras (podres?) sob palmeiras, o que tem um quê de ameno *nonsense*, com um pé no absurdo do acúmulo de índices vegetais. Bananas negras acumuladas sob palmeiras? A seguir vem uma alusão à poesia oral ou à música popular com a cena em que poeta é negro sob bananeira, na medida em que no país o acesso à educação formal ainda era privilégio quase de brancos. Depois desse entrevero elitista e irônico em cujo centro figura o personagem negro, há um efeito notável que envia para o abstrato de palmas calmas com braços de abraços desterrados que assobiam. Pela alteração da consoante inicial, o contraste entre palmas calmas revela almas, mas a possível abstração de alma é desdita pelo efeito seguinte: braços de abraços, que traz o corpo para a cena embora a frase retorne a certa abstração no adjetivo desterrado, seguido, porém, pela associação concreta com o assovio. Há eco de novo do exílio em abraços desterrados, claro, mas acho que o conjunto da frase é sensorial e afetivo na articulação ousada de palmas, calmas (almas), braços e abraços. Uma ternura em que o contato físico é referido, reelaborado.

O abrasileiramento torna-se crucial nas saias engomadas sucedidas pelo *ring* das riquezas, com o agravante da aliteração refinada *ring*/riqueza, embora o contraste entre o formalismo provinciano e feminino das saias e a disputa que tende ao informal do *ring* das riquezas seja um tanto banal, não obstante a força da expressão. Força que depende, em algum grau, do hábito antigo e colonial da goma nas saias contrastando o novo termo *ring*, que atualiza, no entanto, a disputa colonial pela riqueza que é ainda mais antiga que a goma das saias. Mais uma vez, Miramar obtém o efeito que saúda o atraso enquanto dá nome moderno para o antigo. A estrofe seguinte não passa de duas linhas, três adjetivos oscilando entre abstrato de brutalidade, o concreto de jardim, o abstrato de aclimatação, que também é palavra de entrada recente no idioma.

Parece-me evidente que o contraste voltou agora em chave semântica mais nítida entre brutalidade e jardim, que enfatiza aquele jogo entre saias amenas e *ring* feroz e, num comentário sucinto sobre o Brasil, induz associações que são da ordem da acumulação primitiva na colônia ou da disposição para explorar e espoliar que é contemporânea de Miramar. Fica a critério do leitor, como é de se esperar em Oswald de Andrade, avaliar o que vai de elogio saudoso, de crítica falsa ingênua ou ainda dandismo caipira, em uma grade de posições entre elitistas e críticas insinuadas pelo enunciado elíptico e experimental.

Os três últimos versos, com a Rue de La Paix na abertura, têm algo de chave de ouro ao retomar, de forma invertida, a fórmula de gravatas e lembranças, o que torna o poema mais inteligível e sentencioso. Uma leitura maliciosa poderia definir certo vanguardismo parnasiano no resultado final, em que as referências a Paris, boemia, transgressão musical e sexual em Montmartre, etc., comporiam um bloco complacente e elitista a contrastar o país periférico de poetas negros, bananeiras, palmeiras, brutalidade, jardim: esse conjunto desigual receberia o arremate conformista e lírico de quem achou o Brasil na lembrança enquanto buscava gravatas. Fazer a pose lírico-sentenciosa-experimental-irônico-oligárquica constitui um método no conjunto de *Memórias sentimentais de João Miramar*, cujo narrador lírico contempla e mira a paisagem com otimismo irônico, proporcionado pela dinâmica acelerada de acumulação do café. O quanto esse instigante capítulo/poema permite auferir os procedimentos de Oswald no restante do livro é que aceita debate, até onde alcanço. Por outro lado, antecipando alguma objeção sobre a análise estética e histórica que tentei fazer aqui, valho-me da síntese precisa enunciada por Roberto Schwarz ao analisar a poesia pau-brasil:

> Antes de prosseguir, não custa dizer que um poeta não melhora nem piora por dar forma literária à experiência de uma oligarquia: tudo está na consequência e na força elucidativa das suas composições. Não se trata de reduzir o trabalho artístico à origem social, mas de explicitar a capacidade dele de formalizar, explorar e levar ao limite revelador as virtualidades de uma condição histórico-prática; sem situar o poema na história, não há como ler a história compactada e potenciada dentro dele, a qual é o seu valor. Hoje todos sabemos que a hegemonia do café já não tinha futuro e terminou em 30, o que naturalmente não atinge a poesia de Oswald, que está viva (Schwarz, 1987, p. 23).

Minha análise de "Indiferença" dialoga intensamente com as formulações e achados críticos de Schwarz em "A carroça, o bonde e o poeta modernista", dos quais procuro extrair consequências para a avaliação de *Memórias sentimentais*. A premissa aqui é de um acúmulo crítico que permita levar adiante a discussão, que permanece algo morna em uma fortuna crítica relativamente escassa, se comparada, por exemplo, ao muito mais estudado *Macunaíma*, de Mario de Andrade. Mas não cabe também reclamar muito, uma vez que Oswald foi objeto da atenção de Antonio Candido e de Haroldo de Campos, duas autoridades de grande prestígio. O arsenal crítico de Haroldo de Campos foi e é crucial para avaliar o alcance do conjunto da obra de Oswald; seus textos estavam nas edições que repuseram a obra em circulação nos anos 1960 e permanecem entre os mais relevantes. No ensaio clássico "Estouro e libertação", que se encontra no livro *Vários escritos*, Antonio Candido considera *Memórias sentimentais* um livro extraordinário, provavelmente o mais construído e elaborado de Oswald.

> Recalcado pelo catolicismo, o protesto estruge em Vinte-e-Dois, com o rompante iconoclástico da Semana de Arte Moderna e, sobretudo, as *Memórias*. Para alguns, esta é a obra-prima do autor; sou levado a crer que é a boa opinião.
>
> *Memórias sentimentais de João Miramar*, além de ser um dos maiores livros de nossa literatura, é uma tentativa seríssima de estilo e narrativa, ao mesmo tempo que um primeiro esboço de sátira social. A burguesia endinheirada roda pelo mundo o seu vazio, as suas convenções, numa esterilidade apavorante. Miramar é um humorista *pince sans rire* que (como se diria naquele tempo) procura *kodakar* a vida imperturbavelmente, por meio de uma linguagem sintética e fulgurante, cheia de soldas

> arrojadas, de uma concisão lapidar. Graças a esta linguagem viva e expressiva, apoiada em elipses e subentendidos, Oswald de Andrade consegue quase operar uma fusão da prosa com a poesia (Candido, 1995, p. 51–52).

Vale notar que o crítico, nesta citação, nomeia Miramar enquanto humorista, o que equivale a considerá-lo o narrador em causa, cujo humor é invenção do autor Oswald. No ensaio citado anteriormente, Candido operou diferente, atribuindo a Oswald a disposição viajante abonada pela citação de "Indiferença", o que leva a confundir autor e narrador Miramar. Meus argumentos na análise do minicapítulo/poema vão no sentido de diferenciar autor de personagem e discriminar as tensões e ambivalências que tornam denso e um tanto idiossincrático o perfil do jovem *flâneur* oligarca entre caipira saudoso e burguês saudável, se o trocadilho não for excessivo. No conjunto da narrativa experimental, telegráfica, irônica, elíptica e falsa ingênua, Miramar pode exibir alguma cara de pau (*pince sans rire*) e garantir objetividade humorística para registrar os modos, trejeitos e excessos de sua classe (e parte da plebe subordinada) num romance que é razoavelmente linear, com começo, meio e fim.

Talvez o livro pudesse ser parafraseado de forma realista e quase banal. É o arrojo técnico da narrativa e a extraordinária criatividade linguística que rendem os efeitos que Candido saúda. A alta aposta de trabalho do autor Oswald rendeu forma literária que tende mesmo a denunciar e relativizar as piruetas mais óbvias do grande formulador da Antropofagia, isto é, o militante de manifestos que transitam com desfaçatez entre provocação libertária, charlatanice indulgente, retórica genial e devastadora, mais um tanto de macumba canibal para turista. Por sinal, o entusiasmo da vanguarda que considera João Miramar um Ulisses joyceano submetido à transluciferação mefistofáustica antropofágica, vamos combinar, é muito suspeito. A objeção aqui é aos momentos mais efusivos da avaliação de Haroldo de Campos, para quem a caracterização social de Miramar é quase irrelevante. Enfim, a premissa materialista incide na forma literária, com ênfase na fatura narrativa e verbal, para além das intenções e propostas do célebre Oswald de Andrade, por mais libertárias e inconformistas que fossem e de fato eram. A relativamente escassa bibliografia crítica sobre *Memórias sentimentais*, até onde vejo, deixa muito a desejar e bastante trabalho por fazer.

O livro reelabora esteticamente a experiência da oligarquia paulista em que ousadia financeira, cosmopolitismo elitista, caipirismo deslumbrado, apelos eróticos desinibidos, para ficar no mínimo, são retrabalhados, contrastam, fundem-se, tentam síntese. A ousadia temática e formal, de disposição satírica notável, não deixa de contar com amparo de certo otimismo cafeeiro desconcertante, numa aposta histórica que hoje soa eufórica e com um pé no disparate, sem falar na caracterização coletiva variada que resulta em vazio espiritual, cacoetes convencionais e esterilidade apavorante, nas palavras do crítico. Mas esse ambiente social e cultural atroz ou cômico rendeu algumas obras primas, entre elas estas *Memórias sentimentais*.

Tentei, mediante análise e paráfrase, expor uma parte da complexidade do livro, que se encontra cifrada em um trecho de grande interesse devido, entre outros aspectos, ao conjunto de imagens e ao andamento reflexivo e narrativo, inclusive do que revela do narrador/eu lírico Miramar. Há contraste sensível entre esse narrador determinado social e esteticamente e a perspectiva adotada na poesia pau-brasil, que tende a ser mais abstrata e distanciada. Os trejeitos e o humor são equivalentes, mas as oscilações de Miramar fazem diferença e tendem a sacudir um tanto a impassibilidade e euforia que apreende as cenas brasileiras. Outros capítulos de *Memórias sentimentais* teriam que ser analisados e talvez só um exame de conjunto permita um juízo mais sustentado. Voltando aos argumentos de "A carroça, o bonde e o poeta modernista":

> O próprio Oswald mais de uma vez se referiu às "causas materiais e fecundantes" do Modernismo, "hauridas no parque industrial de São Paulo, com seus compromissos de classe no período áureo-burguês do primeiro café valorizado". A relação aparece com muita beleza em "*aperitivo*", onde "A felicidade anda a pé / Na Praça Antonio Prado / São 10 horas azuis / O café vai alto como a manhã de arranha-céus // Cigarros Tietê / Automóveis / A cidade sem mitos".[14] A plenitude moderna (e idealizada) das sensações, sem pecado, superstição ou conflito, o gosto de ver e ser visto, tão característicos da inocência cultivada por Oswald, vêm na crista da prosperidade do café. São uma emanação de poder, o que lhes qualifica, mas não anula a ingenuidade. O privilégio econômico não tira a força poética à despreocupação que ele propicia: as posses do transeunte são um aspecto sugestivo, e dão a seu contentamento algo da fragilidade da sorte grande (as cotações em alta podem baixar).[15]
>
> Outra singularidade oswaldiana é a total ausência de saudosismo na exposição de figuras e objetos do mundo passado (o contraste com os nortistas, ligados à decadência do açúcar, neste ponto é instrutivo). Tecnicamente, o efeito se deve à preferência vanguardista e anti-sentimental pela presença pura, em detrimento da profundidade temporal e demais relações. A sustentação de fundo entretanto vem do futuro que o café pensava ter pela frente, fazendo que o universo de relações quase-coloniais que ele reproduzia lhe aparecesse não como obstáculo, mas

> como elemento de vida e progresso, e aliás, uma vez que era assim, de um progresso mais pitoresco e humano do que outros, já que nenhuma das partes ficava condenada ao desaparecimento. *Digamos que a poesia de Oswald perseguia a miragem de um progresso inocente* (Schwarz, 1987, p. 23–24).

A intervenção de Schwarz é incisiva e dá o que pensar. A síntese poderosa citada desaconselha a paráfrase, mas instiga o debate na medida em que o perfil definido, ao longo da narrativa, dos arroubos e trejeitos elitistas de Miramar, trabalha a inocência com acréscimo de perfídia satírica. No enredo, a caracterização do interesse de primo pobre que casa com Celiazinha, a prima rica, leva Miramar para uma atitude mais distanciada e interesseira, não só de quem ingenuamente ostenta, mas de quem também avalia a sua ostentação e a alheia. O golpe do baú entre primos é afiançado pelo amor jovem do início do casamento, mas vai se deteriorar com o adultério de parte a parte, e com os gastos suntuários e canalhas de Miramar, que não teme se endividar a partir do patrimônio do casal. Como se vê, um contexto repleto de insinuações, ressentimentos, acusações, etc., que filtram a objetividade antissentimental nestas memórias sentimentais.

Nesses termos, o romance e suas premissas materialistas virão a exibir o interesse para além da fachada emotiva e mesmo cômica em que se comprazem as personagens, incluído aí o narrador lírico. Porém a disposição ingênua/interesseira de Miramar ganha densidade a partir do casamento, que vem depois da viagem à Europa, de que "Indiferença" faz parte. O apelo e o veneno do trecho estão anunciados em parte pela indiferença do título, que não deixa de ser ambíguo, com a indiferença podendo ser pelo retorno forçado, em que a possibilidade da morte da mãe de Miramar é subentendida, ou pelos impasses pitorescos do país com seus poetas negros sob bananeiras, saias engomadas e *ring* das riquezas.

Outra possibilidade é que a indiferença judiciosa, como se registrou páginas atrás, seja sustentada pela distância chique de quem está em Paris e de lá, em doce exílio, mira o além-mar e discerne o quadro pitoresco. Vale dizer, o progresso do enunciado vanguardista registra a cena primitiva um tanto comovente de além-mar, mas que também é constrangedora para o viajante avançado; comoção e constrangimento a que não falta o privilégio de se encontrar no miolo da ostentação parisiense, a ponto de retornar, com novidades estrangeiras, para o trópico entre ameno e primitivo. Se for assim, a miragem do progresso inocente é contemplada e talvez distorcida pelo olhar miramariano complacente e cosmopolita, que necessita da forma do romance e do perfil do narrador (estrutura, enredo, "esterilidade apavorante", etc.) para se realizar.

O Pasquim: humor negro, crítica e desmoralização, ou espírito de porco também é espírito crítico

O volume II da antologia d'*O Pasquim* está imperdível. A organização e apresentação é de Jaguar e Sérgio Augusto e o período em causa, 1972 a 1973, é o em que Sérgio Augusto e Ivan Lessa faziam a edição de texto. Com Millôr, Sérgio Augusto, Jaguar, Henfil em grande forma, algum Paulo Francis mas principalmente muito, muito Ivan Lessa, é festival de humor negro cheio de verve. E, até onde entendo, altera a percepção que temos do período do ponto de vista literário. A alta voltagem satírica e retórica dos textos define um padrão elevado de prosa que é das melhores coisas escritas no Brasil no período.

Humor negro carioca e patife em boa medida por força das circunstâncias. Isto é, por força do regime de força em vigor sob o governo Médici. Podemos ler a coletânea pela dimensão contestadora mais imediata, em que se tratava de criticar a ditadura driblando a censura. Ivan Lessa, por exemplo, ao traçar o perfil escrito de Idi Amin ou de Baby Doc, em uma seção deliciosamente batizada de *E bate o bumbo*, estaria lançando uma mensagem cifrada aos bons entendedores contra o autoritarismo brasileiro. Pode ser, não digo que não, mas indo por aí perdemos o veneno lessiano que trata de ditadores negros em duas ex-colônias, uma na

América e outra na África, sem falar que os recursos literários ali mobilizados não parecem apelar para a indignação de bons cidadãos ou para a consciência de esquerda sintonizadas contra a ditadura brasileira.

E a antologia dá conta da variedade de autores que frequentaram o semanário. Temos ali o lirismo feroz e o humor perverso de Dalton Trevisan em contos de primeira água, o que de novo carrega para a necessidade de avaliarmos os achados pasquinianos no quadro da literatura disponível nos anos 1970. Caberia comparar, por exemplo, com o clássico *Zero*, de Ignácio de Loyola Brandão, autor de extração paulista escrevendo um livro contestador de vanguarda (não por acaso filho da mesma garoa que molhou o chapéu de Oswald e Mario de Andrade). Caberia a comparação, mas até onde me lembro do sombrio e censurado *Zero*, o experimentalismo no livro se sobrepõe ao humor. E em *Zero*, sim, temos o esforço de denúncia dos horrores do autoritarismo e da brutalidade institucionalizada em um país latino americano. Ou seja, *Zero* paga alto preço estético para reunir vanguarda, denúncia e humor negro, e o resultado é inferior em vários pontos aos achados dessa antologia.

Quer dizer então, perguntará o leitor um tanto ressabiado, que os melhores ficcionistas dos anos 1970 foram Ivan Lessa e Millôr Fernandes? Henfil e Jaguar? Não é bem isso, mas vale conferir. Afinal o humorismo pasquiniano sai desse volume revigorado e falando alto para quem não o viu nas bancas. Em outras palavras, a força do texto salta aos olhos e demonstra que espírito de porco também é espírito crítico. Assim, ao partir para a avacalhação e a agressividade contra o leitor, Millôr, Lessa e cia. estavam rindo mais de si próprios e da classe média e suas ilusões do que rindo da ditadura. Tudo bem, havia a censura que não deixava passar o recado, mas também posso argumentar que a ditadura era tão repugnante que nem merecia a crítica.

Ainda nesse capítulo comparecem os curtos perfis da violência e sordidez de autoria de Ivan Lessa. Para além dos ditadores africanos já citados, há *Minha doce Inquisição Espanhola* (p. 180–182), narrado em primeira pessoa por uma testemunha sacerdotal, pia, evocativa, saudosa e cúmplice das barbaridades, enunciadas de leve e eufemicamente. Ivan Lessa estaria se divertindo com uma breve *História Universal da Infâmia* à Borges, o que era lido como denúncia cifrada da arbitrariedade e violência da Ditadura. De novo, pode ser, etc. Mas é nos relatos cínicos e líricos de Dalton e Rubem Fonseca que encontraremos feitos análogos. Leia-se o trecho a seguir.

> Diego de Torres Villarael e Hernando Pio y Facharco, este último mais algo, de óculos. Sempre juntos, meus queridos Diego e Hernando. O pequeno Diego, sempre bem-humorado, sempre procurando um meio de fazer rir os amigos. [...] E Hernando? Poucos sabiam reconhecer um marrano como Hernando. Num sábado, de certa feita, levou-me ao monte mais alto de Salamanca e, mostrando-me as casas de cujas chaminés não saía fumaça, disse-me "Veja! Conte-as! Ali há marranos, pois é sabido que hoje é seu dia sagrado!" Meu bom, meu sábio Hernando! Em que nuvens hoje te encontras? Que novos estratagemas encontraste para desmascarar marranos? Espero que tu e nosso jocoso Diego guardem um lugar para mim, onde quer que estejam! Pois grande é o meu cansaço e imensa a falta que sinto dos amigos (Jaguar; Augusto, 2006, p. 181).

E se examinarmos melhor, veremos que humor pesado tem tradição na literatura brasileira. Sim, Machado de Assis também se valeu do humor negro e de situações vexaminosas em sua literatura e veio a ser acusado de cético, pessimista, cínico, por aí. Ora, Machado desconfiava muito do entusiasmo dos abolicionistas e republicanos que lhe eram contemporâneos, aquela turma que prometia o paraíso no fim, no fim da escravidão e do Império brasileiro. No fundo, no fundo, Sílvio Romero, ilustre representante da geração republicana e cientificista, está acusando Machado de Assis de esnobismo e elitismo. Sem perceber o que não era possível perceber então, isto é, que ceticismo e pessimismo também podem ser literatura crítica, devastadoramente crítica. Sem abusar da credulidade do amável leitor aí, gostaria de argumentar que ceticismo e pessimismo análogos compõem o espírito de porco dessa antologia pasquiniana, e nesse sentido temos uma retomada da síndrome machadiana aqui em contexto de ditadura feroz, mas também de pleno emprego e crescimento acelerado sob a batuta do nosso Rasputin macunaíma tecnocrático, Delfim Netto, e a expressão se não me engano é de Paulo Francis. A lição óbvia a ser tirada era que desenvolvimento capitalista e repressão não são excludentes, logo, pleno emprego e sociedade de consumo podem ser acompanhados de ditadura e estamos conversados.

Apelando para uma síntese um tanto precária, podemos dizer que as pretensões democráticas posteriores ao suicídio de Vargas, desenvolvimentismo, bossa nova, Niemeyer, etc., desprovincianizaram o debate e prometeram um país integrado socialmente e relevante de um ponto de vista cosmopolita. O Brasil da revista *Senhor*, da literatura de Guimarães Rosa e Clarice Lispector, de Érico Veríssimo e Jorge Amado, um país que poderia progredir com indústria automobilística e promover reforma agrária, enfim, um país do progresso quase inocente em que seria possível conciliar os interesses de industriais e camponeses rumo ao futuro. Daí as ilusões de uma aliança de classe que era pregada pelo partidão, crente nas virtudes da burguesia nacional contra os interesses imperialistas, etc. Ora, a intervenção militar e imperialista encerrou tais pretensões e projetos, e estabeleceu o argumento de autoridade; manda quem pode, obedece quem tem juízo. Mas a força bruta acompanhada de propaganda oficial não define hegemonia intelectual, muito pelo contrário. Em análise famosa, Roberto Schwarz argumentou que, de 1964 a 1968, até que o AI-5 instalasse a repressão feroz, tivemos uma relativa hegemonia de esquerda no arraial ideológico, com muita contestação e provocação, do teatro de Arena ao Oficina, com os clássicos glauberianos, com Hélio Oiticica e festivais da canção revelando tropicalismo.

E o *Pasquim* com isso? Não vou argumentar que o *Pasquim* seja uma espécie de tropicalismo cínico, embora uma parte da receita passe por aí. Por que não? A solução pasquiniana também era acusar os contrastes brasileiros sem apontar solução, ou então rir da solução consumista de classe média emoldurada pela violência e miséria da massa despossuída. Uma celebração às avessas da concentração de renda desvairada e aparentemente bem-sucedida, celebração macabra à luz das promessas conciliatórias do progresso inocente e populista mencionado ali atrás. Mas vamos adiante. E adiante com uma evidência. E uma evidência machadiana escrita por Ivan Lessa. Essa antologia traz uma sequência (numerada!) de *As aventuras de Machado de Assis*, em que o personagem título é um agente que percorre o mundo acompanhado de seu assistente Quincas Borba. E a dupla tem por arqui-inimigo um vilão chamado Quarup! É uma referência satírica ao romance de 1967 de Antonio Callado, ícone da esquerda bem pensante, em que o protagonista, Padre Nando, encarna as perspectivas, frustrações e ilusões da esquerda brasileira.

Não vem ao caso, na brincadeira maliciosa de Ivan Lessa, discutir minimamente o enredo de *Quarup*, um romance ambicioso e corajoso cuja ação se desenvolve entre um pouco antes da morte de Getúlio até depois de golpe de 64. O contraste a seco entre Machado de Assis — encarnando um Sherlock Holmes-James Bond de Araque — e vilão Quarup é uma piada sobre ceticismo elegante e identidade nacional, ou entre clássico finissecular (cético, pessimista, etc.) e esquerda nacional-popular. A piada não ganha consistência ou complexidade na sequência do texto. Vira um pretexto para Ivan Lessa soltar a imaginação e a verve misturando sátira a romance policial, aventuras de agente secreto, trocadilhos e situações humorísticas. Mas no plano literário sobra até para o fôlego épico de Euclides da Cunha, outro clássico de denúncia dos dilemas nacionais: "— Euclides era bom. Muito bom mesmo. Mas jamais se aproximará de minha 'áspera amargura'. Meu 'pessimismo despojado'. Eu dizia pra ele: Euclides, você precisa ler Sterne, Stendhal, Xavier de Maistre. Parar de épico pra cá, épico pra lá. Não me ouviu. Certo, deixou um clássico" (Jaguar; Augusto, 2006, p. 244).

Sem forçar muito a leitura, dá para avançar que Ivan Lessa defende o humor e o ceticismo machadianos contra a boa vontade da denúncia de Euclides e de Callado nos seus respectivos épicos. O minimalismo humorista contra o afresco épico e totalizante, fragmento contra totalidade, diria algum teórico mais excitado. Acho que o texto que resulta daí é muito desigual e beira a desconversa talentosa, a piada carioca nutrida de muita literatura e razoavelmente descomprometida. Mas só um leitor muito ingênuo para não enxergar por trás da piada uma pequena tese sobre formas de encarar o Brasil.

Abusando um pouco mais da abstração, do ponto de vista de esquerda, que era o do *Pasquim*, o golpe de 64 e o consequente AI-5 eram uma demonstração cabal da desmoralização da elite brasileira, que para defender seus privilégios e promover a industrialização apoiava a ditadura, mas a desmoralização também era da classe média, que tratava de aderir em massa. Do espólio cultural de esquerda fazer o quê? Ou melhor, a esquerda comportava heroísmo e disposição para o combate, mas seu diagnóstico de resistência popular ao golpe fora um equívoco patético. Enfim, desmoralização por desmoralização, a esquerda também teve sua cota. Argumentos pifados de lado a lado mais a aceitação consumista da ditadura rendiam um ambiente exasperado em que a avacalhação dá o tom do comentário e da crítica.

Se os contos líricos, violentos e macabros de Dalton Trevisan foram acolhidos com gosto pelo *Pasquim*, fique o registro que Rubem Fonseca, além de frequentar o hebdomadário, registrou sua admiração. No seu censurado livro *Feliz Ano Novo* há "Corações Solitários", em que um escriba em revista feminina assume o pseudônimo de Nathanael Lessa em homenagem a Nathanael West e Ivan Lessa. A tarefa de Nathanael Lessa é inventar as cartas e respondê-las na seção de cartas da tal revista feminina. Ora, responder cartas fajutas com agressão, piadas e distorções era uma das tarefas de Ivan Lessa no *Pasquim*. Rubem Fonseca, o mestre da violência transfigurada em literatura, trata de homenagear Ivan e o *Pasquim*. Mais uma vez, cariocas trocando figurinhas entre si. E não há nada mais carioca que um mineiro estabelecido no Rio de Janeiro, que o digam o citado Rubem Fonseca, Fernando Sabino, Otto Lara Resende, entre outros.

Uma outra ponta para avaliar o acerto do *Pasquim* seria compará-lo às crônicas satíricas de Nelson Rodrigues. Ou melhor, seria o caso de estudar como o enunciado de esquerda, antiditadura, alcançou a receita no ponto certo que Nelson alcançara já nos anos 1960 para satirizar o consenso bem pensante de esquerda, de Antônio Callado a Ferreira Gullar. Uma receita que misturava coloquialidade, sátira, agressividade e mesmo provocação, agora, no *Pasquim*, a serviço de um ponto de vista antiautoritário, mas também, digamos, antitudo, dada a desmoralização generalizada mencionada ali atrás. Ironia forte é que intelectuais esquerdistas tenham que pedir a bênção estilística para o cronista Nelson Rodrigues, por acaso nenhum o inventor do diálogo fluente no drama brasileiro (na comédia a fala brasileira já tinha tradição desde o século XIX).

E já que citamos a direita aqui, vale mencionar Carlos Heitor Cony. Ele estava afastado do ipanemês pasquiniano, escrevendo nas publicações Bloch, entre outras atividades, sem falar na fama de traidor por conta do romance *Pessach, a travessia*. Pois em 1974 Cony publicou *Pilatos*, uma saga de humor negro e escatológico cujo personagem principal vaga pelo Rio de Janeiro carregando seu pênis decepado em um vidro de compota Colombo. Mais do que um sinal dos tempos, é um sinal de que procedimentos análogos foram aproveitados por autores distantes. Um ceticismo arregimentado e provocador que ia além da imprensa, passava por Rubem Fonseca e Cony, mas que no *Pasquim* era servido regularmente aos leitores.

A peripécia brasileira de Robinson Crusoé: o herói burguês e negreiro na origem da ascensão do romance

A saga do aventureiro inglês que passa vinte e oito anos isolado em uma ilha desabitada deixou de ser o enredo de um romance do século XVIII para se tornar uma espécie de mito da cultura ocidental, na avaliação de Ian Watt. Vale lembrar que dentre as personagens analisadas no seu livro *Mitos do Individualismo Moderno: Fausto, Dom Quixote, Dom Juan, Robinson Crusoe*, o único mito que emerge do século XVIII é Robinson Crusoé; os demais provêm dos séculos XVI e XVII, o que não deixa de ser um sinal da força do apelo do personagem de Defoe. Meu interesse aqui é menos discutir, no romance Robinson Crusoé, a caracterização do personagem, o andamento da prosa, etc., e mais avaliar episódios que pouco interessaram à maioria dos comentaristas, inclusive ao talvez mais célebre dentre eles, Jean Jacques Rousseau. O meu foco vai para os momentos anteriores e posteriores às aventuras e desventuras na tal ilha deserta, isto é, a proposta aqui é avaliar de onde Robinson sai para sua malfadada viagem e o que lhe ocorre depois de ser resgatado. Uma perspectiva marginal, ou melhor, periférica para abordar o clássico tantas vezes referido, o que permite reivindicar uma ligeira supremacia aqui — afinal, trata-se da estreia do Brasil entre os clássicos do romance ocidental. Ou teremos um romance anterior a 1719 em que figure a Bahia de Todos os Santos na condição de centro açucareiro escravista?

Por sinal, não se reivindica aqui maior originalidade em registrar um triunfo precoce do romance realista europeu, que nos seus então primeiros esforços de mapear os trajetos da burguesia já descreve uma distante e próspera colônia portuguesa tropical. Nesse sentido, trata-se aqui de contribuir para uma história do romance no Novo Mundo, que poderia incluir — mas seria isso mesmo uma surpresa? — o romance prestigiado cujo herói converteu-se em mito, pois precocemente teria ocorrido a apreensão da experiência colonial na tradição literária do ocidente. Na periferia do enredo de Defoe, inseriu-se a experiência brasileira, ou, melhor, segundo o argumento marxista, revelou-se então a acumulação primitiva e sua violência, em registro que enquadra e relativiza o miolo mais palatável da fábula do *self-made man*, que se tornou tão famoso.

Vale lembrar ainda que o livro de Defoe está literalmente no início do surgimento do romance de acordo com Ian Watt, em outro texto célebre, *A ascensão do romance*, cujo terceiro capítulo, e o primeiro dedicado a um romance específico, é "Robinson Crusoé, o individualismo e o romance". Para Ian Watt, em *Robinson Crusoé* já se manifesta com grande acuidade a alteração ocorrida em relação à regra e à convenção clássicas: "Nas esferas literária, filosófica e social o enfoque clássico no ideal, no universal e no coletivo deslocou-se por completo e ocupam o moderno campo de visão sobretudo o particular isolado, o sentido aprendido diretamente e o indivíduo autônomo" (Watt, 1990, p. 57). Sendo assim, o realismo avançava com força rumo à desconvencionalização que recrudesceria até estabelecer novas regras na ficção ocidental. Segundo Watt, Defoe estabelece um novo patamar de expressão:

> Defoe, cuja posição filosófica tem muito em comum com a dos empiristas ingleses do século XVII, expressou os diversos elementos do individualismo de modo mais completo que qualquer outro escritor antes dele, e sua obra apresenta uma demonstração única da relação entre o individualismo em suas muitas formas e o surgimento do romance. Essa relação se evidencia com particular clareza em seu primeiro romance, Robinson Crusoe (Watt, 1990, p. 57).

A interpretação de Ian Watt no livro em causa vem a ser reelaborada no instigante e articulado livro de Franco Moretti, *O burguês: entre a história e a literatura*, cujo segundo capítulo analisa e interpreta *Robinson Crusoé* enquanto síntese de atributos burgueses. Uma parte do capítulo será retomada ao longo das próximas páginas e ficará claro o quanto devo a ele para escrever este ensaio, embora para caracterizar seu Crusoé burguês Moretti considere relativamente pouco o conjunto da narrativa e os episódios anteriores e posteriores à ilha. Mas é Moretti quem dá a ênfase correta às circunstâncias relevantes em que Robinson Crusoé finalmente tem acesso à condição de homem de posses, o que é relativamente desconsiderado pelos outros estudos sobre a obra.

A desconsideração das "aventuras" de Robinson é recomendada por Rousseau em Émile, ou Da Educação, de 1762, a fim de que se deixem de lado ou mesmo se evitem os trechos de *Robinson Crusoé* que se referem a episódios externos à Ilha do Desespero e estranhos à autoconstrução de Robinson, ou melhor, externos à disciplina e inteligência que dariam o tutano do indivíduo isolado, mas eficiente. Aqui seguimos a linha contrária a essa prestigiosa orientação, o que nos leva a avaliar a presença do escravismo no livro. E, sobre a relação de Robinson com a escravidão, é de se notar que o personagem está longe de ignorar os procedimentos e violência da atividade, até porque ele próprio foi escravizado na costa atlântica africana, antes de atracar em terras da Bahia. Lá ele teve que fugir, com o auxílio do rapazote chamado Xuri, de um feroz escravocrata, o que não impede Robinson de vender Xuri quando se apresenta a oportunidade. A venda vem acompanhada de cláusula atenuante que satisfaz os sentimentos dúbios de Robinson. Quem comenta é Ian Watt.

> Considere-se, por exemplo, o tratamento que Crusoe dá a Xuri, o garoto mouro com quem foge de Sale. Crusoe promete a Xuri, "se confiar em mim eu farei de você um grande homem" (p.45), mais tarde a grande afeição e os admiráveis serviços de Xuri levam Crusoe a dizer que o amará "para sempre". Mas quando ambos são salvos pelo capitão de um navio português, e Crusoe trata de acertar negócios com ele, recebe de seu salvador a oferta de 60 reais de oito (uma antiga moeda ibérica) — o dobro do preço pago a Judas — pela posse de Xuri. Durante alguns momentos Crusoe "reluta em vender a liberdade do pobre garoto, que me ajudara tão fielmente a recuperar a minha [...]"; mas acaba por não resistir ao dinheiro, e, para salvar a cara, estipula que o rapaz "seja libertado dentro de dez anos, desde que se torne cristão". Crusoe terá oportunidade de lamentar a venda, mas isso só ocorrerá quando se der conta de que Xuri poderia ser de grande utilidade na ilha (Watt, 1997, p. 173).

O pragmatismo escravista de Robinson já estava definido, portanto, antes de chegar às terras brasileiras, onde, de acordo com o relato em primeira pessoa do livro, não se faz menção a escravos e açoites para narrar a evolução patrimonial de Robinson. A fábula nem tão ingênua do *self-made man* e o perfil do sujeito burguês compenetrado e disciplinado ganham literalmente contornos sinistros e mercantis, uma vez expostos os motivos que levaram Robinson a embarcar de novo para cruzar o Atlântico rumo à costa da Guiné. Ele sai de Salvador para obter escravizados na África e retornar ao Brasil onde entregaria a encomenda a seus amigos e sócios na Bahia; vale dizer, é um navio negreiro em que Robinson naufraga e cujos destroços amenizarão seus vinte e oito anos de isolamento. Até aqui são condições fortuitas e menos relevantes (segundo quem?) para a trama, embora longe de serem anódinas. Mas quando se aproxima o desfecho do romance o Brasil retorna com destaque. Os vinte e oito anos de pertinácia, labor e disciplina na ilha não renderam um guinéu furado a Robinson: serão os rendimentos escravistas de terras brasileiras que garantirão o retorno tranquilo e próspero de Robinson (mediante letras de câmbio!) à Inglaterra.

Para que Robinson Crusoé viesse a gozar do *status* adequado em sua pátria, as rendas provenientes do circuito comercial escravista do Atlântico Sul tiveram que entrar em cena, o que empurra o centro meritocrático do romance para a categoria da digressão ideológica a encobrir a brutalidade da extração de valor do trabalho escravo, convenientemente distante e abstrato. Afinal, na hora de fechar as contas, todo o esforço e disciplina do bom burguês tornam-se vãos, e o que vale de fato é o investimento na zona mercantil e escravista, isto é, o rendimento obtido do esforço dos africanos escravizados na América Portuguesa. Rendimento a que Robinson tem acesso mediante golpe de sorte que o devolvera a Lisboa e a um comerciante honesto e gentil que se dispusera a pagar o que lhe devia. Isto é, estamos de novo no plano dos procedimentos arbitrários e aventureiros, com lances de sorte que são decisivos em contraste com o cálculo, a disciplina e a projeção racional que garantem a sobrevivência na ilha e a fama do livro. Um burguês em busca de lições de prosperidade teria que desobedecer a Rousseau e ler os lances secundários de Defoe para alcançar o lucro necessário, numa ironia que resulta em consequências formais a incidir no andamento da prosa, na ênfase do narrador, etc.

O PEREGRINO RELUTANTE NO TRÓPICO ESCRAVISTA

Oh, Lord, won't you buy me a Mercedes Benz.[14]

Janis Joplin, "Mercedes Benz"

Ao ser resgatado com Xuri na costa noroeste da África, onde se encontrava foragido depois de ter sido reduzido a escravo, Robinson é gentilmente recebido pelo capitão do navio, que também trata de, na sequência, comprar Xuri. Os dois cavalheiros excedem-se em cortesia mútua e tratam de negociar o jovem muçulmano, com uma cláusula que satisfaz Robinson: "Contudo, quando transmiti meus motivos ao Capitão, ele concedeu que eram justos e me ofereceu um meio-termo: que ele assumiria diante do rapaz a obrigação de dar-lhe a alforria dentro de dez anos, se ele se tornasse Cristão. Diante disso, como Xuri concordava em ir para ele, deixei que passasse a ser do Capitão" (Defoe, 2011, p. 83). Depois da cordial negociação escravista, o navio aporta no Brasil, ou Brasis, como saborosamente refere Defoe e a excelente tradução de Sergio Flaksman mantém. Ou melhor, chega-se à Bahia, mais especificamente, à Salvador de meados dos seiscentos, onde o aventureiro inglês poderia cruzar com Gregório de Matos Guerra e ouvir falar de um ilustre padre Vieira. O parágrafo é curto e enfático:

> Fizemos uma ótima travessia até os Brasis, e chegamos à Baía de Todos os Santos, no porto de São Salvador, dali a cerca de vinte e dois dias. Agora

14. Ó, Senhor, por que não me compra uma Mercedes-Benz?

> eu tinha sido salvo outra vez da mais miserável de todas as condições. E precisava ponderar o que faria a seguir da minha vida (Defoe, 2011, p. 83).

Mas, bem tratado pelo capitão do navio, Robinson não tem de que se queixar, pois tudo que carregava em seu pequeno barco ao ser resgatado pode tornar-se mercadoria: pele de leopardo, pele de leão, caixa de garrafas, duas armas, etc. "Numa palavra, acumulei cerca de duzentos e oitenta pesos duros de prata com minha carga; e com esse patrimônio desembarquei nos Brasis" (Defoe, 2011, p. 83).

Munido de algum cabedal e não pouca sorte, Robinson trata de se dirigir a um engenho ("a saber, uma plantação de cana e uma casa de refino de açúcar") onde se familiariza com as técnicas de produção e percebe como viviam e enriqueciam os proprietários coloniais. Ato contínuo, trata de comprar o máximo de terra que consegue e põe-se a plantar alimentos e dali a pouco algum tabaco, além de manter contato com um proprietário vizinho filho de ingleses, mas nascido em Lisboa. Burguês de bom cálculo, Robinson lamenta a ausência de seu escravo juvenil: "Mas ambos precisávamos de mãos; e agora eu percebia, mais que antes, que tinha errado ao me desfazer do meu rapaz Xuri" (Defoe, 2011, p. 84).

Essa percepção deflagra a intervenção do narrador remetendo às páginas iniciais do romance, quando optou por uma vida de aventura em detrimento dos conselhos paternos. A intervenção consiste em um parágrafo razoavelmente longo que transcrevo a seguir. O tom patético da reflexão contrasta a frase curta e calculista já citada, de lamento escravocrata pelo desatino de ter cedido Xuri ao Capitão Português.

> Infelizmente, porém, que eu sempre decidisse errado não era novidade. E agora não tinha remédio senão

> seguir em frente. Tinha começado uma empresa muito distante do meu temperamento, e diretamente contrário à vida que me dava prazer, pela qual abandonei a casa do meu pai e ignorei todos os seus bons conselhos; não, eu estava ingressando numa situação intermediária, ou na camada mais alta das posições inferiores, como meu pai me aconselhou antes, e que, se eu tivesse decidido seguir, era o mesmo que ter ficado em casa, sem nunca me dar a todas aquelas fadigas mundanas. E eu costumava sempre dizer a mim mesmo que poderia ter ganho o mesmo na Inglaterra, em meio aos meus amigos, do que a cinco mil milhas de lá, cercado de desconhecidos e selvagens em terras por desbravar, e a tal distância que nunca teria noticias da parte do mundo onde tinham algum conhecimento de minha existência (Defoe, 2011, p. 84–85).

Os leitores um pouco familiarizados com a retórica entre complacente e patética do narrador Crusoé recordarão várias passagens depois dessa em que se lamenta a falta de discernimento e sabedoria, a qual induz o herói a mergulhar em episódios desgraçados nos quais a providência divina também é mencionada como irremediável e misteriosa. A posteridade compreenderá Robinson como um talentoso indivíduo em meio às adversidades do mundo em vias de mercantilização; já o próprio Robinson se percebe, em geral, como um protestante, um crente submetido à vontade divina, ou, ainda, um "peregrino relutante", na fórmula do crítico J. Paul Hunter, citado na introdução de John Richetti:

> Os puritanos e outros protestantes devotos do século XVII e do início do XVIII eram estimulados a manter diários religiosos e a escrever autobiografias espirituais, relatos de como lhes ocorria a sensação de ter sido salvos, registros dos sentimentos mais profundos que deviam garantir-lhes que eram alvo

> da graça divina, estimulando-os a ter sempre em mente seu destino espiritual mais alto. O romance de Defoe, produzido nesse período, encaixa-se no modelo, e pode se dizer que essa abordagem foi sancionada pelo próprio Defoe, ao publicar, em 1720, *Serious Reflections during the Life and Surprising Adventures of Robinson Crusoe* [Sérias reflexões durante a vida e as surpreendentes aventuras de Robinson Crusoé], coletânea de ensaios e meditações religiosas apresentadas como reflexões religiosas de Crusoé acerca do sentido de sua história. Ele desperta da indiferença religiosa e espiritual para a ideia da intervenção providencial de Deus em sua vida. Por mais complexas e particulares que sejam as ocorrências de sua vida, acabam tomando em sua mente a forma da narrativa central da salvação cristã (Richetti, 2011, p. 25–26).

Para nossos fins neste ensaio, um peregrino relutante assediado por apelos escravistas (o adeus precoce a seu Xuri, etc.) que lhe deflagram a reflexão sobre conselhos paternos, sobre sua vontade um tanto rebelde, e o paradoxo de estar cumprindo os desejos paternos a cinco mil milhas de distância da Inglaterra entre súditos católicos em um trópico exportador. Paradoxo que só pode se tornar evidente mediante a razão capaz de discernir interesses e posição de classe ("camada mais alta das posições inferiores"), em um exercício de sociologia rudimentar que dá toque moderno aos remorsos do filho pródigo de extração bíblica.

Em outros termos, estamos diante de uma prosa complexa e vívida em que os motivos religiosos adotados por Robinson são contrastados pelo ímpeto empreendedor e aventureiro do personagem que pode oscilar entre contrição cristã e cobiça individualista na vertigem de um parágrafo a outro, o que relativiza e determina melhor o puritanismo de Crusoé: "Agressivo e enérgico, independente e produtivo,

Robinson também se define, com o tempo, por sua paciente submissão à vontade de Deus, por sua aceitação devota de um destino misterioso que não tem como alterar" (Richetti, 2011, p. 21).

Retornando à narrativa na altura em que a deixamos, isso é, com Robinson lamentando não dispor dos bons serviços de Xuri escravizado, deflagra-se uma série de bem-sucedidas manobras da personagem para reaver cabedal, inclusive o que se encontrava na distante Inglaterra. O resultado é que o previdente e organizado inglês alcança forte prosperidade, em parte resultado da revenda de bens manufaturados sob alta demanda na Bahia colonial:

> E ainda não era tudo. Minhas mercadorias sendo todas de manufatura inglesa, como tecidos, malhas, baetas e outros artigos especialmente valiosos e desejados na terra, encontrei meios de vender tudo com grande lucro; de maneira que posso dizer que apurei mais de quatro vezes o valor da minha carga inicial, e fiquei infinitamente melhor que meu pobre vizinho, digo, no progresso da minha propriedade, pois a primeira coisa que fiz foi comprar um escravo negro, além de um criado europeu, sem contar aquele que o Capitão me trouxe de Lisboa (Defoe, 2011, p. 87).

E aqui se registra o movimento que leva da importação de manufaturas inglesas para a aquisição de criados e de um escravo negro a fim de que melhor se produzam bens exportáveis. Assim o progresso técnico britânico intensifica a produção escravista em uma fazenda de tamanho médio que promete estabilidade e lucros, mas que não satisfaz o irrequieto pecador em pauta:

> Tivesse eu persistido na posição em que agora me encontrava, haveria espaço para todas as coisas felizes visando as que meu pai me recomendava

> com tanto empenho, uma vida tranquila e retirada, e das quais me disse, com tanta sensatez, ser repleta a vida numa condição intermediária. [...] Todos esses extravios foram provocados por minha adesão obstinada à minha tola inclinação pelas viagens ao estrangeiro, e por ter cedido a essa inclinação, contradizendo as visões mais claras do meu próprio bem, perseguindo de maneira justa e limpa os projetos e os recursos que a Natureza e a Providência concorriam em me conceder e apontar como meu dever (Defoe, 2011, p. 88).

De fato, Robinson deixa-se levar por sua inclinação pelas viagens e dispõe-se a abandonar sua situação próspera e segura para aderir a um negócio talvez mais perigoso, mas sem dúvida muito rendoso, não tivesse o capitalismo mercantil avançado em seu ímpeto a ponto de transformar homens em mercadorias. Um Deus tão avassalador quanto o dos templos protestantes e católicos então se manifestava nas rotas atlânticas a unir América e África: Robinson demonstra aqui uma devoção peculiar a essa força abstrata, mas de fins nem tão inescrutáveis.

Os proprietários vizinhos na Bahia mantinham conversa muito interessante com Robinson, que fala a língua local com fluência e os informa de suas viagens a Guiné e se refere "à maneira como se comerciava com os Negros de lá, e como era fácil negociar naquela costa, trocando ninharias como miçangas, brinquedos, facas, tesouras, machadinhas, pedaços de vidro e coisas parecidas não só por pó de ouro, pimenta malagueta, presas de elefante etc., mas também por Negros em grande número para a servidão nos Brasis" (Defoe, 2011, p. 89). Diante de um interlocutor tão bem informado, os colonos baianos chegam à conclusão de que cabe proceder a uma expedição negreira para abastecimento próprio, uma vez que não possuíam concessão régia para praticar o venda de escravos nos Brasis:

> [...] que como era um tráfico que não se podia praticar, pois não seria possível vender publicamente os Negros que viessem, desejavam fazer uma única viagem, trazendo Negros para suas terras particulares, dividindo o total entre suas propriedades; numa palavra, a questão era se eu aceitava embarcar como comissário daquela carga no navio, encarregado das negociações na costa da Guiné. E me propuseram que eu ficaria com uma parte igual de Negros, sem precisar contribuir com dinheiro algum para a empresa (Defoe, 2011, p. 90).

Robinson no próximo parágrafo lamenta sua imprevidência que o leva a embarcar de comissário negreiro, pois se encontrava progredindo rápido e em breve teria alcançado, explorando sua propriedade, "uma fortuna de três ou quatro mil libras esterlinas, no mínimo" (Defoe, 2011, p. 90). E depois da avaliação relativamente negativa, o narrador-personagem volta a lamentar sua disposição aventureira que o leva a não recusar a proposta, que ele reconhece ser boa e rendosa, "da mesma forma como não fui capaz de conter meus primeiros desígnios errantes quando não dei ouvidos aos bons conselhos do meu pai" (Defoe, 2011, p. 90).

Note-se que o motivo da imprevidência novamente deságua na denúncia de sua incapacidade para aceitar os conselhos paternos, trazendo para o circuito patriarcal e familista a avaliação dos procedimentos comerciais, agora dentro das rotas do tráfico escravista. Mas depois da evocação da longínqua autoridade paterna, Robinson, consciente dos riscos da viagem, trata de assinar documentos e preparar acordos para que sua propriedade permaneça prosperando no Brasil, chegando a elaborar um testamento. A configuração é de um capitalista aventureiro *ma non troppo*, disposto a estabelecer garantias e preparar documentos que resguardem seus direitos de propriedade. As evidências de que se incorre literalmente em um risco calculado são variadas e quase excessivas, embora a ênfase retórica retrospectiva seja condenatória e um tanto supersticiosa:

> Mas segui em frente, obedecendo cegamente aos ditames dos meus caprichos em vez de ouvir a razão. E assim, o navio aparelhado e o carregamento concluído, tudo segundo meu acordo com os sócios da viagem, subi a bordo em má hora, no dia 1º de setembro de 1659, os mesmos dia e mês em que, oito anos antes, eu deixara meu pai e minha mãe em Hull, rebelando-me contra a sua autoridade e me deixando levar estupidamente por meu próprio interesse (Defoe, 2011, p. 91).

Novamente parecemos lidar aqui com organização, disciplina e razão instrumental que mede, calcula e avalia, em contraste com o juízo moral que renega a própria racionalidade do procedimento, com o peregrino relutante embarcando em sua expedição negreira que de fato vai levá-lo ao naufrágio no Caribe, ao largo da Ilha do Desespero na qual passará longa temporada. Reconhecida a ênfase e o tamanho do comentário-lamento, com o narrador interrompendo o relato dos preparativos para a viagem em nome da reflexão e da moral, o leitor um pouco desavisado pode relativizar o pragmatismo e o interesse comercial em jogo para se identificar com o narrador e concordar com ele. É argumentável que é mesmo esse o pacto de adesão procurado por Defoe, que não impede o autor de expor em detalhes os preparativos que antecedem a viagem e as providências e atividades correspondentes, exposição que é decisiva para estabelecer a prosa realista, na formulação de Franco Moretti.

> E a mesma lógica é válida para os detalhes da prosa de apreensão literal: a significância deles reside menos em seu conteúdo específico do que na precisão sem precedentes que eles introduzem no mundo. A descrição detalhada já não é reservada para objetos excepcionais, como na longa tradição da écfrase: torna-se o modo normal de observar as "coisas" desse mundo. Normal e valioso em si mesmo. Na verdade não faz diferença alguma se Robinson possui um jarro ou um pote de barro: o que é importante é a constituição de uma mentalidade que dá importância aos detalhes mesmo quando eles não importam de imediato. A precisão pela precisão (Moretti, 2014, p. 69).

O relato detalhado da expedição, entre outros episódios, de fato antecipa os procedimentos narrativos que imortalizarão Robinson enquanto burguês operoso em condições adversas, embora o negócio em curso seja muito menos palatável como operação burguesa e civilizada. É de se perguntar sobre outra expedição negreira com tamanho impacto na literatura ocidental.

Lisbon revisited, ou o "Arranjei-me!" de Robinson Crusoé

> *... e o q não for vendido,*
> *por alborque*
> *de nossa mão passará, e trocaremos lavras por*
> *matas,*
> *lavras por títulos, lavras por mulas, lavras por*
> *mulatas e arriatas,*
> *q trocar é nosso fraco e lucrar é nosso forte.*
>
> Carlos Drummond de Andrade,
> "Os bens e o sangue"

A viagem que sai da Bahia rumo à África resulta no célebre naufrágio "perto da embocadura do grande rio Orinoco", em que todos os ocupantes do navio morrem à exceção do narrador Robinson. Na Ilha do Desespero, segundo o batismo de Robinson, fica definido o caráter racional e organizado de *Robinson Crusoé*, cuja prosa detalhista enfatiza disciplina e operosidade, como é de se esperar. "A precisão pela precisão", nos termos de Moretti. Na longa estada de vinte e oito anos, Robinson tem oportunidade de demonstrar várias habilidades e recriar parte da natureza da ilha para seus fins. Daí que Jean Jacques Rousseau considere que os episódios que interessam à boa educação sejam somente os que se passam na ilha deserta, como notou Ian Watt em *Mitos do individualismo moderno*.

> Quarto ponto a ser considerado: já que apenas a parte do romance passada na ilha deserta lida com o indivíduo isolado, Rousseau quer que o livro — como escreve, em um tom insolente — seja "despojado de todos os seus penduricalhos"; ele quer que o livro comece pelo naufrágio e termine com o resgate de Crusoe. É claro que essa alteração privaria o conto de Defoe, em boa medida, dos seus aspectos religiosos e punitivos; como um verdadeiro precursor dos românticos, Rousseau não aceitava a ideia de que a obediência ao pai e a Deus fosse meritória. Para Rousseau, a ênfase deveria ser dada à autenticidade do indivíduo em relação aos seus próprios sentimentos, ao passo que a ideia de um dever supremo teria de ser vista como um subjetivismo antinomiano (Watt, 1997, p. 180).

Como estamos argumentando aqui, tal amputação radical rosseauniana não privaria o relato apenas de seus aspectos religiosos e punitivos, mas também de seu caráter brasileiro, isto é, de aventura de rapina na borda do capitalismo, ou, ainda, de trajetória lapidar no âmbito da acumulação primitiva do capital. Como na sequência vem a argumentar Ian Watt, Rousseau ajuda a estabelecer um padrão em que Robinson Crusoé torna-se uma síntese da "filosofia básica do individualismo" (Watt, 1997, p. 182), o que configura um passo crucial rumo ao estabelecimento de Robinson enquanto mito do individualismo moderno. Robinson Crusoé vem a ser "o épico dos que não desanimam", do homem só cujo desempenho lhe permite vencer as maiores dificuldades, talvez mesmo "uma obra na maior parte dedicada ao egocentrismo imune à crítica" (Watt, 1997, p. 176).

Teríamos ali um homem comum que, ao ver-se só, revela-se capaz de submeter a natureza a seus objetivos e triunfar na adversidade. A fábula meritocrática em que trabalho duro, disciplina, racionalidade e dedicação garantem a sobrevivência, a vitória moral e a simpatia dos leitores. Mas não garante prosperidade. Quando vem a ser resgatado está tão pobre quanto é de se esperar de um náufrago, cujos esforços de tanto mérito foram para garantir sua sobrevivência. É depois de ter ido a Londres e seguido para Lisboa a fim de conferir o que restou de seus negócios que Robinson descobre-se rico, como notou Franco Moretti, que trata de registrar certo paradoxo em que a riqueza não resultou do trabalho de Robinson.

> Trabalhar para si mesmo como se ele fosse outrem: é exatamente assim que Robinson funciona. Um lado dele se torna carpinteiro, ou oleiro, ou padeiro e passa semanas e semanas buscando executar alguma coisa: aí Crusoé, o patrão, aparece e aponta a inadequação dos resultados. E em seguida o ciclo todo se repete diversas vezes. E se repete porque o trabalho se tornou o novo princípio de legitimação do poder social. Quando, no final do romance, Robinson se vê "senhor [...] de mais de 5 mil libras

> esterlinas" e de tudo o mais, seus 28 anos de labuta ininterrupta estão ali para justificar sua fortuna. Realisticamente, não há nenhuma relação entre as duas coisas: ele está rico por causa da exploração de escravos sem nome em sua plantação no Brasil, ao passo que sua faina solitária não lhe rendeu uma libra sequer. Mas o vimos trabalhar como nenhum outro personagem: como é possível que ele não mereça o que tem? (Moretti, 2014, p. 39–40).

O trabalho e o esforço na ilha, que ocupam quase todo o livro, são princípio de legitimação social, mas Defoe não pode ser acusado de escamotear a origem da súbita riqueza de Crusoé: foi a propriedade escravista no Brasil que lhe rendeu a prosperidade. A notícia é de tal ordem que há certo lirismo na enumeração dos procedimentos (contratos, recolhimento de tributos, registros, etc.) que literalmente quase matam de felicidade:

> Agora bem posso dizer, sem dúvida, que a parte final do livro de Jó é bem melhor que o seu início. Seria impossível descrever aqui as palpitações do meu coração quando percorri essas cartas, e especialmente quando me vi coberto por toda a minha riqueza, pois, como os navios do Brasil vinham sempre em comboios, as mesmas naus que traziam minhas cartas também carregavam os meus bens, e as mercadorias já estavam a salvo no rio quando as cartas chegaram às minhas mãos. Numa palavra, empalideci e passei mal; e se o velho não me trouxesse um cordial, creio que aquela surpresa inesperada teria derrotado a Natureza e eu morreria ali mesmo (Defoe, 2011, p. 375).

E Robinson prossegue dando conta de como um médico, ao saber do impacto da riqueza em seu paciente, trata de sangrá-lo e "[...] se aquele mal não tivesse sido aliviado por aquele escoadouro criado para os espíritos, eu teria morrido" (Defoe, 2011, p. 376). Não é para menos, Robinson se descobre "dono de mais de cinco mil libras esterlinas em dinheiro e de vastos domínios, como bem podem ser chamados, nos Brasis, que produziam mais de mil libras por ano, com a mesma segurança de uma propriedade senhorial na Inglaterra" (Defoe, 2011, p. 376). O desfecho daquela sempre lamentada desobediência ao pai não poderia ser melhor, embora tenha muito de fantasia na caracterização da honestidade, lealdade e devoção dos parceiros comerciais e patrimoniais do circuito lisboeta e baiano de Crusoé. Não é fácil de acreditar que na ponta escravocrata e aventureira do capitalismo os sócios garantiriam bens e receitas de um comissário negreiro inglês depois de aproximadamente trinta anos. Aqui a fé britânica de Defoe no respeito aos contratos parece se misturar à fantasia de aventuras da tradição, de acordo com Moretti:

> Quanto ao êxito financeiro de Robinson, sua modernidade é no mínimo questionável: embora o romance não traga a parafernália mágica da história de Fortunatus, que fora o principal predecessor de Robinson no panteão dos self-made men modernos, o modo como sua riqueza se acumula em sua ausência e lhe é posteriormente restituída ("160 moidores de Portugal em ouro", "sete belas peles de leopardo", "cinco caixas de bombons excelentes e cem peças de ouro sem cunhar", "mil e duzentas caixas de açúcar, oitocentos rolos de fumo e o resto da conta toda em ouro") ainda tem muitíssimas coisas dos contos de fada (Moretti, 2014, p. 37–38).

Que de resto é assinalado pelo andamento da narrativa no desfecho do relato, ainda Moretti:

> Do aventureiro capitalista ao senhor que trabalha. No entanto, à medida que o romance se aproxima do fim, há uma segunda guinada: canibais, conflito armado, amotinados, lobos, ursos, fortuna de

> conto de fadas... Por quê? Se a poética da aventura fora "moderada" pelo seu oposto racional, por que prometer contar "alguns episódios muito surpreendentes de outras aventuras minhas" na última frase do romance? (Moretti, 2014, p. 42).

Retomando o registro certeiro de Moretti ali atrás, não há fantasia alguma em estabelecer que a riqueza de Robinson provém da "exploração de escravos sem nome em sua plantação no Brasil". Aqui Defoe foi de um bom senso ameno e amoral, que não aposta meio guinéu na versão meritocrática do trabalho recompensado mas trata de evidenciar o quanto o trabalho extenuante dos escravos gera a riqueza alheia. O realismo entrosa com fantástico na medida em que os responsáveis pelo bom andamento da *plantation* brasileira venham a cumprir os termos de um contrato celebrado por, digamos, brasileiros da geração anterior, trinta anos antes. *Se non è vero è ben trovato*, poderia dizer um compatriota de Franco Moretti. Por outro lado, há alguma evidência que corrobora, ao menos no plano ficcional, o andamento fantasioso na aquisição de riqueza mediante espoliação de africanos escravizados.

Na literatura brasileira, num dos raros momentos em que se registra uma expedição negreira, o desfecho também é lance de sorte. Estou me referindo ao capítulo 9, "O — Arranjei-me! — do Compadre", em *Memórias de um sargento de milícias*, o já clássico romance de Manuel Antônio de Almeida. É capítulo no início do romance, que narra, em retrospectiva, o método pelo qual o Compadre, que cria e sustenta materialmente Leonardo dos sete anos até a juventude, adquiriu o patrimônio que lhe permite viver em relativo conforto.

Na condição de homem pobre, o Compadre era um barbeiro e sangrador percorrendo as ruas do Rio de Janeiro munido de bacia, navalhas e lancetas. Ao prestar serviço, em plena rua, a um marinheiro, é convidado a embarcar em um navio que "viajava para a Costa e ocupava-se no comércio de negros; era um dos combóis que traziam fornecimento para o Valongo, e estava pronto a largar" (Almeida, 2000, p. 115). Isto é, trata-se de um navio rumo à África em busca de escravos. Depois de alcançar sucesso salvando marinheiros e carga humana, o Compadre sangra, já na viagem de retorno ao Rio de Janeiro, o capitão do navio, que adoecera. Mas o capitão morre e o deixa encarregado de entregar uma boa quantia de dinheiro à sua filha, a qual jamais recebe o dinheiro. A traição da vontade do moribundo rende a estabilidade do compadre, que por sua vez garante a boa vida da infância e juventude de Leonardo, o "nosso memorando", para usar os termos de Manuel Antônio de Almeida. Assim, sendo é patrimônio derivado do tráfico escravista que permite certo desafogo ao homem livre, que pode assim sustentar sem maior esforço, mas sempre barbeando os clientes, a personagem que virá a se tornar sargento de milícias. Não há nenhum sinal de condenação moral aqui, o empreendimento escravista está totalmente naturalizado; sendo assim, o toque transgressivo do "arranjei-me" seria o descumprimento da vontade do capitão defunto.

Assim, há um pitoresco, e um tanto sinistro, encontro entre a estabilidade do herói malandro de Almeida e a prosperidade do herói burguês de Defoe, ambos às voltas com a sorte que lhes fornece patrimônio advindo dos negócios escravistas. Com um pé no lance maravilhoso ("fortuna de conto de fadas"), os episódios lidam também com o primitivo procedimento médico da época, com o Compadre enquanto sangrador, e Robinson Crusoé sendo sangrado, o que rende um ar de família esquisito.

Não se trata aqui de forçar um alinhamento entre os dois romances que cairia no arbitrário, mas sim de notar que a aproximação procede, acho, ao enfatizar o lado aventureiro das duas personagens e ao iluminar semelhanças no aproveitamento de temas e formas induzidas pela experiência na periferia do capitalismo, a qual parece marcar mesmo um ilustre representante do individualismo burguês em seus primórdios quando ele se aventura nas margens e pelas águas do Atlântico Sul.

Moby Dick: negócio, aventura e consagração literária

O clássico de Herman Melville foi publicado em 1851, fez 170 anos há pouco. Não ouvi o foguetório comemorando a efeméride, mas não vejo por que deixar de registrar. Mas registre-se também que o livro não nasceu clássico, muito antes pelo contrário. Melville fizera algum sucesso com seus relatos mais ou menos pitorescos sobre vida marinheira e aventureira, de preferência nos mares tropicais, mas já ousara pelo menos um romance que não caíra muito bem no gosto do público. Quando *Moby Dick* veio à tona, em 1851, a obra exigia demais do leitor disponível à época, e a primeira edição encalhou na água rasa da incompreensão geral.

Melville prosseguiu escrevendo e veio a produzir ainda alguns livros espantosos, mas morreu em 1891, despontando para o anonimato e merecendo obituários de três a quatro linhas. A saga baleeira, contudo, não naufragara de todo no esquecimento, e continuava circulando, no século XIX, em bibliotecas de associações da classe trabalhadora, provavelmente como um elogio do trabalho livre e duro, venturoso mas disciplinado. Para quem se lembra do livro só pela dinâmica belicosa do conflito entre o capitão Ahab e a grande baleia, não deixa de ser uma surpresa. Pois é, digo eu, o livro ambicioso, que virou clássico infanto-juvenil mediante inúmeras adaptações, guarda muitas surpresas para quem voltar a lê-lo sem preconceitos.

A fama do livro veio com a reavaliação modernista: no século XX, as audácias digressivas, com solilóquios shakespearianos acompanhados por humor burlesco, foram incorporadas até mesmo ao repertório do leitor médio. E aqui trato de enfatizar um dado estrutural que às vezes é simplesmente apagado nas adaptações: o romance é narrado por Ishmael, um marujo letradíssimo, cuja ironia e erudição interrompem a sequência narrativa reiteradamente. Sua reputação de livro filosófico depende largamente das intervenções desse narrador personagem tagarela, isto é, a consagração de *Moby Dick*, para muito além do romance de aventuras marítimas, derivaria dos comentários emitidos por Ishmael, marinheiro recrutado sob as ordens do sombrio Ahab.

Ishmael circula entre o diário (de bordo) e o sermão protestante para relatar a missão perigosa a que Ahab submete a marujada do navio Pequod; diário e sermão esses que o grande Edmund Wilson considera elementos cruciais da experiência literária ianque da primeira metade do século XIX. Aquela América era um jovem país de leitores da Bíblia, que tratavam de registrar sua experiência, até para melhor compartilhá-la ou denunciá-la, na melhor tradição de autoacusação puritana. Acho que não preciso enfatizar o quanto isso é alheio ao jeito de ser brasileiro, em que os padres tinham que explicar a Bíblia, escrita em latim, para um público em sua maioria analfabeto. Quem já leu a introdução de *Casa-grande e senzala* lembrará o comentário desconsolado de Gilberto Freyre sobre a ausência de diários e anotações pessoais no Brasil.

Ainda no plano das comparações, vale lembrar que a caça à baleia não era uma esquisitice ou tarefa secundária na primeira metade do século XIX ianque. Nada disso. Era atividade econômica de enorme importância, que fornecia óleo e gordura de vasta utilização na civilização urbana anterior à eletricidade e à petroquímica. Melville encontrou no próspero negócio um poderoso símbolo do *ethos* americano individualista e capitalista. Não são poucos os trechos do livro que fazem o elogio entusiástico do *common man*, que se submete ao contrato de trabalho livremente para participar do empreendimento rendoso, mas nem por isso menos aventureiro.[15]

O contraste com o Brasil pode ser elucidativo. O maior negócio do jovem país tropical na primeira metade do século XIX também é marítimo, mas consiste no tráfico negreiro, um assunto pouco simpático à musa épica, convenhamos. Em *Moby Dick* o capítulo 82 (altissonante e eloquente) é "Honra e Glória da Pesca da Baleia". Nele Ismael insiste no caráter heroico da tripulação do Pequod. Que tal "Desonra e Infâmia de Negociar Africanos" para título de capítulo análogo em um romance nosso? Um livro impossível a ser narrado por um marujo que embarcasse em Salvador ou no Rio do Janeiro rumo à África, eta ferro. Há um impedimento moral que bloqueia o realismo aqui, como se o procedimento narrativo realista e a descrição detalhada fossem inviáveis ao tratar de matéria tão degradante. Dá para imaginar um improvável Ahab brandindo seu chicote sobre africanos amontoados na viagem de retorno sobre o Atlântico? Que tipo de ideia fixa digna de elevação shakespeariana poderia surgir daí? O grande negócio transatlântico escravista, o mais lucrativo e capitalizado do empreendedorismo luso-brasileiro, não comporta o realismo elevado do

---

15. Reproduzo daqui em diante trechos de outro ensaio na primeira parte deste volume, "Moby Dick e seu narrador: algum contraste com *Memórias póstumas de Brás Cubas* e outros tópicos".

romance, que implica a dignidade da dedicação a uma tarefa, o individualismo, o pragmatismo, etc.

O que não quer dizer que o assunto não estivesse na ordem do dia. O negócio macabro foi denunciado por Castro Alves, em *O navio negreiro* (1868), um poema narrativo emocionado e bombástico, em que o detalhe realista pouco comparece, afinal é a tensão moral da denúncia que varre o tombadilho. Acho que é um contraste elucidativo: no Brasil a acusação irada e patriótica do negócio e da viagem infame, nos Estados Unidos a celebração entusiástica da missão dos homens livres em busca de animais a serem abatidos e estripados.

Mas talvez esta leitura materialista de *Moby Dick* deixe de lado a dimensão retórica e reflexiva, que garantiu a fama de romance filosófico ao livro. Mesmo os trechos um tanto técnicos, que consistem em um tratado de caça, trazem trejeitos irônicos que atiçam o leitor. Além do mais, retórica e reflexão, temperados pelo humor matreiro, darão conta de um embate entre a condição humana e a transcendência ameaçadora e selvagem, ou, numa leitura ecológica, denunciarão o materialismo insano disposto a dominar a natureza mesmo ao preço da extinção dos supostos dominadores.

Enfim, um clássico sobrevive porque desperta leituras variadas e conflitantes, é a marca da literatura ambiciosa, aquela que é plurívoca e desafiante. Ainda no final do extraordinário primeiro capítulo do livro, temos Ishmael comentando sua experiência de marinheiro que desembarca em terras distantes:

> Para outros homens talvez essas coisas não sejam atrações; mas, quanto a mim, atormenta-me perene anseio por coisas distantes. Gosto de navegar por mares proibidos e desembarcar em costas bárbaras. Não ignorando o que é bom, sou rápido para

> perceber um horror, e poderia ser até sociável com ele — se me deixassem —, uma vez que só pode ser bom ficar em termos amigáveis com todos os habitantes do lugar onde nos alojamos (Melville, 2008, p. 31).

Acho que não é necessário muito esforço para encontrar aqui uma temática análoga à de *Coração das Trevas* (1902), de Joseph Conrad. É o tipo de enunciado que se esperaria do narrador marinheiro Marlow, ele também fascinado por aquele terrível Kurz, que se tornou muito sociável com o horror colonial perpetrado no Congo. Há uma charmosa e sintomática semelhança entre as lentes com que Ishmael e Marlow contemplam capitão Ahab e Mishta Kurz, respectivamente. Teríamos aqui sombrias metáforas do mal e da barbárie que se manifestam na franja do capitalismo em expansão.

Lolita, a ninfeta septuagenária de Vladimir Nabokov

Quanto à poesia — disse Humpty Dumpty.
Esticando uma das suas grandes mãos — posso
recitar melhor do que ninguém...

— Oh, ninguém duvida disso! — apressou-se Alice
a dizer, na esperança de detê-lo desde o começo.

— O poema que vou declamar — prosseguiu ele
sem nem se dignar ouvir o comentário dela — foi
escrito unicamente para deleitá-la.

Diante disso, Alice sentiu que tinha realmente de
ouvi-lo, e sentou-se, tristemente resignada, dizendo
— Muito obrigada.

Lewis Carroll, *Através do espelho*
e o que Alice encontrou lá

O romance de Nabokov foi lançado na segunda metade de 1955 e ganhou fama a partir de 1958. O russo estabelecido na América Vladimir Vladimirovich Nabokov (1899–1977) havia escrito um clássico muito famoso e também escandaloso, cujo narrador Humbert Humbert soma a erudição de um literato europeu à perfídia e obsessão de um pedófilo à solta no Novo Mundo ianque. Ele abandonou Paris um pouco antes do início da Segunda Guerra Mundial, estabelecendo-se nos Estados Unidos; quando começa a contar sua história, encontra-se preso, embora o crime pelo qual pode vir a ser condenado não seja revelado a não ser no fim do romance.

E o crime não é o de pedofilia, por manter relações sexuais com uma menina de treze anos mediante sedução e coação, muito menos por ter raptado Lolita, a menina Dolores Haze, que juridicamente é sua enteada, uma vez que o precavido Humbert Humbert casou-se com a mãe da menina para manter-se próximo de Lô/Lola/Lolita. Trata-se de uma das várias perfídias de um protagonista que conquista a viúva Charlotte Haze para ter acesso à filha. A equivocada Charlotte, já casada com seu galã erudito, em breve descobre um diário de Humbert Humbert que revela a atração do marido por sua filha; transtornada depois da leitura, acusa Humbert e sai de casa para ser atropelada e morrer atravessando a rua. Depois disso o padrasto simula tristeza e parte em busca de sua enteada, que um dia saberá que perdeu a mãe; antes disso, no entanto, o predador já alcançara sua vítima: ela só descobre que está órfã depois de se tornar amante do padrasto.

A seguir vem a segunda parte do livro, com H.H. arrastando sua presa pelo território americano em um périplo que se segue à primeira noite do casal: durante um ano, entre agosto de 1947 e agosto de 1948, eles percorrem a América em um sedan da família Haze. Dividindo quartos de motel, de cabanas, hotéis, etc., o arranjo excitante e criminal permite que H.H. alcance seus fins inconfessáveis, desde o início admitindo as brigas e desavenças que ele reconhece serem inevitáveis em cena tão abusiva e tensa. O narrador faz um sumário da jornada *east-west-east* e encerra o capítulo alegando que "nossa longa viagem" só servira para conspurcar, com uma trilha sinuosa de limo, aquele imenso e belo país, sonhador e confiante. A malícia chega a ser exuberante em sua autossatisfação, embora esteja incluída na situação presente em que o enunciado do protagonista, preso a aguardar julgamento, é tingido de alguma melancolia. O trecho que segue é uma síntese da retórica complexa do romance, que aqui reproduzo na bela tradução de Jorio Dauster:

> Rodamos assim rumo a leste, eu mais devastado do que fortalecido por haver satisfeito minha paixão, e Lô radiante de saúde, suas ancas ainda tão estreitas quanto as de um rapazinho, embora ela tivesse acrescentado cinco centímetros a sua altura e quatro quilos a seu peso. Tínhamos estado por toda parte. Na verdade, não tínhamos visto nada. E me surpreendo hoje pensando que aquela nossa longa viagem só serviu para conspurcar com uma trilha sinuosa de limo aquele imenso e belo país, sonhador e confiante, que já então em retrospecto, nada mais era para nós do que uma coleção de mapas desbeiçados, guias turísticos dilacerados, velhos pneus e os soluços de Lô no meio da noite — de todas as noites, de cada noite — tão logo eu fingia que estava dormindo (Nabokov, 2003, p. 178).

O narrador mais frágil do que forte exalta a saúde de Lolita e vai aos detalhes de peso e tamanho, reforçando o apelo físico e sexual. Eles estiveram em toda parte e nada viram. A avaliação deslumbrada que ensaia o lugar comum sobre a América e suas promessas, que é conspurcada, arremete no mesmo longo período para a desolação de mapas e guias em mal estado do que deságua no pungente choro da criança órfã à mercê da sanha do narrador implacável, embora alegadamente frágil. Nesse contexto entre deslumbramento físico e sordidez emocional, o leitor teria que retornar ao início do parágrafo para comparar as duas Lolitas em pauta, a radiante e a soluçante, para alcançar também a ambivalência do laudo do belo país que se reduz a mapas, guias e pneus a compor a terra desolada para o idílio degradado de Humbert. Entre as promessas do sonho e da confiança e a paisagem banal em que o lixo industrial (pneus) do *way of life* é acolhido. O momento final (repugnante? constrangedor?) de H.H. ouvindo o soluço da menina enquanto finge dormir é um toque de mestre a provocar o leitor que talvez se comovesse com a paixão do narrador charmoso, iconoclasta e abjeto. No início do capítulo, essa ambivalente América das maravilhas já havia sido aproximada do país das maravilhas de Lewis Carroll, em que aquela menina Alice suportou também sua cota de arbítrio e autoritarismo, o que também não deixa de ser um tipo de aprendizagem. Voltaremos ao jogo de citações e à paródia daqui a pouco.

A retórica exuberante que Nabokov constrói na voz de seu protagonista oscila entre às vezes histriônica, geralmente irônica, mas também patética, sem falar na autoindulgência que tenta justificar o injustificável. É um procedimento que explora o mal-estar e a adesão do leitor, uma fórmula que determina a complexidade literária em pauta.

Humbert Humbert fará pelo menos mais duas viagens longas pilotando seu carro pelas *highways* ianques; na primeira delas será abandonado por sua ninfeta e na segunda vai armado de um revólver em busca do homem que a levou. Parte crucial do romance é, portanto, *on the road*, explorando os enredos de viagem que se sucedem na literatura americana. No mínimo, desde os clássicos Tom Sawyer e Huckleberry Finn, que percorrem estradas e rios e talvez também inaugurem um padrão de inconformismo contra a autoridade adulta. Nos anos 1950 aparecerá *On the road*, de Jack Kerouac, a propor a concepção *beatnik* de transgressão. Mas esse contemporâneo dos anos 1950, Kerouac, demonstra descontrole verbal e ritmo desigual, sem falar na improvisação, o que é o contrário dos efeitos muito construídos e cerebrais obtidos em Lolita. Como se Nabokov explorasse o tema *on the road* em chave paródica e perversa ao submeter a juventude americana aos desígnios sexuais e intelectuais do personagem europeu encharcado de referências literárias — em outros termos, a inocência da América sendo explorada, *on the road*, pela alta cultura a serviço do abuso sexual de menores.

O abusador no campo de centeio

Nabokov admirava a prosa de J. D. Salinger, cujo *O Apanhador no campo de centeio*, de 1952, antecede Lolita. Não estou sendo original, imagino que vários volumes já tenham comentado o quanto o personagem narrador de Salinger, o jovem Holden Caufield, atua em termos opostos à perversidade nabokoviana. Na cena famosa que dá título ao romance, Holden encarna a figura que procura salvar as crianças e os jovens em um campo de centeio para além do qual encontra-se a desolação da vida adulta com seus arranjos hipócritas e mercantilização insana, nos termos do *American way of life*. Ora, Humbert é a própria autoridade patriarcal em disposição tarada, que se vale de sua condição de padrasto para perverter a infância de Lolita. Ele age para desagregar a dinâmica juvenil, jamais para resguardá-la; candidata-se à condição de abusador no campo de centeio. Ler em contraste a prosa de Salinger, que explora a oralidade novaiorquina intensamente, com a prosa de Nabokov, também ela com um ritmo oral extraordinário, é uma lição do alcance da literatura norte-americana no pós-guerra. Mas o abismo entre as perspectivas talvez não possa ser maior. Lolita é também uma paródia sombria e cômica das pretensões libertárias presentes em Kerouac ou Salinger, o que não é o mesmo que dizer que se trata de paródia consciente. É muito ingênua a visão de que a obra dependa das intenções do autor; em vários casos as formas artísticas, materializadas em texto, alcançam grande autonomia em relação à consciência dos autores.

Ainda na aproximação possível com *On the road*, o capítulo 28/parte 2 de Lolita, já próximo do desfecho do livro, abre assim: "Lá estava eu de novo na estrada, de novo aos solavancos do velho sedã azul, de novo sozinho" (Nabokov, 2003, p. 270). Humbert Humbert pega a estrada depois de receber finalmente uma carta de Lolita após dois anos sem notícias; ele vai encontrá-la, mas leva uma arma para matar quem a tirou de suas garras, que ele supõe equivocadamente ser o atual marido. No original está: "*I was again on the road, again at the wheel of the old blue sedan, again alone*" (Nabokov, 1991, p. 267). Lolita agora é uma jovem senhora casada e grávida, que assina a carta como Lolita (Sra. Richard F. Schiller). Aqui há mais uma piscada de olho de Nabokov: F. Schiller, para além do marido americano de Lolita, é também Friedrich Schiller, o célebre autor alemão do século XVIII, que escreveu a renomada *A educação estética do homem*. Seria mais um chiste erudito sobre o tipo de educação/demolição sentimental/sexual a que Lolita foi submetida?

Humpty Humbert

Vale lembrar que Nabokov é um descendente de família russa aristocrática, abastada e liberal, que parte para a Europa na sequência da revolução de 1917. Depois de graduar-se em Cambridge, ele se torna um exilado na Europa continental e partirá dali para os Estados Unidos na véspera da Segunda Guerra. Esse duplo exílio sem dúvida colabora para sustentar uma perspectiva distanciada e, no caso dele, politicamente conservadora que considera a Revolução Russa uma farsa trágica, Freud um charlatão, etc. Que seu *Lolita* de fato seja incluído entre os romances americanos também é um testemunho da capacidade da América imperial de aproveitar talentos e, no limite, deles apropriar-se. Até que ponto o livro tensiona e/ou se integra à tradição literária americana me parece um debate interessante, para o qual, dentro dos limites restritos da minha relativa ignorância sobre o tema, trago alguma contribuição.

Aqui volto ao capítulo 3, cujo parágrafo inicial vai citado a seguir. Ele pode ser considerado um capítulo de transição, que comporta o fim da jornada erótica transcorrida de 1947 a 1948. Aqui vai, portanto, a abertura do capítulo 3, cujo encerramento são os soluços atrozes de Lolita ouvidos por Humbert na citação anterior.

> Ela havia penetrado em meu mundo, na negra e umbrátil Humberlândia, com uma curiosidade impetuosa, examinando-o com um erguer de ombros de jovial desagrado; e agora parecia pronta a escapar dele com algo semelhante à mais pura repugnância. Jamais vibrou sob minhas carícias, e um estridente: "Opa, que que você está fazendo?" era tudo o que eu merecia em troca de meus esforços. Ao país das maravilhas que lhe ofertava, minha bobinha preferia os filmes mais banais, os sorvetes mais enjoativos. E pensar que entre um Hamburguer e um Humburguer ela invariavelmente se inclinava, com gélida precisão, para o primeiro! Não há nada mais atrozmente cruel do que uma criança adorada. Será que mencionei o nome do bar do motel que visitamos há pouco? Chamava-se, eu juro, A Rainha Frígida. Com um sorriso meio triste, apelidei-a de Minha Princesa Frígida. Mas ela não percebeu o que havia de melancólico na piada (Nabokov, 2003, p. 168–169).

A abertura é sombria (negra e umbrátil) e não é, já que o trocadilho Humberlândia é brincalhão. O mix de sombrio e jocoso, agressão e humor, resume a cada parágrafo o andamento do conjunto, trata-se de forma literária trabalhada ao detalhe. A avaliação serena e implacável revela que H.H. tem total consciência de que a menina não obtém prazer na relação. Ela entrou no jogo com jovial desagrado e agora quer escapar da Humberlândia com algo próximo de forte repugnância, o que para Humbert é ruim, mas longe de ser crucial. Ele vai continuar submetendo e abusando, claro, mesmo que a repugnância cresça. Mais grave, ele apela para a generalidade complacente (nada mais atrozmente cruel, etc.), como se estivesse lidando com as reações de uma criança volúvel sendo perturbada no parque ou em sala de aula e não na jaula perversa de sua autoridade. Mas a frase sobre a insatisfação de Lolita, que reage de forma infantil e prefere, no seu paladar consumista, filmes banais e delícias muito doces, abre com uma referência explícita a *Alice no país das maravilhas*, ecoando, portanto, aquela Humberlândia da abertura do parágrafo. A tradução abriu mão do trocadilho que no original é gritante (*Humberland/Wonderland*), talvez uma saída um tanto forçada fosse "no negro e umbrátil país das humbervilhas".

O conjunto, com o eco de Carroll, soa muito mais maldoso, com Humberlândia e *Wonderland* sugerindo que essa Alice americana sequestrada pelo desejo masculino poderia se deixar levar e descobrir encantos vários sob o domínio do sóbrio e normalíssimo padrasto H.H.. O trocadilho volta a aparecer em linha canibal entre Hamburger/Humburger e a apoteose da indiferença ou repulsa sexual de Lolita acontece com a associação entre A Rainha Frígida e a Princesa Frígida Lolita. Também acho que nessa oscilação entre rainha e princesa permanece o eco de Alice e suas aventuras; se for assim, novamente a assexuada Alice rende mais malícia às aventuras sexuais a que a prisioneira Lô é submetida.

Mas as associações não param por aí, porque Alice encontra, em *Através do espelho e o que Alice encontrou lá*, Humpty Dumpty, entre outras criaturas mais ou menos brincalhonas, fantasiosas e às vezes malignas. Humpty Dumpty é o cúmulo da pretensão e do autoritarismo, embora derivado de um ditado/canção infantil em que cai em desgraça. Na condição de ovo pretensioso ele contesta a menina Alice até alcançar o trecho célebre:

> — Mas "glória" não significa "um argumento arrasador" — objetou Alice.
>
> — Quando uso uma palavra — disse Humpty Dumpty em tom escarninho — ela significa exatamente aquilo que eu quero que signifique... nem mais nem menos.
>
> — A questão — ponderou Alice — é saber se o senhor pode fazer as palavras dizerem coisas diferentes.
>
> — A questão — replicou Humpty Dumpty — é saber quem é que manda. É só isso (Carroll, 1980, p. 196).

No parágrafo trocadilhista de Nabokov haveria mais um jogo fonético, escondido, vinculando os dois carrascos: Humbert Humbert e Humpty Dumpty. Ambos arbitrários e pretensiosos, a acrescentar mais uma das inúmeras referências paródicas que Nabokov joyceanamente arma em sua narrativa. A peculiar teoria semântica de Humpty Dumpty pode ser questionada pelos linguistas, mas também é uma objeção matreira de Lewis Carroll ao formalismo científico que não reconhece a dimensão histórica e política da linguagem.

Vale lembrar que Nabokov orgulhava-se de ter traduzido *Alice no país das maravilhas* para o russo em 1923, sem dúvida uma das primeiras traduções do livro para essa língua. Ele se encontrava na Alemanha sob inflação grotesca e os cinco dólares que recebeu pela tarefa constituíam uma soma considerável. Reforçando a teia associativa, é bom recordar a derradeira reflexão de Alice ao sair do capítulo, comentando Humpty Dumpty. Depois de ser despachada sumariamente, a menina segue: "Mas não pode deixar de dizer para si mesma: 'De todas as pessoas insatisfatórias...' (e repetiu bem mais alto pelo prazer de ter uma palavra tão comprida para dizer) "... de todas as pessoas insatisfatórias que jamais encontrei..." (Carroll, 1980, p. 201). No parágrafo crucial sobre insatisfação e frigidez da ninfeta sob coação sexual, o juízo de Alice sobre a empáfia fanfarrã de Humpty ilumina com renovada crueldade as pretensões melancólicas e perversas de Humbert. Acho difícil negar o adensamento literário obtido, embora o exibicionismo intelectual na construção possa também virar efeito vicioso.

Ficou registrado em mais de uma declaração que Nabokov considerava o reverendo Charles L. Dodgson (Lewis Carroll é pseudônimo) um dos mais notáveis ninfetólatras de que tinha notícia. As fotos de meninas na condição ninfeta de Dodgson, que foi importante e talentoso fotógrafo, são de fato insinuantes e controversas, embora já se tenha investigado avidamente a vida de Lewis Carroll e não se tenha encontrado maior indício de que tenha rompido os padrões de pudor vitorianos. Com seu humor despachado, Nabokov enunciava: "Eu sempre o chamo de Lewis Carroll Carroll, porque ele foi o primeiro Humbert Humbert".

No início do assombroso duelo verbal entre Humpty Dumpty e a ingênua mas nem tanto Alice, aquele contesta que esta deveria ter interrompido seu crescimento, afinal ela já tinha sete anos e meio, e agora já era tarde.

> Alice não queria começar outra discussão e portanto ficou calada.
>
> — Sete anos e seis meses! Repetiu Humpty Dumpty pensativamente — Uma idade bastante incômoda. Se tivesse pedido o meu conselho, eu diria: "Pare nos sete". Mas agora é tarde demais.
>
> — Nunca peço conselhos sobre o meu crescimento — disse Alice indignada.
>
> — Orgulhosa demais?
>
> Tal insinuação indignou Alice mais ainda. — Quero dizer — explicou — que uma pessoa não pode deixar de ficar mais velha.
>
> — Uma não pode, talvez — disse Humpty Dumpty — mas duas podem. Com assistência adequada, você poderia ter parado nos sete (Carroll, 1980, p. 194).

O *nonsense* da interrupção do avanço biológico via conselho é acompanhado portanto de pretensão de que ele, Humpty Dumpty, foi de alguma forma preterido em sua autoridade. Ora, em uma pracinha francesa Humbert Humbert fica contemplando excitado as ninfetas e, depois de ser interrompido por uma mulher adulta, também faz mentalmente o apelo silencioso para si mesmo e para as meninas: "Que não cresçam nunca!" (Nabokov, 2003, p. 22). No original: "Never grow up!". O apelo irônico e absurdo encerra o capítulo 5 da primeira parte e também revela o tamanho da excitação de H.H., que acontece em espaço público e idílico, onde as crianças se divertem em uma praça. Um idílio mórbido, claro. O arroubo é lírico e secreto, até porque H.H. ainda está em Paris: Lolita ainda não foi afetada, encontra-se do outro lado do Atlântico, embora o narrador já tenha antecipado referências a ela desde o primeiro parágrafo do livro. A frase exclamativa "que não cresçam nunca!", no entanto, também é um tanto brincalhona, mas nem por isso menos sinistra, se levarmos em conta o quanto a obsessão masculina do *voyeur* de espaço público é reincidente. Ainda no início do livro (capítulo 5, etc.), na posição textual em que está, equivale a um sinal de alerta. O cruzamento de efeitos é uma marca dessa narrativa: lírico (e íntimo) em espaço público, sinistro na intenção, brincalhão ao propor o impossível, ameaçador porque em breve saberemos do que Humbert é capaz. E ainda autocomplacente e um tanto sarcástico ao articular o conjunto, que, se não exagero aqui, ecoa Humpty Dumpty e suas frases provocativas e pretensiosas que se acumulam em busca de uma supremacia qualquer.

Ainda no âmbito da excitação secreta em público, parques e afins, Humbert Humbert, depois de atravessar o Atlântico, vai circular pelo Central Park de Nova Iorque.

> Agora que já me conhece, o leitor pode facilmente imaginar quanta poeira e calor tive de suportar para ao menos entrever algumas ninfetas brincando no Central Park (ah, sempre tão remotas), e quanto me repugnavam as jovens secretárias desodorizadas que um gaiato do escritório despejava incessantemente em cima de mim. Deixemos tudo isso de lado. Uma terrível depressão fez com que eu fosse parar num sanatório durante mais de um ano. Voltei a trabalhar, mas de novo fui internado (Nabokov, 2003, p. 34).

O calor do verão intensificado pelo desejo pedófilo merece ser cruzado com a obsessão de inverno de Holden Caulfield sobre os patos do mesmo Central Park.

> — O laguinho. Aquele lago pequeno que tem lá. Sabe qual é, onde ficam os patos...
>
> — Sei, mas quê que tem?

> — Bem, sabe aqueles patos que ficam nadando nele? Na primavera e tudo? Será que por acaso você sabe pra onde eles vão no inverno?
>
> — Pra onde vai quem?
>
> — Os patos. Será que você sabe, por um acaso? Será que alguém vai lá num caminhão ou sei lá o quê, e leva eles embora, ou será que eles voam sozinhos, pro sul ou coisa que o valha? (Salinger, s.d., p. 83).

Em *O apanhador no campo de centeio* a pergunta sobre o destino dos patos parece mais uma idiossincrasia do jovem em crise, sem maior eco sexual, e talvez seja um sintoma do desnorteamento da jornada congelante de Caulfield. Na cena final do romance, de novo no Central Park, Holden Caulfield contempla o carrossel em que sua irmã Phoebe se diverte com outras crianças. Ele fica embevecido com o movimento em que se sucedem Phoebe e seus parceiros; há em alívio contemplativo que parece remeter à tarefa de apanhar as crianças no campo de centeio.

> Me molhei pra diabo, principalmente no pescoço e nas calças. Até que meu chapéu de caça me protegeu mesmo um bocado, mas acabei ensopado de qualquer maneira. Mas nem liguei. Me senti tão feliz de repente, vendo a Phoebe passar e passar. Pra dizer a verdade, eu estava a ponto de chorar de tão feliz que me sentia. Sei lá por quê. É que ela estava tão bonita, do jeito que passava rodando e rodando, de casaco azul e tudo. Puxa, só a gente estando lá para ver (Salinger, s.d., p. 204).

O carrossel é também uma metáfora da repetição, do movimento circular que promete barrar o avanço inexorável do tempo que lançará as crianças ao mundo adulto responsável por provocar tanto desconforto, quase desespero, no jovem narrador. Ele também parece querer interromper o crescimento da irmã e de outros, mas para garantir alguma beleza infantil, a manutenção de criatividade imatura, talvez alguma insubordinação. "Never grow up!", mas com as intenções invertidas àquelas que comparecem em Lolita.

O tipo de contemplação a que jamais o ninfetista Humbert se deixaria levar.

O romance Lolita abre com um prefácio, digamos, clínico, escrito por John Ray Jr., um psiquiatra que revela o título original: "Lolita ou A confissão de um viúvo de cor branca". Em inglês, o título já tem eufonia e assonância explícita: "Lolita or the Confession of a white widowed male". O prefácio, além de trazer informações relevantes sobre personagens que virão, é uma sátira hilária às boas intenções terapêuticas na versão peculiar de psicologia entre behaviorista e semi-freudiana em ascensão nos Estados Unidos do pós-guerra. O indulgente e bem-pensante psiquiatra já no primeiro parágrafo trata de se autopromover ao lembrar que Lolita chegou às suas mãos provavelmente por que ele, J. R. Jr., "havia pouco recebera o Prêmio Poling por uma modesta obra (Será que os sentidos fazem sentido?), na qual haviam sido estudadas certas perversões e estados mórbidos" (Nabokov, 2003, p. 5). Depois de considerações várias, o desfecho de John Ray Jr. é um primor de conformismo e esforço edificante, em boa medida para não ferir a suscetibilidade moral de algum leitor: "Lolita deveria fazer com que todos nós — pais, educadores, assistentes sociais — nos empenhássemos com diligência e visão ainda maiores na tarefa de criar uma geração melhor num mundo mais seguro" (Nabokov, 2003, p. 7). Bastam os primeiros parágrafos do livro para tornar ameaçadora a ironia do autor contra o leitor conformista e o psiquiatra indulgente. O prefácio ainda traz a data em que supostamente foi escrito por J. R. Jr.: 5 de agosto de 1955. Na década macarthista em que a bomba atômica havia sido normalizada, o apelo a favor da segurança do mundo é um arroubo sarcástico, para além das intenções do autor Nabokov, que de resto sabia muito bem que o bombardeio de Hiroshima e Nagasaki tinha ocorrido em 6 e 9 de agosto de 1945.

Seja como for, há um outro romance canônico norte-americano que será publicado em 1969, *O complexo de Portnoy*, de Philip Roth, que também é precedido por texto de psiquiatra. Em Portnoy a provocação *porn* já se encontra no título e nome do personagem narrador, que esse sim apela para os nomes populares de atos e membros. Mais uma vez a confissão é vazada em registro oral muito estilizado e burilado para dar conta da experiência sexual do jovem Portnoy, que também transita pela Costa Leste e Nova Iorque, assim com Holden Caulfield, mas com outros interesses a condicionar a jornada. O relato em primeira pessoa, com narradores em situação, é uma marca de clássicos norte-americanos, desde o marujo Ishmael, narrador em *Moby Dick*, ou Huck Finn em As aventuras de *Huckleberry Finn*. Que eles sejam apresentados por profissionais da psiquiatria em *Lolita* e em *O complexo de Portnoy* é sinal dos tempos, além de ser um comentário malicioso sobre tais profissionais. Entre campos de centeio, jornadas pedófilas eruditas e juventude masturbatória, há um cânone em primeira pessoa que explora a técnica da autoexposição em regime humorístico e grotesco, com tema juvenil em pauta. O conjunto pode ser lido como uma experiência entre crítica, farsesca e documental a revelar "aquele imenso e belo país, sonhador e confiante" onde o europeu Humbert Humbert pode realizar seus desejos confessados e inconfessáveis.

O indiscreto charme de Philip Roth

Philip Roth ficou muito famoso por *O complexo de Portnoy*, publicado em 1969, aquele romance que é uma longa fala de um certo Alexander Portnoy, jovem professor de literatura razoavelmente bem-sucedido que repassa com seu terapeuta sua experiência de judeu americano. Na epígrafe do romance, temos Spielvogel, o tal terapeuta, definindo o complexo de Portnoy em um artigo intitulado "O pênis perplexo", publicado em uma revista especializada, em língua alemã. A piada com as pretensões científicas da psicanálise é só o começo de um livro devastadoramente cômico sobre a experiência do descendente de judeus que trata de se realizar na sociedade americana. Cômico e agressivamente sexual, para muitos francamente pornográfico, sem dúvida francamente explícito ao expor a obsessão masturbatória do adolescente Portnoy, cuja mãe estava sempre querendo saber o que o filho fazia tanto tempo trancado no banheiro.

Segundo consta, foi outro grande romancista americano, John Updike, que tratou de definir a obra de Roth: literatura, ereção e Israel. Boa fórmula que dá conta das discussões sobre literatura sempre presentes na cabeça de personagens-narradores, que são escritores, professores, ou só grandes leitores. Em Portnoy, o personagem-narrador regurgita sua experiência com furioso autocentramento de um exame de consciência que parece misturar a tradição judaica às voltas com um severo superego, encarnado no Jeová punitivo e ameaçador do Velho Testamento, e a disposição para a discussão pública dos pecados, que marca o protestantismo anglo-saxão.

Talvez a fama do livro desbocado venha do charme de explorar com o tom dos anos 1970 uma linhagem já estabelecida. Nesse sentido, *Portnoy* revelaria a saga individualista e juvenil que é uma tônica da narrativa americana desde Mark Twain com seus Huckleberry Finn e Tom Sawyer, passando pelo narrador neurótico e sublime de *O apanhador em campo de centeio* (1951), de J. D. Salinger, e pelo olhar perverso e europeizado de Nabokov sobre a ninfeta que dá título a *Lolita* (1955). Sagas do individualismo juvenil em um país jovem e individualista, elevado à condição de suprema potência econômica e nuclear. E o resto do mundo que se vire.

Mas eu ia dizendo da singularidade de *Portnoy*. Pois ele traz um narrador erotizado e gritão que estiliza com força as possibilidades libertárias, mas também destrutivas daquela afirmação furiosa de sexo, drogas e *rock and roll* nos anos 1960. Trata-se, contudo, de forma literária, estilização; logo, nem drogas nem *rock and roll* comparecem e nem por isso o livro deixa de ser representativo. Contra a caretice puritana e contra o conservadorismo judaico, Portnoy solta seu verbo desmedido para dar um salto equivalente à experimentação linguística do exímio Salinger, cujo jovem personagem-narrador, Holden Caulfield, mantém soterrada sua vida sexual ao longo de todo *O apanhador em campo de centeio*.

Depois do livro que marcou época, Roth prosseguiu sua produção com vários romances, dando provas de um fôlego narrativo assombroso para esquadrinhar a vida americana e os dilemas da condição judaica. Boa parte dos romances não foi sequer traduzida para o português, mas quem leu, por exemplo, *Lição de anatomia* (1983), na bela tradução de Lya Luft, pôde sentir o quanto Roth rende ao narrar os percalços de Nathan Zuckerman às voltas com suas obsessões literárias e sexuais. Mas é nos anos 1990 que iremos reencontrar Philip Roth exercendo seus poderes de forma assombrosa. Em um conjunto de romances longos e elaborados, apresenta-se esse pequeno milagre que é a maturidade intelectual de um sábio inconformista.

Não é muito fácil de explicar, mas vejamos o conjunto. *Operação Shylock* (1993) é uma ensandecida fantasia, em que o próprio Roth é narrador e personagem às voltas com um embusteiro que em Israel se passa por Philip Roth e prega a Nova Diáspora, única saída para o impasse aquele no Oriente Médio. Que os judeus abandonem Israel e voltem a se espalhar pelo mundo, porque a Palestina não dá e nunca dará pé. Piada *nonsense* antissemita? Discussão a sério sobre os dilemas cruciais? Seja como for, o jogo com a duplicidade e o tom entre humorístico e amargurado são achados literários impressionantes. E, até onde percebi, o romance é um ensaio sensacional sobre judaísmo e Israel, mas confesso que a discussão no livro é tão complexa que provavelmente só um intelectual estudioso do assunto conseguiria alguma síntese adequada.

Depois desse livro exigente e muito elaborado literariamente, vem uma obra prima consagrada por gente como Frank Kermode e Harold Bloom, *O teatro de Sabbath* (1995). Um romance sobre velhice, desagregação e erotismo, uma furiosa retomada do escândalo pornô de *Portnoy*, narrado em terceira pessoa, uma vasta acusação ao moralismo norte-americano reencarnado nas autoridades e criaturas do politicamente correto, que condenam o personagem Mickey

Sabbath, é claro, por abuso e perversão sexual. E o narrador em terceira pessoa mostrando um Roth que experimenta períodos longos e elaborados que trazem talvez um eco bíblico dos profetas do Velho Testamento. Só que essa retórica está voltada para o humor desabusado e mesmo avacalhante, que saúda, nas boas intenções da defesa da mulher, do negro, dos animais indefesos, etc., a reencarnação do velho e bom puritanismo. Uma narrativa hilária, mas que não é para qualquer estômago, a começar pela abordagem da velhice enquanto decadência sem sabedoria, um processo em que o corpo recrudesceria os apetites juvenis justamente por pressentir a extinção.

Depois desse descalabro erótico beirando a insânia, os admiradores de Roth se perguntaram para onde iria a imaginação desse sábio desabusado. A surpresa vem com a fornada dos romances da segunda metade da década de 1990, com a trilogia narrada pelo já antigo alter ego Nathan Zuckerman, que examina eventos dos quais não tomou parte em *Pastoral americana* (1997), *Casei-me com um comunista* (1999) e *A marca humana* (2000). Uma perspectiva distanciada que é quase o oposto do autocentramento de *O complexo de Portnoy* e *Operação Shylock*, em que as obsessões de Roth (literatura, ereção, etc.) estão em tamanha evidência. Isso porque, para adotar tal ponto de vista, Roth praticamente castra seu Zuckerman, que padece, nos três romances, as sequelas de um câncer de próstata particularmente nefasto. Como se fosse necessário marcar o corpo do narrador para obter o distanciamento capaz de fazer Zuckerman sossegar o facho sexual e autoexploratório e contemplar a paisagem que o cerca.

Uma notável alteração de ponto de vista para um autor que justamente é acusado de ter um ego hiperdesenvolvido e narcísico, em contínua autoavaliação (literatura, ereção, etc.). Agora chegou a hora de lançar mão da velha estratégia da narrativa realista: invocar o testemunho de terceiros para permitir que Zuckerman, narrador impotente sexual, viva e narre a vida alheia, e talvez goze o prazer dos outros. Dessa pouco invejável posição, o narrador Zuckerman examina o trauma da Guerra do Vietnã na vida americana (*Pastoral americana*, 1997), os efeitos do macarthismo (*Casei-me com um comunista*, 1998) e os dilemas do racismo (*A marca humana*, 2000), e eu estou simplificando abusivamente enredos complexos e delicados. Muito do humor amargo e patético destas ambiciosas narrativas realistas provém do ponto de vista do velho e impotente Zuckerman, finalmente sábio para contemplar a comédia humana com o distanciamento cabível. Uma posição que é outro achado literário de Philip Roth, agora explorando (aos setenta anos!) novos territórios, que podem interessar inclusive a leitores que até agora tinham resistido ao seu charme indiscreto e desbocado.

Bibliografia

ALIGHIERI, Dante. *A divina comédia*: Inferno. Bilíngue. Tradução e notas de Ítalo Eugenio Mauro. São Paulo: Editora 34, 1998.

ALMEIDA, Manuel Antônio de. *Memórias de um sargento de milícias*. Apresentação e notas Mamede Mustafa Jarouche. Cotia: Ateliê, 2000. (Coleção Clássicos Ateliê)

ANDRADE, Carlos Drummond de. *Poesia completa*. Rio de Janeiro: Nova Aguilar, 2002.

ANDRADE, Mario de. *Aspectos da literatura brasileira*. 5. ed. São Paulo: Martins, 1974.

ANDRADE, Oswald de. *Memórias sentimentais de João Miramar*. São Paulo: Globo/Secretaria de Estado da Cultura, 1990. (Obras completas de Oswald de Andrade)

ARRIGUCCI JÚNIOR, Davi. *Coração partido*: uma análise da poesia reflexiva de Drummond. São Paulo: Cosac & Naify, 2002.

ASSIS, Machado de. *Obra completa em quatro volumes: volume 1*. Organização de Aluizio Leite Neto, Ana Lima Cecilio, Heloisa Jahn. 2. ed. Rio de Janeiro: Nova Aguilar, 2008.

ASSIS, Machado de. *Papéis avulsos*. Introdução de John Gledson; notas de Hélio Guimarães. São Paulo: Penguin Classics/ Companhia das Letras, 2011.

BARBIERI, Ivo. *Geometria da composição*: morte e vida da palavra severina. Rio de Janeiro: Sette Letras, 1997.

BARRETO, Lima. *Triste fim de Policarpo Quaresma*. São Paulo: Ática, 1983. (Série Bom Livro)

BARBOSA, João Alexandre. "Balanço de João Cabral de Melo Neto". *In:* BARBOSA, João Alexandre. *As ilusões da modernidade*. São Paulo: Perspectiva, 1986.

BOURDIEU, Pierre. *As regras da arte*: gênese e estrutura do campo literário. Tradução de Maria Lucia Machado. São Paulo: Companhia das Letras, 1997.

CALDWELL, Helen. *O Otelo brasileiro de Machado de Assis*. Tradução de Fábio Fonseca de Melo. São Paulo: Ateliê, 2002.

CAMILO, Vagner. *Drummond*: da rosa do povo à rosa das trevas. São Paulo: Ateliê, 2001.

CAMPOS, Augusto de. *Balanço da Bossa e outras bossas*. São Paulo: Perspectiva, 1978.

CAMPOS, Maria do Carmo (org.). *Caderno de Sábado: páginas escolhidas – Guilhermino Cesar (1908–2008)*. Apresentação e seleção de textos de Maria do Carmo Campos. Caxias do Sul: Educs, 2008.

CANDIDO, Antonio. *Formação da literatura brasileira*: momentos decisivos. 6. ed. Belo Horizonte: Itatiaia, 1981. 2 v.

CANDIDO, Antonio. "A revolução de 1930 e a cultura". *In:* CANDIDO, Antonio. *A educação pela noite*. São Paulo: Ática, 1987.

CANDIDO, Antonio. *O discurso e a cidade*. São Paulo: Duas cidades, 1993a.

CANDIDO, Antonio. "O significado de *Raízes do Brasil*". *In:* HOLANDA, Sérgio Buarque de. *Raízes do Brasil*. 25. ed. Rio de Janeiro: José Olympio, 1993b.

CANDIDO, Antonio. *Vários escritos*. 3. ed. rev. e aum. São Paulo: Duas cidades, 1995.

CANDIDO, Antonio. "Euclides da Cunha, sociólogo". *In:* CANDIDO, Antonio. *Textos de intervenção*: Antonio Candido. Seleção, apresentação e notas de Vinícius Dantas. São Paulo: Duas cidades/Editora 34, 2002.

CARROLL, Lewis. *Aventuras de Alice (No país das maravilhas e Através do espelho e o que Alice encontrou lá)*. Tradução e organização de Sebastião Uchoa Leite. 3. ed. São Paulo: Summus, 1980.

CHAVES, Flávio Loureiro. *O mundo social do Quincas Borba*. Porto Alegre: Movimento, 1974.

CHAVES, Flávio Loureiro (org.). *O ensaio literário no Rio Grande do Sul (1868–1960)*. Rio de Janeiro: Livros Técnicos e Científicos; Brasília: INL, 1979.

CHAVES, Flávio Loureiro. *História e Literatura*. 2. ed. Porto Alegre: Editora da Universidade/Ufrgs, 1991. (Coleção Síntese Universitária)

CUNHA, Euclides da. *Os sertões*. Apresentação de Guto Leite, Luís Augusto Fischer e Homero Vizeu Araújo. Porto Alegre, L&PM, 2016.

CUNHA, Patrícia Lessa Flores da. *Machado de Assis*: um escritor na capital dos trópicos. Porto Alegre: Instituto Estadual do Livro/Editora Unisinos, 1998.

DEFOE, Daniel. *Robinson Crusoé*. Tradução de Sergio Flaksman. São Paulo: Penguin Classics/Companhia das Letras, 2011.

ELIOT, T. S. *Poemas*: 1910–1930. Bilíngue. Tradução de Idelma Ribeiro de Faria. São Paulo: Massao Ono, 1985.

FAORO, Raymundo. *A pirâmide e o trapézio*. 3. ed. Rio de Janeiro: Globo, 1988.

FAORO, Raymundo. *Os donos do poder*: formação do patronato político brasileiro. 3. ed. Rio de Janeiro: Globo, 2001.

FISCHER, Luís Augusto. *Machado e Borges*: e outros ensaios sobre Machado de Assis. Arquipélago: Porto Alegre, 2008.

FISCHER, Luís Augusto. "Consistência metológica, criatividade interpretativa". *In:* ARAÚJO, Homero Vizeu. *Machado de Assis e arredores*: Quincas Borba, Moby Dick e outras ideias fixas. Porto Alegre: Movimento, 2011. (Coleção Machadiana)

GAI, Eunice Piazza. *Sob o signo da incerteza*: o ceticismo em Montaigne, Cervantes e Machado de Assis. Santa Maria: Editora UFSM, 1997.

GLEDSON, John. *Machado de Assis*: ficção e história. São Paulo: Paz e Terra, 1986.

GLEDSON, John. *Machado de Assis*: impostura e realismo. Tradução de Fernando Py. São Paulo: Companhia das Letras, 1991.

GLEDSON, John. *Influências e impasses: Drummond e alguns contemporâneos*. Tradução de Frederico Dentello. São Paulo: Companhia das Letras, 2003.

GLEDSON, John. "Papéis avulsos: um livro brasileiro?". *In:* ASSIS, Machado de. *Papéis avulsos*. Prefácio de John Gledson; notas de Helio Guimarães. São Paulo: Penguin Classics/ Companhia das Letras, 2011.

HOLANDA, Sérgio Buarque de. *Raízes do Brasil*. 25. ed. Introdução de Antonio Candido. Rio de Janeiro: José Olympio, 1993.

JACQUES, Alfredo. *Machado de Assis*: equívocos da crítica. Porto Alegre: Movimento, 1974. (Coleção Machadiana)

JAGUAR; AUGUSTO, Sérgio (org.). *O Pasquim*: antologia,, volume II, 1972–73. Rio de Janeiro: Desiderata, 2006.

LAWRENCE, D. H. "Moby Dick". *In:* MELVILLE, Herman. *Moby Dick*, ou A baleia. Tradução de Irene Hirsch e Alexandre Barbosa de Souza. São Paulo: Cosac Naify, 2008.

MAYA, Alcides. *Machado de Assis*: algumas notas sobre o *humour*. 3. ed. rev. Santa Maria: Universidade Federal de Santa Maria; Porto Alegre: Movimento, 2007. (Coleção Machadiana)

MELVILLE, Herman. *Moby Dick or The Whale*. Introdução de David Herd. Londres: Wordsworth Editions, 1992. (Wordsworth Classics)

MELVILLE, Herman. *Moby Dick*, ou A baleia. Tradução de Irene Hirsch e Alexandre Barbosa de Souza. São Paulo: Cosac Naify, 2008.

MERQUIOR, José Guilherme. *Verso universo em Drummond*. 2. ed. Rio de Janeiro: José Olympio, 1976.

MERQUIOR, José Guilherme. *De Anchieta a Euclides*. 3. ed. Rio de Janeiro: Topbooks, 1996.

MEYER, Augusto. *Machado de Assis (1935–1958)*. Introdução de Regina Zilberman. Porto Alegre: Instituto Estadual do Livro/Corag, 2005.

MOOG, Vianna. *Heróis da decadência*: Petrônio, Cervantes, Machado de Assis. 2. ed. Porto Alegre: Editora Livraria do Globo, 1939.

MORAES, Carlos Dante de. "Condições histórico-sociais da literatura rio-grandense". *In:* CHAVES, Flávio Loureiro.

O ensaio literário no Rio Grande do Sul (1868–1960). Rio de Janeiro: Livros Técnicos e Científicos; Brasília: INL, 1979.

MORETTI, Franco. *Modern Epic*: The World-System from Goethe to Garcia Marquez. Londres/Nova Iorque: Verso, 1996.

MORETTI, Franco. "Conjeturas sobre a literatura mundial". *Novos Estudos Cebrap*, n. 58, p. 173-181, 2000. Tradução de José Marcos Macedo. Disponível em: https://novosestudos.com.br/produto/edicao-58/. Acesso em: 7 maio 2025.

MORETTI, Franco. *O burguês*: entre a história e a literatura. Tradução de Alexandre Morales. 1. ed. São Paulo: Três Estrelas, 2014.

MORICONI, Italo. *Como e por que ler a poesia brasileira do século XX*. São Paulo: Objetiva, 2002.

MURARI, Luciana. *Brasil, ficção geográfica*: ciência e nacionalidade no país D'Os sertões. São Paulo: Annablume; Belo Horizonte: Fapemig, 2007.

NABOKOV, Vladimir. *The annotated Lolita*. Prefácio, introdução de notas de Alfred Appel, Jr. Nova Iorque: Vintage Books/Random House, 1991.

NABOKOV, Vladimir. *Lolita*. Tradução de Jorio Dauster. Rio de Janeiro: O Globo; São Paulo: Folha de São Paulo, 2003. (Coleção Biblioteca Folha)

NETO, João Cabral de Melo. *Morte e vida severina e outros poemas em voz alta*. 21. ed. Rio de Janeiro: José Olympio, 1985.

NETO, João Cabral de Melo. *Obra completa*. Organização de Marly de Oliveira com assistência do autor. Rio de Janeiro: Nova Aguilar, 1994.

ORTIZ, Renato. *A moderna tradição brasileira*. 5. ed. São Paulo: Brasiliense, 1994.

PEREIRA, Lúcia Serrano. *Um narrador incerto*: entre o estranho e o familiar. Rio de Janeiro: Companhia de Freud, 2004.

PEREIRA, Lúcia Serrano. *O conto machadiano*: uma experiência de vertigem: ficção e psicanálise. Rio de Janeiro: Companhia de Freud, 2008.

PEIXOTO, Marta. *Poesia com coisas*. São Paulo: Perspectiva, 1983. (Coleção Debates)

PILATI, Alexandre. *A nação drummondiana*: quatro estudos sobre a presença do Brasil na poesia de Carlos Drummond de Andrade. Rio de Janeiro: 7Letras, 2009.

PRADO, Antonio Arnoni. "*Raízes do Brasil* e o modernismo". *In:* CANDIDO, Antonio (org). *Sergio Buarque de Holanda e o Brasil*. São Paulo: Editora Fundação Perseu Abramo, 1998.

RICHETTI, John. "Introdução". *In:* DEFOE, Daniel. *Robinson Crusoé*. Tradução de Sergio Flaksman. São Paulo: Companhia das Letras, 2011.

SALINGER, J. D. *O apanhador no campo de centeio*. 14. ed. Tradução de Álvaro Alencar, Antônio Rocha e Jório Dauster. Rio de Janeiro: Editora do Autor, s.d.

SARAIVA, Juracy Assmann. *O circuito das memórias em Machado de Assis*. São Paulo: Edusp; São Leopoldo: Editora Unisinos, 1993.

SCHÜLER, Donaldo. *A prosa fraturada*. Porto Alegre: Editora da Universidade/Ufrgs, 1983.

SCHWARZ, Roberto. *Que horas são?*: ensaios. São Paulo: Companhia das Letras, 1987.

SCHWARZ, Roberto. *O pai de família e outros estudos*. Rio de Janeiro: Paz e Terra, 1992.

SCHWARZ, Roberto. *Duas meninas*: uma leitura comparada de Machado de Assis e Helena Morley. São Paulo: Companhia das Letras, 1997.

SCHWARZ, Roberto. *Ao vencedor as batatas*: forma literária e processo social nos inícios do romance brasileiro. São Paulo: Duas cidades/Editora 34, 2000a.

SCHWARZ, Roberto. *Um mestre na periferia do capitalismo*: Machado de Assis. São Paulo: Duas Cidades/Editora 34, 2000b. (Coleção Espírito Crítico)

SCHWARZ, Roberto. "Agregados antigos e modernos". *In:* SCHWARZ, Roberto. *Martinha versus Lucrécia*: ensaios e entrevistas. São Paulo: Companhia das letras, 2012.

SILVA, Alberto da Costa e. *Castro Alves*. Belo Horizonte: Claro Enigma, 2008. (Coleção Perfis Brasileiros)

SIMON, Iumna Maria. "Esteticismo e participação: as vanguardas poéticas no contexto brasileiro (1954–1969)". *Novos Estudos Cebrap*, São Paulo, n. 26, p. 126–127, mar. 1990. Disponível em: https://novosestudos.com.br/produto/edicao-26/. Acesso em: 29 abr. 2025.

TEIXEIRA, Jerônimo. *Drummond cordial*. São Paulo: Nankin Editorial, 2005.

TELES, Gilberto Mendonça. *Vanguarda europeia e modernismo brasileiro*. 13. ed. Petrópolis: Vozes. 1997.

VALÉRY, Paul. *Variedades*. Organização de João Alexandre Barbosa. São Paulo: Iluminuras, 1991.

VELLINHO, Moysés. *Machado de Assis*: histórias mal contadas e outros assuntos. Rio de Janeiro: São José, 1960.

VENTURA, Roberto. *Os sertões*. São Paulo: Publifolha, 2002. (Coleção Folha Explica)

VERÍSSIMO, Erico. *Breve história da literatura brasileira*. Tradução de Maria da Glória Bordini. 4. ed. São Paulo: Editora Globo, 1997.

WAIZBORT, Leopoldo. *A passagem do três ao um*: crítica literária, sociologia, filologia. São Paulo: Cosac Naify, 2007.

WATT, Ian. *A ascensão do romance*: estudos sobre Defoe, Richardson e Fielding. Tradução de Hildegard Feist. São Paulo: Companhia das Letras, 1990.

WATT, Ian. *Mitos do individualismo moderno*: Fausto, Dom Quixote, Dom Juan, Robinson Crusoe. Tradução de Mario Pontes. Rio de Janeiro: Jorge Zahar Editor, 1997.

WEBER, João Hernesto. *Machado de Assis, uma apresentação*. Porto Alegre: Movimento, 2013. (Coleção Machadiana)

WOOD, James. *Como funciona a ficção*. Tradução de Denise Bottmann. São Paulo: Cosac Naify, 2011.

ZILBERMAN, Regina. *Brás Cubas autor, Machado de Assis leitor*. Ponta Grossa: UEPG, 2012.

Este livro foi composto com fonte tipográfica Gotham 15pt
e Cardo 11pt, e impresso sobre papel Supremo 250g/m² na
capa e papel pólen natural 70g/m² no miolo pela gráfica
Viena para a Coragem, em Porto Alegre.